VOCÊ, EU E OS ROBÔS

COMO SE TRANSFORMAR NO PROFISSIONAL DIGITAL DO FUTURO

Grupo
Editorial
Nacional

O GEN | Grupo Editorial Nacional – maior plataforma editorial brasileira no segmento científico, técnico e profissional – publica conteúdos nas áreas de ciências sociais aplicadas, exatas, humanas, jurídicas e da saúde, além de prover serviços direcionados à educação continuada e à preparação para concursos.

As editoras que integram o GEN, das mais respeitadas no mercado editorial, construíram catálogos inigualáveis, com obras decisivas para a formação acadêmica e o aperfeiçoamento de várias gerações de profissionais e estudantes, tendo se tornado sinônimo de qualidade e seriedade.

A missão do GEN e dos núcleos de conteúdo que o compõem é prover a melhor informação científica e distribuí-la de maneira flexível e conveniente, a preços justos, gerando benefícios e servindo a autores, docentes, livreiros, funcionários, colaboradores e acionistas.

Nosso comportamento ético incondicional e nossa responsabilidade social e ambiental são reforçados pela natureza educacional de nossa atividade e dão sustentabilidade ao crescimento contínuo e à rentabilidade do grupo.

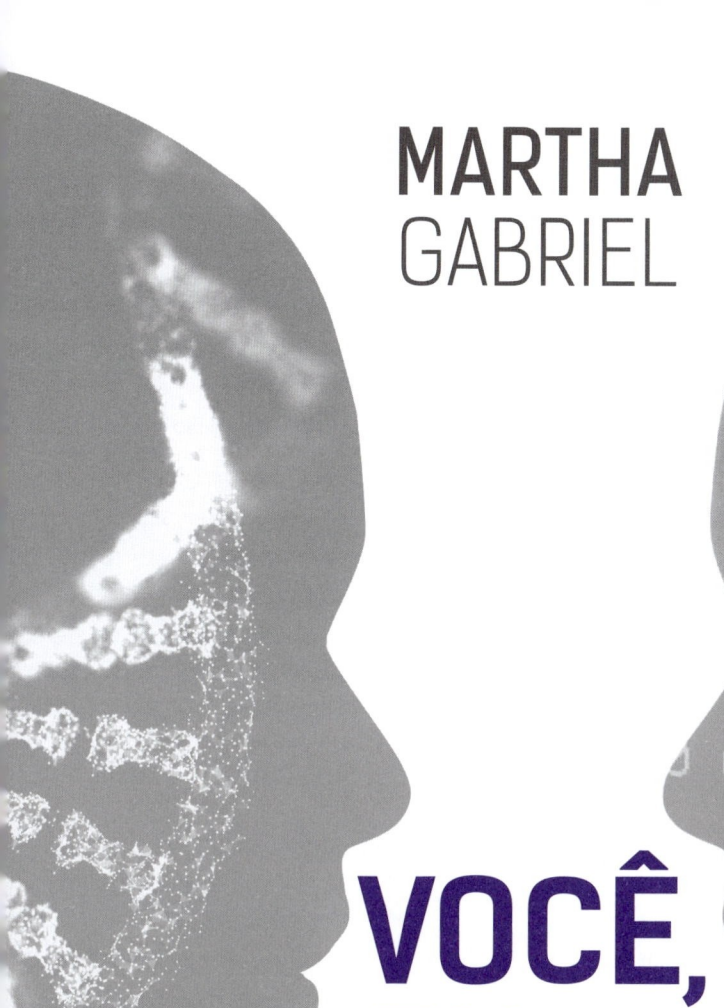

MARTHA GABRIEL

VOCÊ, EU E OS ROBÔS

COMO SE TRANSFORMAR NO PROFISSIONAL DIGITAL DO FUTURO

2ª Edição

gen | atlas

CIP-BRASIL. CATALOGAÇÃO NA PUBLICAÇÃO
SINDICATO NACIONAL DOS EDITORES DE LIVROS, RJ

G117v
2. ed.

Gabriel, Martha
Você, eu e os robôs: como se transformar no profissional digital do futuro / Martha Gabriel. – 2. ed. [2ª Reimp.] - São Paulo: Atlas, 2023.

Inclui bibliografia e índice
ISBN 978-85-97-02757-0

1. Tecnologia da informação. 2. Inteligência artificial. 3. Automação. I. Título.

21-68693	CDD: 629.8
	CDU: 681.5

Leandra Felix da Cruz Candido – Bibliotecária – CRB-7/6135

Para

*todos os seres
humanos:
analógicos ou digitais,
naturais ou artificiais,
orgânicos ou híbridos.*

*Se você não quer
ser substituído por um robô,
não seja um robô.*
— Martha Gabriel

SOBRE A AUTORA

Martha Gabriel é um ícone multidisciplinar na América Latina nas áreas de negócios, tendências e inovação. Futurista pelo IFTF (Institute For The Future), engenheira (Unicamp), pós-graduada em Marketing (ESPM) e em *Design* (Belas Artes de São Paulo), mestre e Ph.D. em Artes pela ECA-USP com formação executiva pelo MIT.

Autora dos *best-sellers Marketing na era digital, Educar: a (r)evolução digital na educação* (finalista do Prêmio Jabuti) e este *Você, eu e os robôs* (finalista do Prêmio Jabuti).

Sócia da *startup* Community Business e cofundadora das comunidades FuturoDosNegocios.com.br e MarketingNaEraDigital.com.br.

CEO da Martha Gabriel Consultoria, com ampla gama de clientes, incluindo corporações multinacionais, bancos, governo e universidades.

Professora de Inteligência Artificial da PUC-SP, leciona também nas melhores escolas de negócios do Brasil, incluindo o Insper e a Fundação Dom Cabral.

Renomada palestrante internacional com mais de 75 apresentações no exterior, premiada três vezes como melhor palestra em eventos nos Estados Unidos, além de palestrar em seis conferências TEDx no Brasil.

Embaixadora no Brasil da Geek Girls LatAm, ONG de fomento de educação tecnológica para garotas focando na diminuição da inequalidade e no aumento da diversidade nas áreas de STEM (*science, technology, engineering, mathematics*).

www.martha.com.br

www.FuturoDosNegocios.com.br

twitter.com/MarthaGabriel

linkedin.com/in/MarthaGabriel

instagram.com/MarthaGabriel

Sumário

PARTE 2

ELES: A ASCENSÃO DOS SERES DIGITAIS

PARTE 3

NÓS: O FUTURO HÍBRIDO [HUMANOS + SERES DIGITAIS]

INTRODUÇÃO

Participando ativamente do cenário tecnológico nos últimos 30 anos e atuando como consultora, palestrante e professora nas áreas de tecnologia, negócios, inovação e educação, tenho testemunhado a velocidade extraordinária com que o cenário tecnossocial tem se modificado. Na última década, vimos a internet se tornar a principal plataforma planetária de comunicação, entretenimento, negócios, relacionamento e aprendizagem, e também a infraestrutura responsável pelo novo tecido global da humanidade conectada. Esse cenário é deslumbrante e torna a internet (com todas as suas ramificações e plataformas) o cérebro global coletivo, onipresente, onisciente e onipotente. No entanto, esse novo panorama, repleto de possibilidades, conexões e ampliação do potencial do ser humano, traz consigo, também, profundas transformações e, consequentemente, novos desafios.

Estamos vivendo a Quarta Revolução Industrial[1], em que o modelo de sociedade baseado em máquinas mecânicas dá lugar a um modelo baseado em máquinas computacionais, fragmentado em *bits* e *bytes*, hipertextual, complexo, não linear. Redes sociais *on-line*, tecnologias *mobile*, realidades mistas, tecnologias de voz, vídeo imersivo, impressão 3D, inteligência artificial, internet das coisas, *chatbots* e robôs são algumas das tecnologias e plataformas digitais que se apresentam para ampliar o nosso cenário. Con-

---

1. Também chamada de 4.0, a Quarta Revolução Industrial acontece hoje como resultado da Revolução Digital, após outros três processos históricos de transformações tecnológicas: 1) o primeiro marcou a passagem da produção manual à mecanizada, entre 1760 e 1830; 2) o segundo trouxe a eletricidade e permitiu a manufatura em massa, por volta de 1850; e 3) o terceiro aconteceu com a chegada da eletrônica, da tecnologia da informação e das telecomunicações, em meados do século XX. A Quarta Revolução Industrial **é marcada pela convergência de tecnologias digitais, físicas e biológicas.** Mais informações em: https://en.wikipedia.org/wiki/Fourth_Industrial_Revolution. Acesso em: 3 mar. 2021.

forme aumenta a quantidade de tecnologias e pessoas conectadas no planeta, amplia-se também a interdependência entre elas, causando um aumento de complexidade no mundo. Ambientes com maior grau de complexidade, como o atual, requerem uma sofisticação maior por parte dos indivíduos e organizações que nele atuam, e talvez esse seja um dos nossos maiores desafios como humanidade: nos sofisticarmos ao máximo para dominarmos a nova configuração – mais tecnológica e complexa – de mundo, sem perdermos nossa essência humana. Nesse sentido, a análise dos impactos dessas tecnologias em nossas vidas é fundamental para que possamos traçar um curso de ação, de forma a nos tornamos o melhor tecno-humano possível, sem ficarmos obsoletos e marginalizados, ou alienados e robotizados, insensíveis.

No entanto, a mudança causada pelas tecnologias digitais na sociedade tem acontecido em uma velocidade gigantesca, que nos desafia continuamente tanto em termos fisiológicos quanto cognitivos – estamos vivendo a aurora da fusão dos códigos atômico (físico), digital e biológico (DNA). Nesse sentido, a Era Digital demanda uma transformação nas habilidades dos seres humanos, requerendo uma aprendizagem que priorize competências distintas das que faziam parte da educação nas eras industriais precedentes.

Quais os impactos da Revolução Digital na humanidade? Que transformações ela nos traz? Como lidar com essas transformações, seus desafios e oportunidades? Com esses questionamentos em mente, escrevi a primeira edição deste livro, lançado em 2018, tornando-se rapidamente um *best-seller*, elencado, inclusive, entre os finalistas do prestigioso Prêmio Jabuti de literatura, em 2019. Agora, em 2021, chegamos à sua 2ª edição, atualizada e ampliada, considerando os ajustes necessários para adequação da obra às transformações dos últimos anos.

O livro baseia-se em minhas pesquisas e experiências, tanto acadêmicas quanto de mercado – consultorias, cursos, mentorias estratégicas e palestras –, e tem como objetivo principal fomentar a discussão sobre o tema e contribuir, em algum grau, para separar mitos de fatos. Não temos aqui a pretensão, e nem poderíamos ter, de esgotar o assunto, que, em razão da própria natureza veloz e complexa, é multi-inter-transdisciplinar, relacionando-se com virtualmente todas as áreas do conhecimento. A intenção é que o contexto apresentado em *Você, Eu e os Robôs* possa ser útil tanto para leitores leigos quanto para profissionais das mais diversas áreas, servindo como base para discussões posteriores mais específicas e especializadas em cada campo. Em função disso, é também objetivo deste livro fornecer referências com as quais as informações e os conhecimentos em assuntos específicos possam ser aprofundados. Assim, como nos meus livros anteriores, o intuito final é ensinar a pescar. Portanto, espero que tudo o que é abordado aqui seja ponto de partida, e não ponto final.

Dessa forma, discutiremos algumas das transformações fundamentais da revolução digital, a fim de auxiliar indivíduos e profissionais para que se sintam preparados para continuar acompanhando as tendências e possibilidades que continuarão a surgir. Para atender aos objetivos propostos, este livro foi estruturado em três partes principais, de modo que cada uma delas aborda e discute uma dimensão fundamental da Revolução Digital, trazendo reflexões sobre como lidar com isso:

- Parte 1 – **Você e eu: os humanos**, com foco na humanidade transformada pelas tecnologias digitais.

- Parte 2 – **Eles: a ascensão dos seres digitais**, com foco na aceleração exponencial da mudança e nas tecnologias emergentes que estão transformando o mundo.

- Parte 3 – **Nós: o futuro híbrido [humanos + seres digitais]**, com foco no futuro – para onde vamos? Como estamos nos misturando com as máquinas e como poderemos viver no meio delas e com elas?

Como este livro trata de transformações digitais, nada mais natural do que apresentar cases e exemplos de forma digital. Assim, para permitir que o leitor acesse *links* digitais apresentados ao longo do texto, os *cases* e exemplos trazem um QR Code que pode ser escaneado e acessado imediatamente *on-line*. Toda vez que aparecer um QR Code no texto, ele pode ser lido por meio do seu celular ou dispositivo móvel, que apresentará o conteúdo *on-line* relativo ao tema tratado.

A capa deste livro também apresenta um QR Code que dá acesso a um vídeo, no qual apresento um breve panorama sobre os conteúdos aqui abordados, e que pode também ser acessado por meio da Figura I.1.

Figura I.1 – QR Code de acesso ao vídeo com Martha Gabriel apresentando um panorama sobre este livro, que pode também ser acessado em http://www.martha.com.br/livros/QR-capa--voce-eu-robos.html. Acesso em: 3 mar. 2021.

Essa funcionalidade incorpora uma camada digital de informação ao livro físico impresso, integrando a experiência tangível material com a experiência intangível digital, com o objetivo de ampliar as possibilidades de aprofundamento, prazer e interação ao longo do texto.

Desejo a você uma boa leitura e estou certa de que continuaremos esta discussão fascinante em várias outras oportunidades em que nossos caminhos se cruzarem, tanto pessoalmente quanto no ambiente digital.

Martha Gabriel

PARTE 1

VOCÊ E EU: OS HUMANOS

A humanidade transformada pelas tecnologias digitais

Capítulo 1 – Tecnologia & realidade

Capítulo 2 – Tecnologia & poder

Capítulo 3 – Tecnologia & foco

Capítulo 4 – Tecnologia & conhecimento

Capítulo 5 – Tecnologia & controle: liberdade *vs.* privacidade

Capítulo 6 – Tecnologia & biossegurança: reputação e *biohacking*

Capítulo 7 – Tecnologia & comportamento: hábitos e vícios digitais

Capítulo 8 – Tecnologia & gerações digitais – Y, Z & Alpha

Capítulo 9 – Tecnologia & ética

CAPÍTULO 1

TECNOLOGIA & REALIDADE

Os humanos são o órgão reprodutor da tecnologia.

Kevin Kelly

Tecnologia e humanidade andam de mãos dadas desde o início da nossa origem – a evolução da humanidade se confunde com a da tecnologia. O ser humano cria tecnologias e somos transformados por elas, em um processo cíclico contínuo, interdependente, que tem se retroalimentado durante todo o processo evolutivo da humanidade. Esse casamento tecno--humano, que na pré-história era com paus e pedras, culmina hoje com as tecnologias digitais, revolucionando o mundo e nos levando a uma nova era: a Era Digital.

No entanto, apesar de a Revolução Digital ser importantíssima, devemos lembrar que ela não é a primeira e nem será a última da história humana. Já tivemos outras revoluções tecnológicas tão importantes quanto a digital, como o fogo, a escrita, a agricultura, a eletricidade etc. (ver infográfico disponível por meio da Figura 1.1). Quando uma revolução tecnológica acontece, ela transforma o que até então era impossível em possível e comum, recriando a nossa realidade. Por exemplo, antes do século XX, voar era impossível para o ser humano, bem como trabalhar em uma cidade e morar em outra, porém, hoje, essas coisas não apenas são possíveis, como comuns. Há dez anos apenas, era impossível assistir vídeos no celular, e hoje isso é usual.

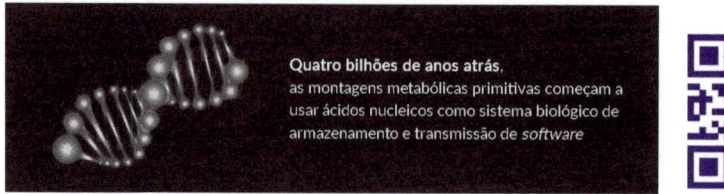

Quatro bilhões de anos atrás, as montagens metabólicas primitivas começam a usar ácidos nucleicos como sistema biológico de armazenamento e transmissão de *software*

Figura 1.1 – QR Code de acesso ao infográfico *A Brief History of Technology*, que apresenta 4 bilhões de anos de evolução tecnológica no mundo, até 1951, que inaugura a era atômica.
Fonte: https://www.visualcapitalist.com/history-of-technology-earliest-tools-modern-age/. Acesso em: 14 jan. 2021.

Um dos grandes desafios de qualquer revolução tecnológica, no entanto, é que inicialmente as pessoas tendem a ficar encantadas com a tecnologia que produz o até então "impossível", e não com os seus efeitos em nossas vidas. Como dizia Arthur Clarke, "qualquer tecnologia suficientemente avançada é indistinguível de magia"[1]. Somente depois que o encantamento inicial passa, o foco tende a mudar para os benefícios que tais tecnologias podem (ou não) nos trazer – quais possibilidades e ameaças cada uma delas apresenta?

Com o surgimento da eletricidade e suas tecnologias correlatas, as pessoas provavelmente ficavam maravilhadas com o fato de a geladeira produzir baixas temperaturas para conservar alimentos, por exemplo, mas depois de algum tempo o que realmente interessava era como isso facilitava as nossas vidas e como usar essa tecnologia para viver melhor. Isso alavancou um sistema de produção de alimentos baseado na tecnologia da geladeira, revolucionando a alimentação humana, a nossa subsistência, e, portanto, os nossos seres. No caso da eletricidade, foram necessários aproximadamente 30 anos para a humanidade compreender suas transformações e passar a utilizar amplamente o seu potencial, tornando obsoletos uma infinidade de comportamentos e gerando outros tantos novos. Assim, as tecnologias não apenas nos instrumentalizam, mas transformam também o nosso pensamento – cada revolução tecnológica no mundo nos conduz a uma nova mentalidade que nos permite ser parte dela. A tecnologia tem, portanto, recriado a realidade, fundando e colapsando civilizações ao longo da história em função das transformações a que dá origem[2].

Dessa forma, é importante ressaltar que **o que realmente importa em uma revolução tecnológica não é a tecnologia em si, mas como ela pode**

---

1. Fonte: *As Leis da Robótica*, de Arthur Clarke. Disponível em: https://pt.wikipedia.org/wiki/Leis_de_Clarke. Acesso em: 22 jan. 2021.
2. Recomendo a leitura do livro *Armas, Germes e Aço*, de Jared Diamond, para ampliar a visão sobre a evolução tecnológica ao longo da história e seus impactos na evolução da humanidade.

transformar e afetar as nossas vidas – quanto mais rapidamente compreendemos a nova realidade e mudamos nossa mentalidade para o novo modelo de humanidade, mais bem-sucedidos nos tornamos nesse novo contexto.

Não é o mais inteligente ou o mais forte que sobrevive, mas aquele que é capaz de se adaptar mais rapidamente às mudanças do ambiente em que se encontra.

Leon C. Megginson,
analisando a obra de Charles Darwin[3]

Tecno-humanidade & inteligência

O motivo pelo qual a humanidade evoluiu (e continua evoluindo) mais do que qualquer outra espécie no planeta é por que criamos tecnologia – o ser humano e a tecnologia combinados formam um sistema inteligente, cuja inteligência é maior do que a de cada parte isolada. Conforme uma das partes evolui (humano ou tecnologia) e a outra parte se adapta a essa evolução (humano ou tecnologia), passamos para um novo patamar evolutivo juntos e nos tornamos mais inteligentes como conjunto sistêmico. Assim, temos ampliado a nossa inteligência ao longo do tempo, otimizando e garantindo na nossa sobrevivência e existência futura. Por isso, podemos afirmar que o ser humano é uma tecnoespécie, pois a nossa evolução acontece de forma interdependente com a evolução tecnológica.

Por exemplo, uma das primeiras tecnologias dominadas pela humanidade (1,5 milhão de anos atrás) e que alavancou nossa evolução é o fogo. A partir de então, o homem começa a cozinhar os alimentos, e isso modifica o metabolismo corporal e o tipo de nutrientes absorvidos pelo cérebro, contribuindo para que nos tornássemos mais inteligentes[4]. Além do cérebro, o fogo permitiu obter proteção contra animais e proporcionou aquecimento e luz durante a noite, o que nos trouxe possibilidades sociais que transformaram nossos hábitos e costumes. Assim, o homem cria o fogo, e o fogo recria o homem.

No TEDx *No brain, no gain*, eu apresento, discuto e ilustro de forma detalhada esse processo evolutivo da tecno-humanidade como um sistema inteligente. Assista por meio da Figura 1.2.

---

3. Ver mais em: https://quoteinvestigator.com/2014/05/04/adapt/. Acesso em: 22 jan. 2021.
4. Ver mais em: https://www.theguardian.com/science/2016/may/04/large-human-brain-evolved-thanks-to-increased-metabolic-rate. Acesso em: 22 jan. 2021.

Figura 1.2 – QR Code de acesso ao TEDx *No brain, no gain*, com Martha Gabriel, em outubro de 2019.
Fonte: https://youtu.be/azTaJvHcDBU. Acesso em: 14 jan. 2021.

Tecnologia: bênção e fardo

Nesse processo evolutivo, é importante ressaltar que a tecnologia não ocasiona apenas impactos bons para a humanidade – toda nova tecnologia sempre traz consigo inúmeras transformações, tanto boas quanto ruins. Por exemplo, algumas tecnologias introduzidas em nossas vidas no século passado nos trouxeram conforto e facilidades – como o carro, a escada rolante e o controle remoto –, mas são, da mesma forma, responsáveis por queimarmos menos calorias diariamente, o que, em consequência, trouxe aumento nos índices de obesidade.

Portanto, nenhuma tecnologia é neutra, e todas elas sempre afetam a humanidade em algum grau. Elas nos beneficiam de algumas formas e, de outras, nos prejudicam. Assim, um aspecto importante que deve ser considerado é que **toda nova tecnologia traz consigo efeitos colaterais que, em geral, inicialmente**: 1) são **desconsiderados** em razão do deslumbramento sedutor que as novas possibilidades promovem ou 2) **causam medo, resistência e rejeição** por trazerem o vislumbre de um futuro desconhecido. Um exemplo que ilustra bem isso é a lenda que Sócrates contou a Fedro, intitulada *O julgamento de Tamuz*:

Na região de Náucratis, no Egito, houve um dos velhos deuses daquele país [...] que se chamava Thoth. Foi ele que inventou os números e o cálculo, a geometria e a astronomia, o jogo de damas e os dados, e também a escrita. Naquele tempo governava todo o Egito Tamuz, que residia no sul do país, na grande cidade que os egípcios chamam Tebas do Egito [...]. Thoth foi ter com ele e mostrou-lhe as suas artes, dizendo que elas deviam ser ensinadas aos egípcios. Mas o outro quis saber a utilidade de cada uma, e enquanto o inventor explicava, ele censurava ou elogiava, conforme essas artes lhe pareciam boas ou más. Dizem que Tamuz fez a Thoth diversas exposições sobre cada arte, condenações ou louvores cuja menção seria por demais extensa. Quando chegaram à escrita, disse Thoth: "Esta arte, caro rei, tornará os egípcios mais sábios e lhes fortalecerá a memória; portanto, com a escrita inventei um grande auxiliar para a memória e sabedoria". Responde Tamuz: "Grande artista Thoth! Não é a mesma coisa inventar uma arte e julgar da utilidade ou prejuízo que advirá aos que a exercerem. Tu, como pai da escrita, esperas dela com o teu entusiasmo precisamente o contrário do que ela pode fazer. Tal coisa tornará os homens esquecidos, pois deixarão de cultivar a memória; confiando apenas nos livros escritos, só se lembrarão de um assunto exteriormente e por meio de sinais, e não em si mesmos. Logo, tu não inventaste um auxiliar para a memória, mas apenas para a recordação. Transmites aos teus alunos uma aparência de sabedoria, e não a verdade, pois eles recebem muitas informações sem instrução e se consideram homens de grande saber, embora sejam ignorantes na maior parte dos assuntos. Em consequência, serão desagradáveis companheiros, tornar-se-ão sábios imaginários ao invés de verdadeiros sábios" (SÓCRATES, 2002, p. 118-119).

Note-se, na estória anterior, que não é apenas o inventor Thoth que está errado, quando supervaloriza sua invenção, mas também Tamuz, em seu julgamento e na crença de que a escrita seria um fardo, e nada mais do que um fardo, para a sociedade. Ele falha ao não imaginar quais poderiam ser os benefícios da escrita, que, como sabemos, têm sido consideráveis (POSTMAN, 1992, p. 14). A invenção da escrita liberou o homem da tradição oral, separando a voz da presença real, cristalizando palavras e permitindo a propagação do conhecimento para além dos limites de sua encarnação.

Nesse sentido, vale a pena observar outra dimensão importante da evolução tecnológica e suas possíveis consequências: o nosso corpo. Apesar de a tecnologia nos transformar sempre em algum grau, até recentemente, ela se modificava predominantemente fora do corpo humano, no ambiente exterior, para depois nos impactar e causar transformações biológicas, fossem elas físicas ou mentais. Atualmente, o poder e o alcance da tecnologia são muito maiores que no passado. Algoritmos computacionais, robótica, nanotecnologia, inteligência artificial e biotecnologia, entre outros avanços tecnológicos, têm nos permitido não apenas criar ferramentas, mas também, e principalmente, usar e aplicar tecnologias diretamente no corpo humano, tanto na forma de usáveis (*wearables*) quanto de implantes (*insideables*), em uma fusão tecno-humana cada vez mais profunda, ampliando seu efeito transformador.

Brincando de Deus: tecnologias de engenharia genética

Além de tecnologias *wearables* e *insideables*, outras tecnologias emergentes podem transformar de forma ainda mais radical a humanidade, como, por exemplo, a manipulação genética. O avanço no mapeamento genético e as possibilidades de edição de DNA passam a permitir que reconfiguremos o nosso programa biológico (*software* humano) de inúmeras maneiras, de forma a acelerarmos artificialmente nossa evolução – isso pode ocorrer de duas formas: 1) a partir de transformações biológicas que aconteceriam apenas por meio de várias etapas da evolução natural, mais lentamente; e 2) adicionando funcionalidades biológicas que talvez jamais desenvolvêssemos por meio da evolução natural.

Em 20 anos, o custo de sequenciamento do genoma humano caiu de 100 milhões de dólares para apenas 100 dólares (Figura 1.3), tornando-se um milhão de vezes mais barato, sendo que atualmente esse custo é ainda menor – isso permite que indivíduos comuns (e não mais somente institutos de pesquisa) tenham acesso à tecnologia. Hoje, virtualmente, qualquer pessoa poderia ter o seu DNA mapeado para analisar doenças, propensões etc.[5]

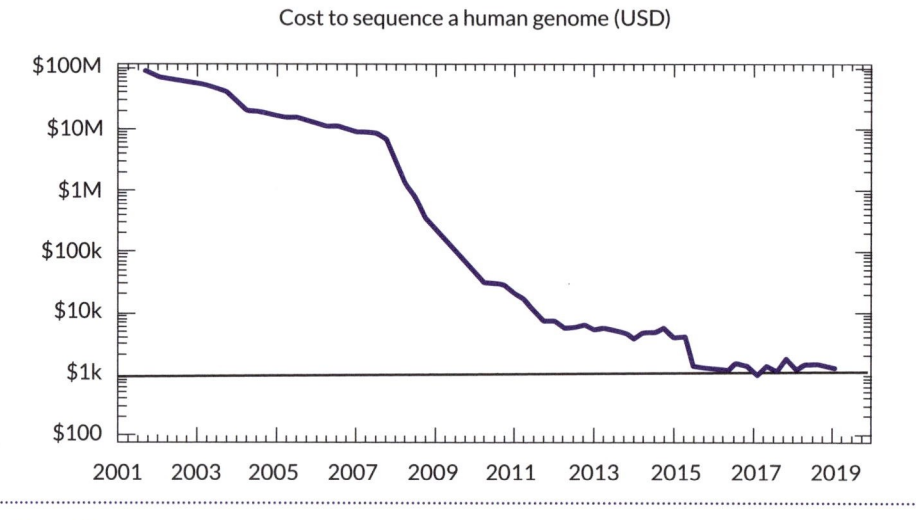

Cost to sequence a human genome (USD)

Figura 1.3 – Gráfico da evolução de custo para o sequenciamento de DNA humano, em dólares, desde 2001. *Fonte*: https://en.wikipedia.org/wiki/DNA_sequencing. Acesso em: 14 jan. 2021.

Assim, se, por um lado, o sequenciamento de DNA e o mapeamento genético nos permitem "ler" e compreender melhor o que somos, por outro lado, as tecnologias de edição genética atuais, como o CRISPR[6], nos remetem a um

---

5. O *site* 23andme.com faz o mapeamento genético e rastreamento de ancestrais por menos de 100 dólares – quando você contrata o serviço, eles enviam um *kit* pelo correio para você coletar sua saliva e enviar de volta para o laboratório (frete pré-pago já incluso no serviço), e você recebe os resultados por *e-mail* entre 3 e 5 semanas depois.

6. CRISPR é uma família de sequências de DNA em bactérias que contêm fragmentos de DNA de vírus que atacaram a bactéria. Esses fragmentos são usados pela bactéria para detectar e destruir DNA de novos ataques de vírus semelhantes. Essas sequências desempenham um papel fundamental no sistema de defesa bacteriana e formam a base de uma tecnologia de edição de genoma conhecida como CRISPR, que permite a modificação

novo patamar de poder, estratosférico, pois possibilitam "escrever" e alterar nosso código genético – isso permite reconfigurar aquilo que somos.

Atualmente, por meio do sistema CRISPR, podem-se editar genes não apenas para curar doenças ou preveni-las, mas, potencialmente, para reconfigurar geneticamente a humanidade. O documentário *DNA Projetado*[7], da série Explicando, na Netflix, mostra e discute de forma bastante didática as possibilidades e riscos do uso das tecnologias de edição genética (Figura 1.4).

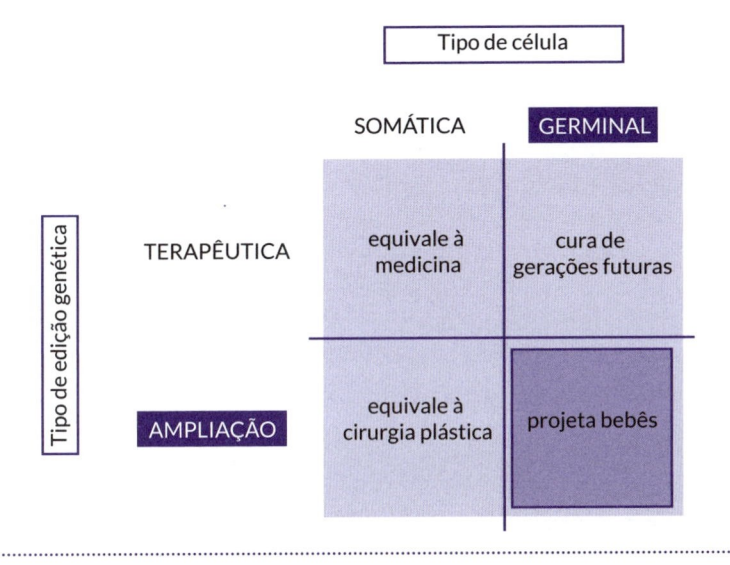

Figura 1.4 – Adaptação de imagem exibida no documentário *DNA Projetado*, da série Explicando, da Netflix, mostrando o quadro de possibilidades do CRISPR para edição genética.
Fonte: https://www.netflix.com/br/title/80216752. Acesso em: 13. jan. 2021.

Apesar de parecer um assunto novo, a modificação genética por meio da tecnologia, com o intuito de desenvolver e projetar um ser humano melhorado, é uma aspiração antiga. Denominado de transumanismo[8], esse movimento intelectual tem impulsos que remontam à antiguidade, sendo expressado em estórias

---

permanente de genes dentro de organismos. Mais informações em: https://pt.wikipedia.org/wiki/CRISPR. Acesso em: 22 jan. 2021.

7.   Outros materiais recomendados sobre CRISPR: 1) série *Seleção Artificial*, na Netflix; 2) Genetic *Sequencing is the Future of Medicine*: https://www.washingtonpost.com/news/theworldpost/wp/2017/12/13/human-genome/; e 3) vídeo sobre CRISPR: https://www.youtube.com/watch?v=jAhjPd4uNFY. Acesso em: 22 jan. 2021.

8.   O transumanismo (abreviado como H + ou h +) é um movimento internacional e intelectual que visa transformar a condição humana desenvolvendo e criando tecnologias sofisticadas amplamente disponíveis para melhorar grandemente o intelecto e a fisiologia humana. Mais informações em: https://en.wikipedia.org/wiki/Transhumanism#Genetic_divide_.28Gattaca_argument.29. Acesso em: 22 jan. 2021.

com mais de 4 mil anos, como a busca da imortalidade no Épico de Gilgamesh[9] e tantas outras descrevendo aventuras para encontrar a fonte da juventude ou o elixir da vida eterna. Mais recentemente, entretanto, nos últimos 100 anos, a discussão transumanista já acontece com foco em uso de tecnologia, e tem povoado a discussão científica, filosófica e o imaginário humano, acentuando-se, especialmente, no final do século passado. O físico e matemático Freeman Dyson[10] aborda essa questão em seu livro *O Sol, o Genoma e a Internet*, de 1999. Dois anos antes, em 1997, no campo da ficção, o filme *Gattaca* já abordava a manipulação genética e as suas consequências, apresentando um futuro distópico para a humanidade. Em 2011, o filme foi eleito pela NASA como o mais plausível cientificamente[11], e vemos hoje se concretizando por meio do CRISPR.

Segundo o historiador Yuval Harari (ver vídeo da Figura 1.5), isso pode gerar desigualdades imensas no planeta entre os indivíduos que produzem e/ou tenham condições de pagar para utilizar esse tipo de tecnologia e aqueles que não conseguem acompanhar o seu ritmo. No passado, a diferença entre rico e pobre, nobre e vassalo, sempre foi uma diferença de classe social, não biológica (física ou cognitiva). As tecnologias atuais têm o poder de transformar diferenças sociais em diferenças biológicas, o que pode causar uma separação da humanidade em espécies distintas, nos conduzindo a um cenário de disputa de poder.

Figura 1.5 – Imagem do vídeo RSA *The Future of Humankind* com Yuval Harari, disponível via QR Code ao lado da imagem e também em: https://youtu.be/aVwGH1oznZ4. Acesso em: 13 jan. 2021.

9. Ver o épico de Gilgamesh em: https://en.wikipedia.org/wiki/Epic_of_Gilgamesh. Acesso em: 22 jan. 2021.

10. Freeman Dyson é um dos físicos com reputação mais sólida na história e considerado entre os cientistas como um Leonardo da Vinci dos nossos tempos. Foi um dos criadores da Teoria das Partículas Subatômicas nos anos 1940. Ele domina com igual facilidade a ciência do núcleo atômico, a do interior das estrelas e a do nascimento do Universo, sem contar seu vasto conhecimento sobre genética e origem da vida.

11. Ver mais em: http://www.smithsonianmag.com/science-nature/nasa-picks-best-worst-sci-fi-movies-what-are-yours-41527422/. Acesso em: 22 jan. 2021.

Se a edição genética já tem um potencial inquestionável para transformar biologicamente a humanidade e toda vida na Terra, as tecnologias genéticas vão ainda mais além (e com um poder ainda maior) por meio de sua combinação com as tecnologias digitais – a sintetização de DNA. Em outras palavras, já é possível digitalizar mapeamentos genéticos e codificá-los novamente, inclusive alterando e reescrevendo, misturando com outros códigos genéticos, criando vida sintetizada. Dessa forma, pode-se escrever um *software* de DNA e processá-lo em um computador para gerar incontáveis variações de sequenciamento de genes para criação de vida biológica. E o preço para sintetização de DNA também vem caindo ao longo dos anos[12], tornando-se cada vez mais viável economicamente para mais grupos de indivíduos.

Um exemplo de criação de vida biológica programável são os Xenobots (Figura 1.6), que são microrrobôs vivos desenvolvidos pela Universidade de Vermont. Apesar de serem um organismo vivo, são também uma nova classe de artefato, tornando-os diferentes tanto dos robôs tradicionais quanto de uma espécie animal. Os microrrobôs medem cerca de 1 mm de largura e foram desenvolvidos a partir da combinação de células-tronco de embriões de rãs, que são programadas via algoritmo computacional – eles podem ser configurados para se movimentarem em determinada direção, além de se regenerarem sozinhos e transportarem substâncias. Suas aplicações mais promissoras são na área ecológica (limpeza dos oceanos, onde conseguem viver por semanas) e medicina, pois podem ser introduzidos na corrente sanguínea para transportar medicamentos.

Figura 1.6 – Imagem de um Xenobot.
Fonte: https://www.instagram.com/p/B76WYbKg-u2/?igshid=1s7pey4r4v3i9. Acesso em: 14 jan. 2021.

---

12. Ver mais detalhes sobre sintetização de DNA em: https://www.gwern.net/Embryo-selection. Acesso em: 14 jan. 2021.

Se, por um lado, o mapeamento genético, a edição genética e a sintetização genética oferecem um potencial extraordinário para nos conhecermos melhor, nos ampliarmos e produzirmos novos seres no planeta, por outro, essas mesmas tecnologias trazem também possibilidades de consequências imprevistas indesejadas, podendo, eventualmente, causar catástrofes ecológicas ou serem usadas como armas genéticas. Por isso, seu desenvolvimento e uso divide as opiniões de especialistas, cientistas e pensadores.

Portanto, toda nova tecnologia é tanto uma benção como um fardo: a introdução das tecnologias no mundo traz tanto novas possibilidades a explorar como novos desafios a serem enfrentados. No entanto, essa situação se agrava com as tecnologias digitais, pois, diferentemente de qualquer outra revolução tecnológica do passado, a atual acontece em ritmo vertiginoso, sem precedentes na história da humanidade.

Alguém já disse que um computador permite que você cometa uma quantidade maior de erros mais rapidamente do que qualquer outra invenção da história da humanidade. Se isso era verdade antes, a internet amplificou esse potencial, pois adiciona o ingrediente "rede", que permite a disseminação rápida de qualquer atuação computacional – seja para o bem, seja para o mal.

Veremos nos próximos capítulos alguns dos principais impactos causados pela revolução digital na humanidade, pensando tanto em suas possibilidades, como também em seus desafios.

CAPÍTULO 2

TECNOLOGIA & PODER

Se considerarmos a evolução tecnológica, podemos dizer que a primeira tecnologia que conduziu a humanidade para um contexto mais conectado e informacional é a fala[1]. A partir da fala, inauguramos um sistema de armazenamento e propagação de conhecimento que configurou o gatilho para as inovações que nos trouxeram até aqui. A oralidade é uma tecnologia intelectual descentralizadora – antes da fala, as descobertas e aprendizados adquiridos por cada indivíduo contavam com possibilidades extremamente limitadas de compartilhamento – os cérebros trabalhavam isoladamente, e a maior parte do conhecimento adquirido em vida morria com a pessoa. A única forma de se propagar informação para gerações futuras era por meio do DNA, cuja atualização é extremamente lenta. A partir da fala, as informações passam a fluir entre nós, conectando cérebros, ampliando a colaboração, a troca e a disseminação de conhecimentos, possibilitando a transmissão de aprendizagens ao longo das gerações. Assim, a partir da fala, uma parte do conhecimento passou a ser preservada ao longo do tempo, acumulando e ampliando cada vez mais, nos diferenciando de todos os outros animais, alavancando nossa evolução[2].

---

1. Conforme a pesquisadora Lucia Santaella menciona frequentemente, a fala é uma tecnologia embutida no ser humano que nos permitiu ampliar a comunicação entre os indivíduos da nossa espécie, gerando um significativo avanço evolutivo. O aparelho fonador se criou por meio da apropriação dos órgãos dos aparelhos respiratório (laringe) e digestivo (língua, lábios e laringe) para produzir a fala. Assim, somos tecnoespécies, sendo que uma das principais tecnologias que alavancaram a nossa evolução foi desenvolvida dentro do nosso organismo biológico e está embutida em nós.

2. Para ampliar a compreensão sobre a evolução da humanidade e do universo, recomendo o excelente TEDx *A Grande História*, disponível em: https://www.ted.com/talks/david_christian_the_history_of_our_world_in_18_minutes?language=pt-br. Acesso em: 14 jan. 2021.

A fala pavimentou a evolução humana para dominar a agricultura (domesticação de alimentos) e adquirir poder e controle sobre o seu ambiente: o grau de incerteza e a inconstância para obtenção de alimentos por meio de caça e coleta eram muito maiores do que na agricultura. Apesar de podermos considerar a fala como o primeiro grande salto de conexão da humanidade, as limitações geográficas e temporais da oralidade eram enormes: não era possível conversar com quem não estivesse presente no mesmo lugar e tempo. Além disso, a propagação de conhecimentos por meio da tradição oral sofria com perdas, imprecisões e distorções.

O segundo grande salto de conexão humana vem com a escrita, que, além de nos libertar das limitações geográficas e temporais, aumenta a acurácia e diminui as perdas nas informações transmitidas. A escrita descentraliza ainda mais o conhecimento e leva a humanidade para outro nível de cognição: ela transforma não apenas a estruturação da sociedade, mas, principalmente, a sua mentalidade. A prensa móvel de Gutenberg no século XV foi um marco tecnológico dentro da evolução da escrita, pois soluciona um dos maiores limitantes, até então, para a propagação e descentralização maior do conhecimento: a replicabilidade. Em função disso, a prensa móvel exerceu papel fundamental no desenvolvimento da Renascença, Reforma e Revolução Científica e fundamentou a economia moderna baseada em conhecimento.

Do início da escrita até os dias de hoje, inúmeras outras tecnologias foram contribuindo para melhorar os fluxos de informação, como a evolução das tecnologias de comunicação e dos meios de transporte. Ao mesmo tempo em que essas tecnologias diminuíam limitações (geográficas, temporais, suportes etc.), também ampliavam possibilidades de conexão – com mais pessoas, em diversos lugares, de diversos ritmos, dispositivos e modos, inclusive simultâneos. Conforme novas tecnologias de informação, comunicação e conexão foram surgindo, fomos presenciando um colapso cada vez maior de tempo e espaço no planeta. A escrita e essas tecnologias subsequentes elevaram a conexão de cérebros para outra dimensão de poder, pois permitiram a aquisição de ideias e informações de indivíduos de outras épocas e locais. Podemos considerar o livro (resultado da combinação das tecnologias da escrita e prensa móvel) a **primeira grande revolução cognitiva** da história da humanidade: o livro aumenta, de forma inédita, tanto a democratização da informação quanto o seu consumo.

Recentemente, a internet deu início à **segunda maior revolução cognitiva** da nossa história, pois além de ter o potencial de permitir a conexão de todos os cérebros humanos entre si, muito mais rapidamente (ampliando aquilo que a fala e escrita propiciaram), ela também nos permite **conectar e interagir com cérebros computacionais**. Assim, além da descentralização e democratização ainda maior da informação entre seres humanos, a internet acrescenta outro "ser", o computacional, nas relações de troca. Em função das diferentes capacidades que o cérebro computacional tem, quando comparado com o humano, essas interações têm o **potencial de alçar nossa cognição para um nível totalmente diferente, gerando verdadeiramente uma nova civilização**.

Assim, a **próxima grande revolução** cognitiva já está começando com a introdução da inteligência artificial nessa equação, que tende a ampliar não apenas a cognição humana, mas também a cognição coletiva do planeta.

Portanto, quando mudam as **tecnologias cognitivas**, mudamos profundamente. E quando elas são **descentralizadoras** (como a oralidade, a escrita, a prensa e a internet/mídias sociais), entramos em processo de **revolução civilizacional**, como o que estamos vivendo atualmente.

Assim, incontáveis tecnologias passadas se somaram e colaboraram para chegarmos ao ambiente tecno-info-social em que vivemos hoje – fala, escrita, telégrafo, telefone, carro, satélite, computador pessoal, impressora, fax, internet, telefone celular, GPS etc. – e cada uma delas contribuiu em algum grau para a nossa conexão atual. No entanto, de todas as tecnologias que nos trouxeram até aqui, talvez a mais importante para a explosão comunicacional que vivemos seja a banda larga computacional, que começou a se tornar disponível às pessoas por volta do ano 2000 e, desde então, se dissemina de forma cada vez mais ampla e mais rápida.

"Estar" conectado *vs.* "ser" conectado

A banda larga de internet permitiu a importante mudança de "estar conectado" para "ser conectado". "Estar" conectado significa que você eventualmente entra e sai da internet, como ocorria na época das conexões discadas à rede, na década de 1990. "Ser" conectado significa que parte de você está na rede – você vive em simbiose com ela. Isso só foi possível pelo barateamento da banda larga de internet, principal catalisador da tão celebrada participação dos indivíduos na rede, que se tornou a fonte de seu crescente poder no cenário atual, permitindo se expressar, publicar, atuar, escolher, opinar, criar, influenciar outras pessoas. A banda larga de internet distribuiu, portanto, o poder entre os nós das redes (pessoas), transformando completamente o cenário informacional no mundo: criação, publicação e distribuição de informações e conteúdo.

Redes sociais digitais & filtros

Esse poder distribuído de produção e consumo de conteúdo (informação) reestrutura completamente o fluxo de conhecimento/informação vigente no mundo até o início do século XXI e coloca todas as instituições de cabeça para baixo – sejam organizações governamentais, corporativas ou educacionais. A disponibilização ubíqua da informação e a digitalização das plataformas de informação modificam profundamente a função de filtro de conteúdo, que era exercida anteriormente de forma predominante por intermediários humanos (pares, professores, pais, educadores, bibliotecários, jornalistas etc.) e, agora, passa a ser desempenhada tanto por humanos como por sistemas e plataformas digitais (como Waze, TripAdvisor, Foursquare, assistentes pessoais computacionais como Siri, Alexa etc.), conforme ilustrado na Figura 2.1. Observe-se que, na Era Digital, os filtros humanos se expandiram para além dos nossos contatos próximos (pais, professores, amigos, família, conhecidos, departamentos de recursos humanos) passando a abranger também influenciadores nas mídias sociais e pessoas que mal conhecemos, mas que emergem da nova dinâmica de conexões no ambiente digital.

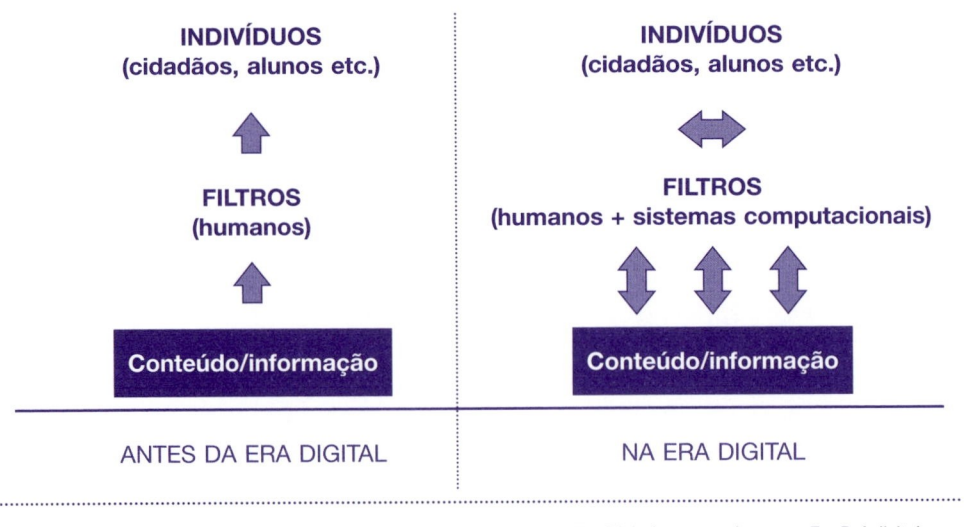

Figura 2.1 – Esquema de acesso à informação na Era Pré-digital e na Era Digital, mostrando que na Era Pré-digital o intermediário era detentor do conteúdo e funcionava como filtro para os indivíduos na sociedade, ao passo que na Era Digital essa função se transforma quando os indivíduos passam a ter acesso a todo tipo de conteúdo/informação diretamente por meio da internet e demais tecnologias digitais de informação e comunicação.

Esse fenômeno transforma significativamente as relações, pois, a partir de então, não apenas os intermediários que tinham o poder de filtro (como o professor e jornalista) têm o privilégio do domínio, da gestão e publicação da informação/conteúdo, que passa a estar disponível para todos os indivíduos (como os alunos e cidadãos), de qualquer idade, em qualquer lugar, o tempo todo.

Assim, o crescente aumento na conexão alavancou a disseminação e proliferação das redes sociais on-line, passando por ICQ, Orkut e MySpace, evoluindo para Facebook, SnapChat, WhatsApp, Instagram, TikTok, em um processo contínuo que se transforma diariamente. A forma de interação não hierárquica e o colapso do tempo e espaço que é inerente a esse tipo de ambiente distribuído têm impactado o comportamento humano em praticamente todos os aspectos de nossas vidas. Dos primórdios das redes sociais on-line até os dias de hoje, temos presenciado transformações impressionantes. A evolução dessas plataformas tem transcendido da interação apenas entre humanos para incluir também a interação entre humanos e sistemas computacionais, como é o caso do Waze, que utiliza o comportamento e informações dos seres humanos para ampliar a análise sobre as melhores possibilidades de mobilidade geográfica no planeta. Passamos a interagir, inclusive, de forma inconsciente e automática[3], modificando ainda mais profundamente as relações de informação e poder nas sociedades.

O poder de gestão e econômico, que antes era mais hierárquico e centralizado, tem se deslocado em função das tecnologias e plataformas de informação e comunicação, distribuindo-se, socializando-se e se dividindo entre seres humanos e sistemas computacionais. A adoção dessas plataformas – redes sociais, apps, sensores, sistemas inteligentes – nas culturas ao redor do planeta tem sido tão grande que as mídias sociais (conteúdos gerados nas redes sociais) se tornaram uma das mais importantes formas de mídia, comunicação e compartilhamento de informação.

 Internet, o quinto poder

Por um lado, a hiperconexão alavanca a aceleração das mudanças, inovação e produção de conteúdo; facilita a sua propagação e transforma os filtros dos fluxos de informação e as hierarquias de poder a eles associados. Por outro lado, ela também coloca em xeque as estruturas de segredo e privacidade no mundo. Os vazamentos de informações do WikiLeaks[4] desde a sua fundação,

---

3.   Toda ação humana consome e gera dados. Conforme o mundo se torna cada vez mais digitalizado, passamos a estar cercados de sistemas computacionais que os dados geram conforme vivemos – rotas, compras, mensagens etc.

4.   O WikiLeaks é uma organização sem fins lucrativos que publica, em sua página, postagens de fontes anônimas, documentos, fotos e informações confidenciais, vazadas de governos ou empresas, sobre assuntos sensíveis. A página, administrada por The Sunshine Press, foi lançada em dezembro de 2006 e, em meados de

em 2006, foram um *awakening* mundial sobre o poder que as tecnologias digitais têm em impactar tanto a transparência informacional quanto a privacidade. Antes dos vazamentos de informações que tornaram o WikiLeaks famoso, as pessoas apenas imaginavam possibilidades de monitoramento da informação mundial a que, eventualmente, as agências governamentais, jornalistas investigativos ou hackers teriam acesso. Após o WikiLeaks, o mundo passou da imaginação para a comprovação, por meio de volumes enormes de documentos que têm se tornado públicos, levantando discussões acaloradas e pendulares entre transparência informacional, direitos individuais, segredos, privacidade, valores éticos, segurança, entre outros.

Vazamentos informacionais ocorrem desde os primórdios da humanidade, no entanto, as mesmas limitações que dificultavam a cópia e propagação das informações em ambientes analógicos também as protegiam, facilitando segredos e privacidades. O ambiente digital, por sua vez, aumenta a vulnerabilidade da informação pois potencializa fortemente não apenas o acesso, como, principalmente, a disseminação rápida de grandes volumes, possibilitando transparência em todos os níveis e ampliando o poder social.

Esse novo "poder da internet" é muitas vezes chamado de **Quinto Poder**, como uma evolução do Quarto Poder: a imprensa. Apesar de variações de origem, o termo "Quarto Poder" tem sido usado de forma geral para descrever o poder regulador necessário para evitar o abuso do poder, como contraponto aos Três Poderes do Estado (Legislativo, Executivo e Judiciário) – esse contrapoder tem sido o papel da imprensa, que é alavancado, hoje, pela internet. O poder das mídias tem aumentando gradativamente no último século, fortalecendo-se tanto, que além de cumprir a sua função de contrapoder, adquiriu também o poder de manipulação social. Dois filmes interessantes sobre esse tema, sob o aspecto de manipulação e de contrapoder, são *Mad City* (1997) e *The Fourth State* (2012), respectivamente. O filme *O Quinto Poder*[5] (2013) descreve o processo de criação e desenvolvimento do WikiLeaks, apresentando as motivações de Julian Assange, por um lado, e as suas consequências, boas e ruins, por outro. A importância do WikiLeaks reside justamente em causar um processo reflexivo essencial para a humanidade, pois ele foi precursor de uma nova dinâmica informacional mundial, que já resultou em outros *leaks*

---

novembro de 2007, já continha 1,2 milhão de documentos. Seu principal editor e porta-voz é o australiano Julian Assange, jornalista e ciberativista. Fonte: https://pt.wikipedia.org/wiki/WikiLeaks. Acesso em: 14 jan. 2021.

5.   Outros filmes na mesma linha de *O Quinto Poder* são *We Steal Secrets* (documentário WikiLeaks, 2013), *Citizenfour* (documentário sobre os *leaks* de Snowden, 2014) e *Snowden* (filme, 2016). Ampliando o tema para vigilância e questões de privacidade, existem inúmeras outras obras dialogando com o assunto, como *Eagle Eye* (filme, 2008) e *Duro de Matar 4.0* (filme, 2007).

(vazamentos), como o caso de Edward Snowden e NSA[6] (2013) e dos *Panama Papers*[7] (2016), com potencial de gerar muitos outros mais.

Além das questões de transparência informacional que a internet traz, a hiperconexão, principalmente por meio das mídias sociais, também permite a organização descentralizada de grupos de interesse – incontestavelmente, isso dá voz (e, portanto, poder) para todos, indiscriminadamente, independentemente do tamanho do grupo, a sua qualidade ou seus interesses. Temos testemunhado, na última década, inúmeros movimentos que se empoderaram e aconteceram articulados por meio das conexões sociais *on-line*, como: Primavera Árabe[8] (2010); *Occupy Wall Street*[9] (2011); manifestações na Espanha[10] (2012); protestos no Brasil[11-12] (2013/2014); Euromaidan[13], na Ucrânia (2013); Venezuela[14] (2014), entre outros. Duas ações emblemáticas, no entanto, se destacam como representação da transformação do poder social articulado pelas plataformas digitais: a manifestação de hologramas na Espanha[15], em 2015, e a obra de arte *Fearless Girl*[16] (a menina destemida) em Wall Street, em 2017. No primeiro caso, para protestar contra a lei que proíbe protestar em frente de edifícios públicos na Espanha, foi criada uma manifestação com 1000 hologramas protestando em frente aos edifícios públicos (ver Figura 2.2). No segundo caso, uma estátua de menina enfrentando destemidamente o touro de Wall Street (criada para as comemorações do Dia da Mulher em

---

6. Mais informações sobre Edward Snowden e NSA em: https://pt.wikipedia.org/wiki/Edward_Snowden. Acesso em: 22 jan. 2021.

7. Mais informações sobre *Panama Papers Leak* em: https://pt.wikipedia.org/wiki/Panama_Papers. Acesso em: 22 jan. 2021.

8. Mais informações sobre a Primavera Árabe: https://en.wikipedia.org/wiki/Arab_Spring. Acesso em: 22 jan. 2021.

9. Mais informações sobre *Occupy Wall Street*: https://pt.wikipedia.org/wiki/Occupy_Wall_Street. Acesso em: 22 jan. 2021.

10. Mais informações sobre as manifestações na Espanha em 2012: http://www.nytimes.com/2012/09/16/world/europe/large-anti-austerity-protests-in-spain-portugal.html. Acesso em: 22 jan. 2021.

11. Sobre os protestos no Brasil em 2013, ver: http://zerohora.clicrbs.com.br/rs/noticia/2013/06/protestos-to-mam-as-ruas-das-principais-capitais-do-brasil-4172882.html. Acesso em: 22 jan. 2021.

12. Mais sobre os protestos no Brasil em 2014: http://pt.wikipedia.org/wiki/Protestos_no_Brasil_contra_a_Copa_do_Mundo_de_2014. Acesso em: 22 jan. 2021.

13. Ver mais em: https://pt.wikipedia.org/wiki/Euromaidan. Acesso em: 22 jan. 2021.

14. Sobre os protestos na Venezuela, a partir de 2014, ver: https://pt.wikipedia.org/wiki/Protestos_na_Venezuela_em_2014%E2%80%932017. Acesso em: 22 jan. 2021.

15. Mais informações sobre a manifestação de hologramas na Espanha em: http://www.springwise.com/madrid-thousands-holograms-protest-gag-laws/. Acesso em: 22 jan. 2021.

16. Mais informações em: https://www.usatoday.com/story/money/2017/03/27/fearless-girl-statue-wall-street-charging-bull/99687078/. Acesso em: 22 jan. 2021.

Nova Iorque, em março de 2017) tornou-se inspiração para os movimentos de empoderamento feminino e transformou-se em local de manifestações individuais de mulheres que se propagam pela internet (ver Figura 2.3).

Figura 2.2 – Protesto de hologramas na Espanha, em 2015.
Fonte: www.springwise.com/madrid-thousands-holograms-protest-gag-laws. Acesso em: 22 jan. 2021.

Figura 2.3 – Manifestação de uma pessoa ao lado da estátua *Fearless Girl*, em Nova Iorque.
Fonte: https://www.usatoday.com/story/money/2017/03/27/fearless-girl-statue-wall-street-charging-bull/99687078/.
Acesso em: 22 jan. 2021.

É importante notar, entretanto, que apesar de os vazamentos de informações e de os movimentos sociais serem alavancados e empoderados pela internet, isso não significa, necessariamente, que eles sejam bons ou éticos. Como discutido no primeiro capítulo deste livro, as tecnologias trazem tanto benefícios quanto prejuízos. Assim, da mesma forma que um grupo de paz se empodera e ganha voz e ferramentas para sua causa com o uso das plataformas digitais, também um grupo de violência tem o mesmo arsenal a seu dispor. Além disso, é interessante observar também que o fato de se conseguir voz e obter o poder para derrubar sistemas vigentes ineficientes – governos, gestores, instituições de qualquer natureza – não garante a sua reestruturação posterior. Por exemplo, após as manifestações da Primavera Árabe em 2010, muitos dos países árabes que conseguiram derrubar os seus governos de então, como o Egito, não foram capazes de imediatamente reestruturar o seu governo para uma situação melhor. Portanto, o fato de estar conectado e empoderado para criar qualquer movimento não significa, necessariamente, que o movimento seja bom ou que, mesmo sendo bom, trará resultados. Apenas significa que o poder está mais distribuído democraticamente, ampliando, sim, a transparência social.

Efeito ioiô: pêndulo entre distribuição *vs.* centralização do poder

Paradoxalmente, se por um lado o cenário hiperconectado favorece os fluxos de informação, distribui o poder e muda a relação entre filtros, democratizando a informação, por outro lado, esse mesmo contexto centraliza outros tipos de poderes. Toda a infraestrutura tecnológica física e de *software* existente hoje na internet está na mão de poucas organizações. Pensando em *hardware*, poucas empresas gigantes de infraestrutura controlam equipamentos essenciais por onde flui a informação conectada no planeta: *backbones*, roteadores, *data centers* etc. Em *software*, a situação não é diferente: poucas empresas gigantes de *software* e tecnologia controlam sistemas operacionais de computadores e *smartphones*, *apps*, sistemas *on-line* de busca, social, *cloud* etc. Com o passar dos anos, conforme a complexidade tecnológica foi aumentando, essas empresas passaram a comprar outras empresas emergentes, de forma que, muitas vezes, consolida-se um monopólio.

O que aconteceria se os roteadores do planeta parassem de operar? Como as pessoas reagem quando o Google, Facebook, Waze ou WhatsApp caem? Como seria o mundo sem essas tecnologias? Onde estão armazenadas as informações e relacionamentos dos indivíduos? Com cada um de nós ou na "nuvem difusa"? A reflexão final é "quem é dono do quê" e "a quem pertencem os dados"?

Se pensarmos na sociedade conectada, ao mesmo tempo em que um indivíduo ganha voz, por meio das mídias sociais, todos os outros indivíduos do planeta também ganham o mesmo poder. Assim, fica cada vez mais difícil ser "ouvido", pois o poder de falar se dilui mais entre todos. Por isso, paradoxalmente, a tecnologia que distribuiu o poder é a mesma que o dilui. Em função disso, vemos novamente o surgimento de estruturas centralizadoras de poder, novos filtros, que se caracterizam pelas estratégias de influenciadores. A mídia de massa passou a dividir inicialmente o domínio dos fluxos de informação com todos. Hoje, esse domínio é dividido entre todos, mas de forma diferente, em que alguns polos têm mais poder, pois influenciam e são ouvidos por um grupo nichado.

Esse efeito paradoxal da tecnologia em fortalecer e diluir forças entre extremos de um sistema, reestruturando poderes (que chamo de efeito ioiô), acontece não apenas nos fluxos de informação. Por exemplo, a mesma tecnologia que permitiu que o Uber desse maior poder às pessoas para se locomover independendo da estrutura preestabelecida de táxis, também deu maior poder aos táxis para se estruturarem de outras formas para combatê-lo. Nesse sentido, compreender os fluxos de poder que são transformados pela tecnologia possibilita uma visão holística mais adequada dos cenários sociais e econômicos que se delineiam.

Microtendências & influência

Outro fenômeno associado ao aumento gradativo da conexão dos indivíduos, e que também modifica as regras do jogo da informação, são as microtendências. Hoje, a adesão crescente das pessoas aos ambientes digitais e a facilidade de gerar e propagar conteúdos nesses ambientes colaboram para sua rápida disseminação, como se fossem vírus, ocasionando, eventualmente, que uma pequena ideia isolada consiga gerar uma tendência com poder de modificar o cenário social, ou seja, uma microtendência. Assim, a possibilidade de pequenos participantes de uma rede gerarem grande influência na sociedade como um todo é potencializada pela hiperconexão. O impacto socioeconômico das microtendências é analisado no livro *The Tipping Point* (GLADWELL, 2002), ou, em português, *O ponto da virada*, que também discute conceitos relacionados com a viralização e disseminação de tendências.

Quanto mais conectado estiver o mundo, mais importantes se tornam as teorias que abordam a complexidade crescente decorrente dessa conexão global *many-to-many*, que se comporta muito mais pela lógica probabilística (que tão bem se aplica aos sistemas distribuídos, como as mídias sociais) do que pela lógica determinista, mais característica dos sistemas centralizados. Portanto, apesar de não serem o foco desse livro, o estudo da teoria do caos e a compreensão de processos como viralização, comportamento de bandos, teoria da emergência, entre outros, passam a ser assuntos bastante valorizados para entender o novo cenário que se apresenta e para podemos extrair o melhor resultado dele.

Social learning

Um dos maiores impactos das conexões *on-line* é o crescente fenômeno de *social learning*[17], que é o processo no qual as pessoas aprendem umas com as outras, beneficiando sistemas socioecológicos maiores. A hiperconexão propiciada pelas redes sociais e pela internet não apenas modifica o processo de aquisição de conteúdo/informação por meio do intermediário (professor, jornalista etc.), como também – e principalmente – catalisa processos de aprendizagem entre pares, fora dos ambientes formais de educação (instituições de ensino, cursos, corporações etc.). Isso significa que o sistema de aprendizagem está sofrendo uma profunda transformação e que isso deve ser considerado nos novos modelos educacionais, incluindo e abraçando o *social learning* estruturado pelas tecnologias digitais como parte integrante e importante da educação formal.

Um aspecto interessante do *social learning* é que, por meio das tecnologias digitais, podemos aprender por meio de outros indivíduos, mesmo sem conhecê-los. Um exemplo disso é o *social reading*, processo no qual conforme as pessoas leem textos em dispositivos digitais (como o Kindle, por exemplo), marcam, destacam e comentam partes que podem ser visualizadas por outros leitores. Essa "leitura coletiva" propiciada pelas plataformas digitais amplia a colaboração para a reflexão e aprendizagem.

Internet das coisas: o mundo conectado

O processo de hiperconexão proporcionado pela internet não acontece apenas com as pessoas, mas também com os sistemas computacionais e, virtualmente, com qualquer coisa.

---

17. Referências sobre *social learning*: http://en.wikipedia.org/wiki/Social_learning_(social_pedagogy); e *Social Learning Theory*: http://en.wikipedia.org/wiki/Social_learning_theory. Acesso em: 22 jan. 2021.

Do início da internet comercial, em meados dos anos 1990, aos dias de hoje, passamos da *web* estática para a *web* dinâmica. Da *web read-only* para a *web read-write*. Da *web one-way* para a *web two-ways*. Da *web* de páginas para a *web* como plataforma. Da *web* de reação para a *web* de participação.[18] Da *web* discurso para a *web* conversação[19]. E caminhamos a passos largos para a *web* da interação, turbinada pela internet das coisas associada com a inteligência artificial. Evoluímos da *web* dos documentos para a internet de tudo, que configura a base de um cérebro informacional global no planeta.

Nas últimas décadas, com a popularização de sensores e a integração de objetos à internet (como *smartphones*, carros, câmeras, geladeiras etc.), estamos migrando para um cenário em que, virtualmente, qualquer coisa pode fazer parte da internet, não apenas documentos ou pessoas. Esse novo contexto, no qual tudo passa a estar conectado à internet, é chamado de "internet das coisas", ou IoT[20]. Da mesma forma que os seres humanos possuem sentidos que captam toda a informação ao nosso redor para serem processadas pelo nosso sistema biológico, a IoT se utiliza de todo tipo de sensor para capturar dados e informações para serem processados por sistemas computacionais. Em outras palavras, a IoT são os sentidos do mundo. Quanto mais sensores (RFID, por exemplo) e dispositivos (celulares, TV, câmeras, carros etc.) se conectam à internet, mais se amplia o "corpo" da internet das coisas, alavancando a ubiquidade computacional no planeta. A IoT gera dados que, quando analisados de forma apropriada, fornecem significados e *insights*, favorecendo um cenário computacional cada vez mais inteligente para solucionar problemas e/ou otimizar processos – encontrar a melhor rota para o aeroporto, traduzir um texto, escolher a melhor foto para um perfil de mídias sociais, nos aconselhar sobre qual o melhor período de plantio etc.

---

18. As tecnologias no início da *web* não permitiam a publicação de conteúdos de forma simples, de modo que apenas profissionais técnicos conseguiam colocar informações *on-line* (programando sistemas e páginas). Dessa forma, a grande maioria das pessoas apenas "navegava" nos conteúdos, lendo a *web* (*ready-only*), ou seja, em mão única, da *web* para elas. A partir da disseminação da banda larga, as tecnologias passaram a possibilitar a participação de qualquer pessoa nos processos de publicação *on-line* e, assim, os sistemas que permitem as publicações e armazenam os dados *on-line* tornam a *web* uma plataforma de participação – em que o usuário lê e escreve, e não mais apenas lê páginas. A *web* se transforma em um processo de duas mãos.

19. No primeiro momento, em que só era possível "ler" a *web*, tínhamos uma situação análoga a um discurso – apenas um polo emissor. A partir do momento em que se pode também "escrever" na *web*, o discurso dá lugar à conversação.

20. Sigla que representa internet das coisas (em inglês, IoT – *Internet of Things*) ou Internet de Tudo (IoE – *Internet of Everthing*). Para mais informações sobre a internet das coisas, ver: http://en.wikipedia.org/wiki/Internet_of_Things. Acesso em: 22 jan. 2021.

Conforme a inteligência na internet avança, as plataformas digitais tornam-se gradativamente mais sensíveis a contexto (localização, personalização, dispositivo etc.), de forma que agentes computacionais passam a auxiliar cada vez mais o ser humano na tomada de decisões e no acesso à informação. Nesse cenário, o acesso à informação tende a ser cada vez mais simples e eficiente, e a se comoditizar, fazendo com que seja muito mais importante saber **como conectar e associar informações** do que apenas obtê-las. Os computadores conseguem nos dar informações muito mais rapidamente do que qualquer ser humano. Entretanto, para obter informações inteligentes, precisamos saber articular perguntas. Isso muda o papel do ser humano no fluxo de informações: antes, éramos perguntadores e respondedores. Hoje, o papel de responder é muito mais bem desempenhado pelas máquinas. Precisamos, portanto, nos tornar **melhores perguntadores** – a **pergunta ilumina e é ponto de partida**. A resposta consolida, limita, é ponto final.

Nesse sentido, habilidades criativas, de questionamento e reflexão para fazer as melhores associações tornam-se cada vez mais essenciais. Não precisamos mais armazenar os conteúdos em nossa memória, mas conectá-los de novas formas para a solução de problemas, geração de valor.

Máquinas são para respostas; humanos são para perguntas.

Kevin Kelly

CAPÍTULO

3

TECNOLOGIA & FOCO

Onde está a vida que perdemos vivendo?
Onde está a sabedoria que perdemos no conhecimento?
Onde está o conhecimento que perdemos na informação?

T. S. Eliot, em The Rock[1]

Pela facilidade de se criar, publicar e compartilhar conteúdo na internet hoje, teoricamente qualquer pessoa ou instituição pode exercer simultaneamente o papel de produtor, editor e disseminador de informações em grande escala, nos conduzindo a um cenário hiperinformacional. Ao mesmo tempo em que o crescimento informacional é bom, dando voz e acesso a todos, também é desafiador, pois quanto maior o volume de

---

1. Essa outra reflexão de T. S. Eliot, no início do século XX, é também visionária em relação à evolução da sobrecarga informacional crescente: "O vasto acúmulo de conhecimento – ou pelo menos de informação – criado pelo século XIX tem sido responsável por uma vasta ignorância equivalente. Quando existe muito para se saber, quando existem tantas áreas do conhecimento em que as mesmas palavras são usadas com significados distintos, quando todo mundo sabe um pouco sobre tantas coisas, torna-se cada vez mais difícil para qualquer um saber quando se sabe o que está falando ou não. E quando não sabemos, ou quando não sabemos o suficiente, tendemos sempre a substituir emoções por pensamentos" (T. S. Eliot em *The Sacred Wood*).

informações ao nosso dispor, maior o nosso esforço para conseguirmos extrair sentido delas: análises, filtros, tempo etc., levando-nos a uma sobrecarga informacional cognitiva. Se, por um lado, a quantidade de informação cresce contínua e exponencialmente no mundo, por outro lado, nosso tempo disponível e capacidade de atenção são limitados, e não conseguem se expandir para acompanhar a explosão informacional (ver Figura 3.1). O dia continua tendo apenas as mesmas 24 horas de sempre, e os sensores da atenção humana e nossa capacidade de processamento biológicos evoluem em um ritmo infinitamente menor do que a explosão informacional. Assim, o tempo e a atenção são recursos inelásticos, ou seja, não temos como "esticá-los" para caber mais coisas, e isso traz consequências.

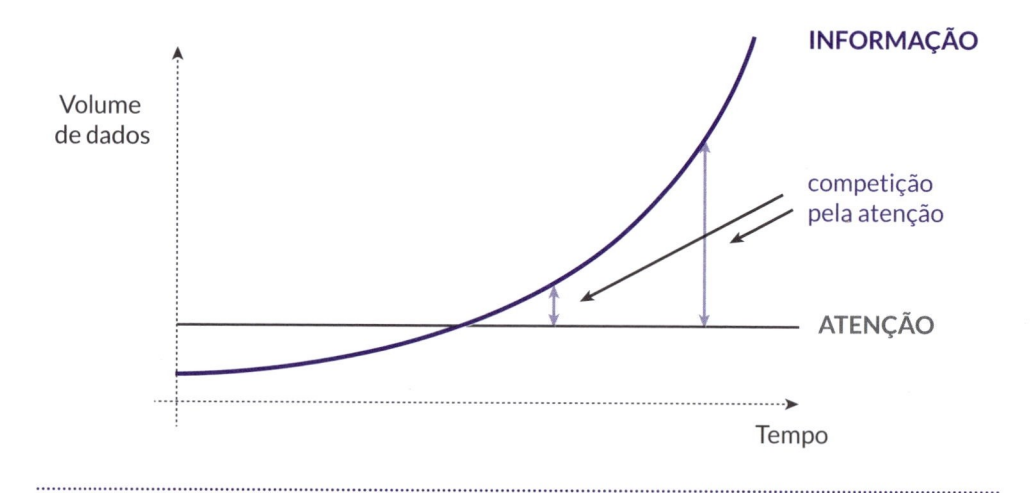

Figura 3.1 – Imagem que ilustra a evolução da relação entre atenção e informação no mundo.
Fonte: elaborada pela autora.

Até o final do século XIX, um indivíduo comum possuía mais atenção do que informação disponível no seu ambiente. Nesse contexto, a competição era da atenção pela informação, escassa na época e, portanto, um recurso valioso. Em algum momento entre o final do século XIX e início do século XX, a curva de crescimento informacional supera a capacidade da atenção humana, invertendo a situação. A competição, então, passa a ser da informação pela atenção humana, que se torna escassa, e valiosa.

A Figura 3.2 mostra a evolução de crescimento de dados entre as décadas de 1960 e 2007.

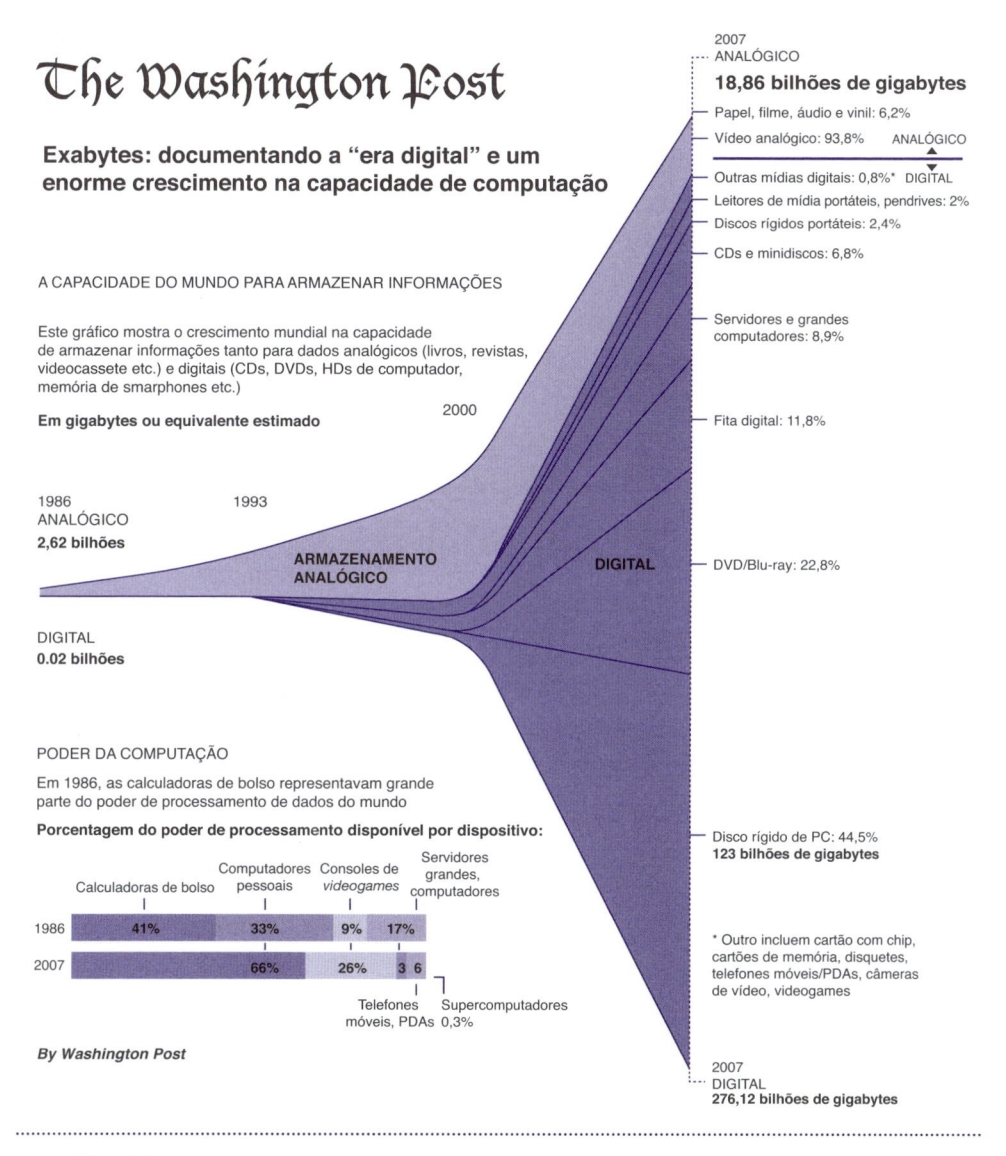

Figura 3.2 – Gráfico mostrando a explosão informacional entre 1986 e 2007. *Fonte: The Technium by Kevin Kelly.* Disponível em: http://www.kk.org/thetechnium/archives/2011/03/the_amount_of_i.php. Acesso em: 22 jan. 2021.

O estudo *The World's Technological Capacity to Store, Communicate, and Compute Information*[2] estima que, entre 1986 e 2007, a capacidade computacional cresceu a 58% ao ano, telecomunicações bidirecionais a 28% ao ano e de armazenamento de informações a 23% ao ano. A telecomunicação tem sido dominada por tecnolo-

---

2.   Estudo disponível em: http://goo.gl/j6Wkr. Acesso em: 22 jan. 2021.

gias digitais desde 1990 (99,9% em formato digital em 2007) e a maioria de nossa memória tecnológica tem sido em formato digital desde 2000 (94% em 2007).

Kevin Kelly estimava que, em 2011, a humanidade, coletivamente, tinha a capacidade de armazenar em torno de 300 exabytes de informação. Isso é, aproximadamente, a quantidade total de informação existente no DNA de uma pessoa, o que corresponde a 80 Bibliotecas de Alexandria por pessoa. No entanto, a quantidade de informação no mundo está dobrando a cada 18 meses, mas o nosso DNA não[3].

Para efeito de ilustração, a Figura 3.3 mostra o volume de atividade a cada minuto na internet em 2020[4].

Figura 3.3 – Elaborada pela autora.
Fonte dos dados: Adaptada de https://www.visualcapitalist.com/every-minute-internet-2020/.
Acesso em: 14 jan. 2021.

Portanto, no digital, 1 minuto é muito mais do que 60 segundos!

3.	Fonte: http://www.kk.org/thetechnium/archives/2011/03/the_amount_of_i.php. Acesso em: 22 jan. 2021.

4.	Fonte: https://www.visualcapitalist.com/every-minute-internet-2020/. Acesso em: 22 jan. 2021.

Consumo de mídia

Essa explosão informacional, que ganhou corpo principalmente nas últimas décadas, tem resultado em um estado de info-obesidade no ser humano: a quantidade de informação que as pessoas incorporam e com que lidam em suas vidas cotidianas tem crescido consideravelmente. Conforme cresce a informação disponível no mundo, cresce junto o consumo de mídia, que triplicou entre 1950 e o início do século XXI (ver Figura 3.4), passando de 20 para 60 horas semanais. De lá para cá, em 20 anos, a previsão é de consumirmos, em média, 90 horas por semana em 2020. Analisando a Figura 3.4, podemos ver a evolução do consumo de mídia desde 1900, por categoria. Observe o crescimento das tecnologias digitais a partir do ano 2000.

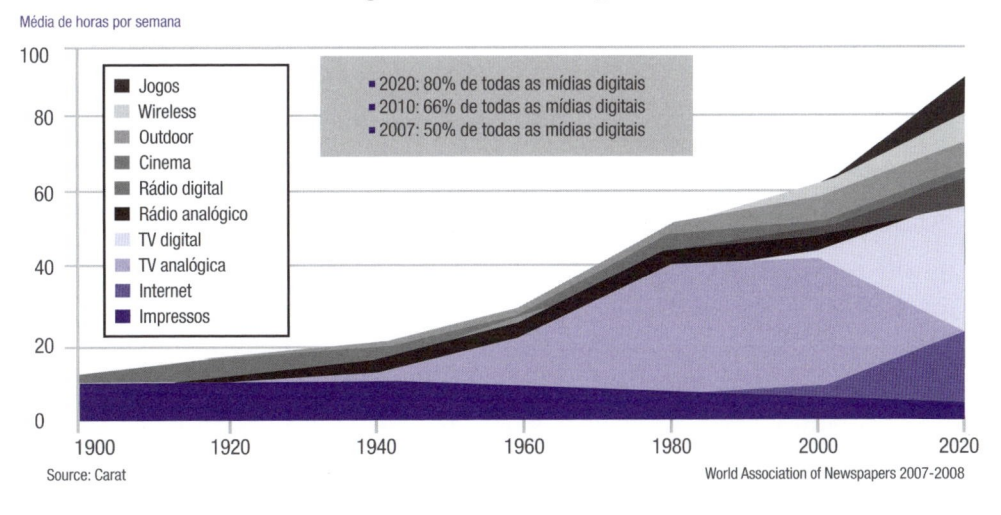

Figura 3.4 – Gráfico mostrando a evolução do consumo de mídia a partir de 1900.
Fonte: https://danrdavid.com/new-media-theory-perspective/.
Acesso em: 24 nov. 2017.

A Figura 3.5 mostra o aumento do consumo de mídia pelos jovens entre 1999 e 2009, e a Figura 3.6 apresenta a evolução do consumo diário de mídia por adultos, nos Estados Unidos, de 2014 a 2019.

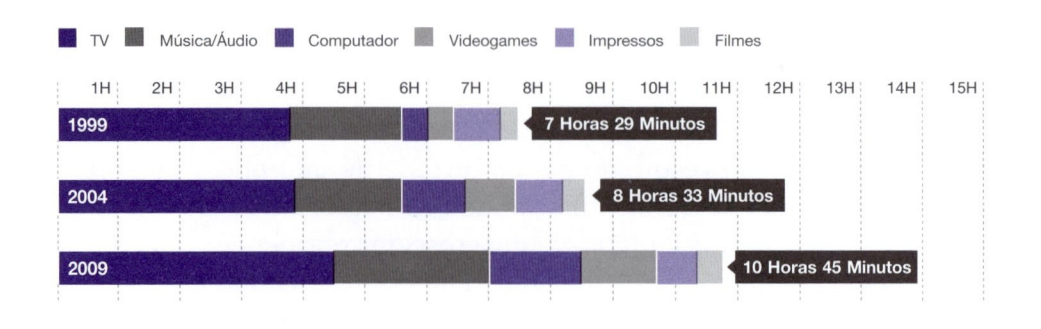

Figura 3.5 – Gráfico do aumento do consumo de mídia de 1999 a 2009. *Fonte:* http://www.bitrebels.com/ lifestyle/multitasking-this-is-your-brain-on-social-media/. Acesso em: 22 jan. 2021.

Tempo médio gasto por dia nas principais mídias por americanos adultos (2014-2019)
h:min

	2014	2015	2016	2017	2018	2019
Digital	05:05	05:23	05:38	05:50	05:59	06:07
– Móvel (sem voz)	02:33	02:50	03:03	03:14	03:22	03:28
—Rádio	00:43	00:49	00:52	00:53	00:54	00:55
—Redes sociais						
—Vídeo*	00:22	00:26	00:30	00:33	00:35	00:37
—Outros	00:21	00:26	00:30	00:33	00:35	00:38
– *Desktop/laptop***	01:07	01:09	01:12	01:16	01:18	01:19
—Vídeo	02:13	02:11	02:09	02:08	02:07	02:06
—Redes sociais	00:23	00:24	00:25	00:25	00:25	00:25
—Rádio	00:16	00:15	00:14	00:13	00:13	00:12
—Outros	00:07	00:07	00:06	00:06	00:06	00:05
– Outros dispositivos conectados	01:27	01:25	01:24	01:24	01:24	01:23
TV**	00:19	00:23	00:26	00:28	00:30	00:32
Rádio**	04:22	04:13	04:10	04:04	04:00	03:57
Impressos**	01:28	01:27	01:27	01:26	01:25	01:25
—Jornais	00:32	00:29	00:27	00:25	00:24	00:23
—Revistas	00:18	00:16	00:15	00:14	00:13	00:13
Outros**	00:13	00:12	00:12	00:11	00:11	00:11
Total	00:26	00:24	00:22	00:21	00:20	00:19
	11:52	11:57	12:04	12:07	12:09	12:10

Nota: com idades entre 18 e mais; o tempo gasto com cada meio inclui todo o tempo gasto com esse meio, independentemente da multitarefa; por exemplo, uma hora de multitarefa em desktop/laptop; * exceto o tempo gasto com vídeo através de redes sociais; ** inclusive, todas as atividades da internet em computadores de mesa e laptop, *** exceto tecnologia digital

Fonte: eMarketer, abril de 2017

225409   **www.eMarketer**.com

Figura 3.6 – Tabela do aumento do consumo diário de mídia de 2014 a 2019, por adulto, nos EUA.
Fonte: http://mayoseitzmediamonitor.com/how-much-time-will-consumers-spend-with-media-in-2017/.
Acesso em: 24 nov. 2017.

Podemos, ainda, citar 15 tecnologias que são importantes no mundo hoje e que não existiam em 2006: iPhone, iPad, Kindle, Waze, Slack, 4G, Android, WhatsApp, Uber, Airbnb, Spotify, Bitcoin, Blockchain, Instagram, Smart Watch e Snapchat (Figura 3.7).

Figura 3.7 – Tecnologias que não existiam em 2006 e são importantes hoje. *Fonte:* elaborada pela autora.

Se retrocedermos apenas uma década mais, 1996, é interessante notar que as seguintes tecnologias ainda não existiam: *smartphones, tablets*, DVDs, *pen drives*, porta USB, fones de ouvido sem fio, Google, TV de tela fina, monitores LCD e GPS.

 ## Quantified self

Em paralelo à explosão informacional no ambiente que nos cerca, ocorre outro fenômeno importante: cada indivíduo passa a ter acesso a cada vez mais informações que o descrevem e caracterizam. Os rastros informacionais que deixamos em nossas atividades digitais diárias – quando fazemos compras, telefonemas, buscas *on-line*, navegações, cliques, *posts* em mídias sociais (Facebook, Twitter etc.), comentários, curtir, amigos, tiramos fotos, registramos humor, compromissos, saúde etc. – formam um dossiê sobre nós. Esse fenômeno é denominado *quantified self*[5] (o ser quantificado) e revela inúmeros aspectos sobre cada um de nós. A Figura 3.8 apresenta o *link* para o excelente vídeo sobre o assunto e suas potencialidades, apresentado no TED@Cannes por Gary Wolf.

Figura 3.8 – Imagem e QR Code de acesso ao vídeo *Quantified Self* (o ser quantificado), legendado em português. Disponível em: https://www.ted.com/talks/gary_wolf_the_quantified_self. Acesso em: 22 jan. 2021. Na imagem, vemos um sensor biométrico, um acelerômetro 3D, que permite rastrear os movimentos de um indivíduo no espaço.

Esses dados podem ser usados para uma infinidade de aplicações, desde o nosso autoconhecimento, o que pode permitir a melhoria do nosso desempenho, até como validação biométrica, análise de padrões, tendências, doenças etc. É importante perceber que esses dados podem tanto ser usados para o nosso benefício quanto para nos prejudicar. Por exemplo, podemos melhorar nossa alimentação se soubermos como cada alimento que comemos em cada horário impacta o nosso organismo para melhor ou pior, ou como melhorar nosso sono (e, portanto, nossas energias), se rastrearmos de que maneira estamos dormindo e analisarmos o que não está bom. Por outro lado, conforme informações pessoais dos indivíduos tornam-se cada vez mais abundantes e disponíveis, questões sobre privacidade, *data ownership* (posse dos dados) e manipulação têm sido discutidas com frequência tanto na academia quanto pelos governos.

Big data

Essa explosão de conteúdo originado no mundo, proveniente de diversas fontes em alta velocidade, não consegue ser manipulada e analisada de modo eficiente com as mesmas tecnologias e práticas que são usadas para lidar com

---

5. Termo criado por Kevin Kelly, em 2008.

bancos de dados tradicionais. A alta velocidade de *streaming* da informação traz inúmeros desafios para a análise dos dados, pois eles são gerados constantemente. Em tecnologia da informação, as ferramentas que gerenciam e analisam informações em variedade, volume e velocidade enormes são chamadas de *big data*[6]. Fontes de informações de *big data* são os mercados financeiros, sensores, torres de celulares, câmeras de tráfego e vigilância, a *web*, mídias sociais (*posts*, *likes*, *follows* etc.), transações de *e-commerce*, entre outros[7].

O *big data* traz transformações profundas para o ambiente informacional: a) possibilidade de parametrização da informação, permitindo analisar qualquer tipo de informação digital em tempo real, inclusive dados não estruturados (como *posts* no Facebook, *tweets* etc.) e comportamentos associados a contextos (semântica[8]); b) necessidade de mediação tecnológica para filtrar e obter valor da gigantesca massa de dados contínua; c) necessidade de ampliar as capacidades globais de armazenamento e tratamento de dados; d) diluição da atenção das pessoas (economia da atenção).

A parametrização da informação permite que se cruzem dados de forma complexa e sofisticada, sem precedentes na história da humanidade. Um exemplo de uso do *big data* é o projeto *Global Pulse*[9], das Nações Unidas, que usa um programa que decifra a linguagem humana na análise de mensagens de textos e *posts* em redes sociais para prever o aumento do desemprego, o esfriamento econômico e epidemias. Outro exemplo desse uso foi no terremoto do Haiti, quando pesquisadores norte-americanos perceberam antes de todo mundo a diáspora de Porto Príncipe por meio dos dados de geolocalização de 2 milhões de *chips* de celulares, facilitando a atuação da ajuda humanitária[10]. Em ambos os casos, o uso de *big data* ofereceu antecipação e soluções a problemas sociais e humanitários que não eram possíveis anteriormente.

Cada vez mais a área de *health care* também tem se utilizado de análises de *big data* para conhecer e entender melhor as doenças para poder melhorar também o desempenho no seu combate e contágio. O rastreamento da propagação de doenças (via dados) é uma das ferramentas mais poderosas

---

6.   Mais informações sobre *big data* podem ser encontradas em: http://en.wikipedia.org/wiki/Big_data. Acesso em: 22 jan. 2021.

7.   BRUST, A. *Big Data*: Defining its definition. Disponível em: http://www.zdnet.com/blog/big-data/big-data-defining-its-definition/109. Acesso em: 22 jan. 2021.

8.   Outro atributo do *big data*, em razão da proliferação de informações e da capacidade de cruzá-las, é a dificuldade de apagar dados, o que torna a privacidade uma preocupação comum (MIKE 2.0, 2012). A questão da privacidade é discutida mais à frente neste livro.

9.   *Website* oficial do projeto Global Pulse em: http://www.unglobalpulse.org/. Acesso em: 22 jan. 2021.

10.   O GLOBO. *De Moneyball a Davos*: o *Big Data* se abre para o mundo. Disponível em: http://oglobo.globo.com/tecnologia/de-moneyball-davos-big-data-se-abre-para-mundo-4460918. Acesso em: 22 jan. 2021.

para auxiliar no preparo para lidar com surtos e minimizar ao máximo a sua disseminação e efeitos, como no caso do vírus da Zika[11].

Na área de educação, a extração de inteligência dos processos de aprendizagem por meio do *big data* tem o potencial de revolucionar a forma como são feitas as avaliações e acompanhamentos de progresso dos estudantes. Um exemplo disso é a empresa Narrative Sciences[12], que desenvolveu um sistema que analisa as provas dos alunos e, em vez de apenas avaliar e dar uma nota, ele cria um texto sugerindo ao aluno (em função do seu desempenho na prova) como melhorar os seus conhecimentos: que livros e tópicos deveria estudar e aprofundar para adquirir as competências necessárias para alcançar um resultado melhor no futuro. A Figura 3.9 traz o *link* para um vídeo que explica o trabalho da Narrative Sciences.

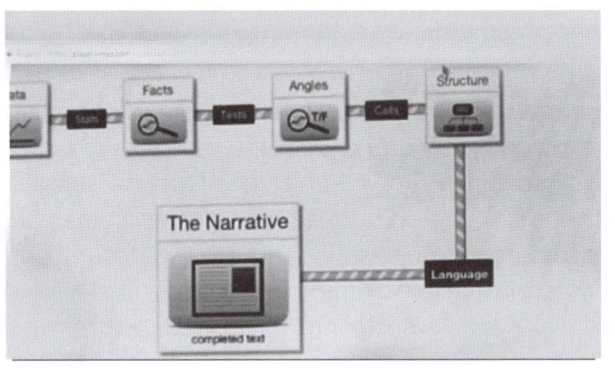

Figura 3.9 – QR Code que dá acesso ao vídeo sobre a *Narrative Sciences*.
Fonte: http://player.vimeo.com/video/50333250. Acesso em: 22 jan. 2021.

Armazenamento e preservação de conteúdo

Outra questão associada ao crescimento exponencial da quantidade de conteúdo digital no mundo é o problema de se conseguir armazenar essa avalanche crescente de informação. Enfrentamos o desafio de preservar tudo o que já foi criado na história da humanidade, evitando perdas no meio do *tsunami* de conteúdo gerado diariamente no planeta. Novas tecnologias surgem todos os dias para tentar solucionar esse problema, e uma solução bastante criativa para isso é usar o DNA para armazenar a informação digital. O Dr. Kosuri e sua equipe em Harvard conseguiram, no início de 2012, armazenar

---

11. Ver: https://www.sas.com/en_us/insights/articles/analytics/stopping-the-zika-virus-the-potential-of-big-data-analytics.html. Acesso em: 22 jan. 2021.
12. Ver mais em: https://narrativescience.com/. Acesso em: 19 fev. 2021.

um livro digital completo em um miligrama de DNA vivo[13]. Segundo Kosuri, o DNA é uma fonte muito boa de armazenamento de informação, que existe há bilhões de anos. Além de ser uma forma bastante compacta de armazenar informação, o DNA permanece estável por centenas de milhares de anos.

Economia da atenção

A explosão de conteúdos no mundo tem como consequência, também, o fenômeno da *Economia da atenção* (DAVENPORT, 2001), que foi observado por Thomas H. Davenport e John C. Beck, pesquisadores e professores da Anderson School of Management, da Universidade da Califórnia. A atenção é um recurso finito e, conforme a quantidade de informação aumenta no ambiente que nos cerca, não conseguimos prestar atenção em tudo e passamos cada vez mais rapidamente por nossas fontes de informação – e-mail, *feeds* de mídias sociais etc. Com isso, nosso consumo de informação se torna, muitas vezes, totalmente superficial. Assim, quanto maior a riqueza da informação, maior a pobreza da atenção.

As consequências disso na sociedade são:

1. **A atenção se tornou um patrimônio escasso** – conquistar a atenção das outras pessoas (sejam elas seu filho, par, amigo, aluno, colabora-dor, parceiro, cliente etc.) está cada vez mais difícil. Em função disso, estratégias de atração da atenção têm se tornado cada vez mais tema de discussão em educação e negócios, como, por exemplo, alinhamento de interesses e relevância com o interlocutor e *storytelling*[14].

2. **As pessoas lançam mão de filtros e recomendações para se informar**, pois sua atenção não consegue dar conta da avalanche informacional diária. Nesse sentido, precisamos cada vez mais de bons filtros, que nos auxiliem a navegar na informação. Esses filtros podem ser tanto outros seres humanos (pares, professores, pais, educadores, jornalistas, influenciadores etc.) como sistemas e plataformas digitais (como Waze, TripAdvisor, Foursquare; assistentes pessoais computacionais como Siri, Alexa etc.) reforçando o vínculo e dependência entre indivíduos e filtros, como ilustrado anteriormente na Figura 2.1. Isso traz profundas implicações na função de educadores – pais, professores, jornalistas, bi-

---

13. O vídeo sobre a pesquisa do Dr. Kosuri pode ser acessado em: https://futureofstorytelling.org/video/sri-ram-kosuri-encoding-stories-and-big-data-in-dna. Acesso em: 03 mar. 2021.

14. Inúmeros estudos sobre o poder das estórias no cérebro humano mostram que fomos configurados biologicamente para prestar atenção em estórias e que elas impactam mais áreas do nosso cérebro do que quando apenas vemos apresentação de dados.

bliotecários, influenciadores, departamento de recursos humanos etc. –, pois para que eles sejam efetivos no processo educacional, precisam atuar como filtros relevantes de informação, e não como detentores e guardiões da informação e da verdade. Essa mudança requer uma transformação significativa de mentalidade e cultura nos ambientes familiar, escolar e corporativo.

Atenção & Filtros de informação

A explosão de conteúdo e a economia da atenção afetam, portanto, consideravelmente a forma como consumimos informação. Clay Shirky, professor e pesquisador norte-americano, analisa o contexto hiperinformacional dizendo que "o problema não é o excesso de informações, mas a falta de filtros". O ser humano continua sendo um dos filtros disponíveis, na forma de jornalista, professor, influenciador, no entanto, precisa ser bom e relevante para atrair a atenção em um ambiente hiperconcorrido. No entanto, cada vez mais, os filtros digitais entram em cena.

Um atrator natural da atenção é o interesse – sempre prestamos atenção naquilo que nos interessa. Dessa forma, para que um filtro funcione, seja ele humano ou digital, ele precisa estar em sintonia com o interesse de quem o usa, ser relevante para o seu público. Portanto, fica claro que, conforme aumenta a quantidade de informação no mundo, maior deve ser o foco na sua qualidade e relevância da produção de conteúdo para que se consiga atrair a atenção.

Considerando-se os filtros digitais, um dos mais utilizados e determinantes em nossas vidas é a busca *on-line*, que veremos a seguir.

A busca

Conforme a quantidade do conteúdo disponível no mundo aumenta, crescem também as opções disponíveis para tudo. No entanto, em vez de nos sentirmos mais livres e felizes para escolher, nos sentimos mais angustiados, pois maior se torna também a dificuldade de se escolher corretamente quando se tem infindáveis opções. Quanto mais possibilidades, mais tempo para avaliar cada possibilidade, mais complexa se torna a análise comparativa e, independentemente da escolha que fazemos, sempre ficamos em dúvida se, entre tantas opções disponíveis, alguma não teria sido melhor do que a que realmente escolhemos. Essa angústia é denominada *Paradoxo da Escolha* (SCHWUARTZ, 2007). Outro termo que se popularizou para expressar essa angústia é o FoBO, ou *Fear of a Better Option* – o medo de existir uma opção melhor.

Para conseguirmos lidar com o volume gigantesco de informação e, ao mesmo tempo, diminuirmos essa angústia da escolha, uma das soluções mais eficientes é a utilização do filtro da busca, que tem permeado cada vez mais todas as plataformas digitais. Quanto mais a busca consegue trazer opções relevantes para nós, mais importante ela se torna em nossas vidas, pois melhor resolve o nosso problema de volume de informação e processo de escolha.

Em função disso, a importância dos sistemas digitais de busca tem crescido no mesmo ritmo que a informação, e passamos a viver na Era da Busca. Os mecanismos de busca (como o Google e Bing na *web*; buscas em sistemas de localização GPS; buscas em redes sociais; buscas por lugares no Foursquare ou Yelp!, por exemplo) são diária e frequentemente usados ao redor do mundo por pessoas para encontrarem o que procuram em infindáveis nós e rotas informacionais. Conforme as tecnologias de busca avançam e se tornam mais amigáveis, como a busca por voz ou imagem, por exemplo, elas passam a ser utilizadas também por crianças ou pessoas não alfabetizadas, ampliando ainda mais a sua penetração na sociedade.

A participação da busca em nossas vidas diárias tem se tornado tão forte que a palavra "google", nome do mais importante *site* de busca atualmente, tornou-se oficialmente um verbo da língua inglesa em 2006, no *Merriam--Webster's Collegiate Dictionary*:

> *Main Entry*: go ogle
> *Pronunciation*: \gu-gəl\
> *Function*: transitive verb
> *Inflected Form(s)*: goo·gled; goo·gling \-g(ə-)liŋ\
> *Usage*: often capitalized
> *Etymology*: Google, trademark for a search engine
> Date: 2001
> :to use the Google search engine to obtain information about (as a person) on the World Wide Web

A questão da penetração da busca digital *on-line* em nossas vidas e como ela determina as nossas ações (exercendo um poder determinante sobre nós) é um dos meus focos de pesquisa desde 2005. O meu trabalho de arte *Digital Oracles*[15] (GABRIEL, 2006) discute a busca na vida das pessoas e o seu poder e influência no nosso cotidiano. O Café Filosófico CPFL Cultura *A Era da Busca*, disponível por meio da Figura 3.10, discute a importância da busca na vida humana. São abordadas questões sobre privacidade, controle e poder, mostrando a influência que os buscadores digitais (Google, Yahoo etc.) exercem no cotidiano das pessoas e na sociedade, funcionando como verdadeiros oráculos digitais.

---

15. *Digital Oracles* é um trabalho de arte *on-line* que pode ser acessado em: http://www.digitaloracles.com.br. Participou de exposições no Brasil e no exterior, como no FILE 2007 e *ELO Electronic Literature Organization Conference*, Portland, 2008.

Figura 3.10 – Imagem do vídeo *A Era da Busca* no Café Filosófico CPFL Cultura, com Martha Gabriel e Marcelo Tas. O QR Code dá acesso ao vídeo disponível em: https://vimeo.com/71888477. Acesso em: 03 mar. 2021.

O uso do Google tem povoado nosso imaginário e o cinema desde a primeira década do século XXI como sinônimo de "encontrar o que se precisa". Inúmeros filmes se apropriaram do uso do Google em cenas com situações em que é necessário encontrar respostas certeiras, expressando a influência que o *site* de buscas exerce hoje em nossa sociedade. Por exemplo, no filme *O grande Dave* (*Meet Dave* – Twentieth Century-Fox, 2008), os seres extraterrestres usam o Google para aprender tudo sobre os seres humanos e o planeta Terra, o que sugere que se pode conseguir qualquer informação confiável sobre nosso mundo e a resposta para qualquer questão simplesmente usando-se o Google. Outro exemplo é o filme *Os seis signos da luz* (*The Seeker: The Dark is Rising* – Twentieth Century-Fox, 2009), no qual o protagonista busca no Google informações relevantes sobre a disputa entre as trevas e a luz que dá desenvolvimento ao filme.

Conforme a busca digital se torna mais eficiente e relevante, mais ela nos auxilia, no entanto, por outro lado, mais dependentes dela e manipuláveis nos tornamos – esse é outro exemplo que ilustra a tecnologia como bênção e fardo.

FoMO & JoMO

Outro fenômeno associado à angústia causada por existirem inúmeras opções é o FoMO (*Fear of missing out*)[16], que é o "medo de ficar por fora", ou, em outras palavras, aquela sensação de que enquanto faço algo aqui posso estar perdendo algo interessante que está acontecendo em algum outro lugar. Um exemplo disso

16. Mais informações sobre FoMO em: https://en.wikipedia.org/wiki/Fear_of_missing_out. Acesso em: 22 jan. 2021.

ocorre quando estamos exaustos e gostaríamos de ficar em casa descansando, mas não deixamos de ir a uma festa para não correr o risco de perder oportunidades, ou então, a sensação de inquietação quando ainda não lemos um livro que deveríamos ter lido, ou assistido um filme que todos comentam. Isso já acontecia no século passado, portanto, FoMO não é um fenômeno novo. No entanto, hoje, com o aumento drástico das opções disponíveis no mundo a todo momento, ele se intensifica, causando uma tensão constante em nossos cérebros. Assim, enquanto o estresse do paradoxo da escolha se ocupa em escolher a melhor opção, a angústia do FoMO vem de não querer escolher e poder fazer, simultaneamente, várias opções. Adoramos ter opções, mas não gostamos de escolher.

O vídeo acessível pela Figura 3.11 apresenta FoMo como se fosse um filme de terror, usando o humor para explicar o fenômeno.

Figura 3.11 – Imagem do vídeo *FOMO Horror Movie Trailer*.
O QR Code dá acesso ao vídeo disponível em: https://youtu.be/Ewec1TJ5sKI. Acesso em: 22 jan. 2021.

Uma contrapartida para conseguirmos lidar com o FoMO e o FoBO é o JoMO, ou *Joy of missing out* – o prazer de não estar em tudo e não se importar com opções perdidas ou melhores.

Distração *vs.* foco: produtividade & fadiga de decisão

Outro grande desafio que a hiperconexão e a explosão de conteúdo traz para nossas vidas é conseguirmos focar nossa atenção em meio a tantos estímulos que nos distraem a todo momento. Se, por um lado, a economia da atenção tem a ver com o excesso de informação, por outro, a questão do foco é causada pelo excesso de estímulos. Vivemos um paradoxo: o mesmo contexto que nos distrai constantemente requer que nos foquemos para conseguir ter sucesso. Ao mesmo tempo em que o ambiente hiperinformacional tem o potencial de nos trazer infindáveis benefícios, ele também tem se revelado **um dos nossos piores e mais implacáveis inimigos**, que nos sabota de forma invisível, sem que o percebamos.

Além de afetar a nossa atenção (Economia da Atenção) e escolhas (Paradoxo da Escolha e FoMO), o excesso de opções que a era digital traz para o nosso cotidiano impacta uma outra dimensão essencial de nossas vidas: a **força de vontade que temos disponível a cada momento** para fazer análises e tomar decisões. Ao contrário do que se imagina, a força de vontade não é um fator constante no nosso organismo, mas uma habilidade que diminui conforme a vamos utilizando – esse efeito é chamado de *Fadiga de decisão*[17]. Em outras palavras, quanto mais decisões somos obrigados a tomar ao longo do dia, mais debilitados vamos ficando para tomar novas decisões, pois cada uma delas consome um pouco da força de vontade disponível, diminuindo (e, eventualmente, esgotando) o seu estoque para ser usado nas próximas decisões. Esse processo prejudica a capacidade de julgamento e ação. Portanto, podemos deduzir que o aumento das opções que o contexto atual apresenta contribui para o crescimento da fadiga de decisão.

Estilo de vida tecnológico *vs.* equilíbrio

Portanto, o estilo de vida tecnológico da sociedade moderna atual transforma três dimensões importantes da nossa existência, que sofreram uma aceleração profunda na última década: a **velocidade**, o **volume** e a **variedade em nosso cotidiano**. Embora isso aumente muito o nosso potencial para ter mais e fazer mais, tende a aumentar também **o estresse e a distração**, enquanto **fadiga a nossa força de vontade**.

A **distração** evita que mantenhamos o foco no que realmente interessa, pois, o volume e a variedade de opções nos colocam em um estado contínuo de interrupção e *multitasking*. O **estresse** "ofusca" o cérebro[18], prejudicando a clareza de decisão. E, finalmente, a diminuição da **força de vontade** compromete o nosso discernimento para analisar, ponderar e decidir. Dessa forma, estamos nos tornando cada vez mais seres conectados e aparelhados exteriormente, mas correndo o risco de ficarmos mais desconectados e dispersos internamente; mais ocupados e menos produtivos; mais distraídos e menos conscientes; com mais coisas e com menos sentido; fazendo mais e pensando menos; poderosos e impotentes ao mesmo tempo.

---

17. Mais informações em: https://en.wikipedia.org/wiki/Decision_fatigue. Acesso em: 22 jan. 2021.
18. Sobre os impactos do estresse no cérebro, ver: https://www.psychologytoday.com/blog/the-athletes-way/201402/chronic-stress-can-damage-brain-structure-and-connectivity. Acesso em: 22 jan. 2021.

CAPÍTULO 4

TECNOLOGIA & CONHECIMENTO

Conforme as tecnologias digitais foram gradativamente possibilitando a maior conexão das pessoas e se disseminando no cotidiano, o modelo social predominante mudou de centralizado e hierarquizado para distribuído. Hoje, em virtude da facilidade de se conectar com qualquer pessoa, temos mais conexões com colegas e conhecidos (laços fracos) do que com amigos e família (laços fortes). A maior parte das informações que recebemos e trocamos que influenciam nossa vida é proveniente de pessoas que não conhecemos ou conhecemos pouco. Além disso, as fontes de publicação, informação e disseminação do conhecimento aumentaram consideravelmente, causando uma explosão de conteúdo, como vimos anteriormente.

Vimos também que esse ambiente tecnológico hiperconectado facilita a criação, edição e propagação de conteúdo por qualquer pessoa, e não mais apenas por profissionais de mídia, informação e educação. Esse fenômeno gera um ambiente extremamente fértil para a criatividade, de forma que a apropriação e remixagem de conteúdos previamente produzidos possam ser combinados gerando novos conteúdos criativos, que talvez jamais pudessem ser criados sem esse processo.

Construção do conhecimento: copiar + transformar + combinar

A evolução, tanto genética quanto cultural, depende do processo de (COPIAR + TRANSFORMAR + COMBINAR). Os organismos evoluem por meio de copiar, transformar e combinar células. A cultura evolui por meio de copiar, transformar e combinar memes. Mesmo sucessos culturais considerados extremamente originais, como os filmes *Star Wars* e *Kill Bill*, na realidade, se apropriaram de conceitos e cenas de outros filmes que vieram antes deles, fazendo, portanto, remixagens (cópia + transforma + combina) em novos contextos, como mostrado no segundo episódio da série *Everything is a Remix* (Tudo é um *Remix*), Figura 4.1.

Figura 4.1 – Imagem do vídeo *Everything is a Remix – part 2* (Tudo é um *Remix* – parte 2) – legendado em português –, que pode ser acessado pelo QR Code ao lado da imagem ou em: https://vimeo.com/32677972. Acesso em: 14 jan. 2021.

Considerando-se que copiar, transformar e combinar sempre foram a base do processo de evolução, o ambiente tecnológico digital atual amplia consideravelmente todas essas funções, além de acrescentar mais uma: a facilidade de propagação.

Assim, a proliferação de conteúdo em virtude das novas possibilidades tecnológicas de produção, reutilização e distribuição que a internet propicia tende a gerar um ambiente mais rico em aprendizagem e criatividade do que em qualquer outra era. A evolução e as inovações sempre aconteceram em função da construção coletiva do conhecimento, e todas as grandes invenções na história da humanidade foram, na realidade, uma combinação ou aperfeiçoamento de ideias anteriores, de forma que muitos contribuem sempre para que algo novo aconteça.

Isaac Newton dizia: "se consegui ver mais longe, é porque estava sobre ombros de gigantes"[1]. Galileu Galilei e Johannes Kepler eram esses gigantes, que, por sua vez, estavam sobre os ombros de Nicolau Copérnico.

Um dos mais proeminentes sociólogos do nosso tempo, o francês Michel Authier, estuda e analisa o conhecimento há décadas. Em parceria com Pierre Lévy e Michel Serres, Authier idealizou as "árvores do conhecimento", um sistema que propõe uma revisão social, com o fim da personalização cultural, sem o papel do grande líder ou sábio. Desde o século III a.C., a produção do conhecimento é feita de forma coletiva. Sabemos que Euclides, por exemplo, é um nome de um coletivo que desenvolveu a geometria euclidiana, assim como Arquimedes de Siracusa trabalhava regularmente com os sábios de Alexandria, trocando informações por meio de cartas. Conforme os meios de comunicação iam evoluindo ao longo da história, o ritmo das trocas para construção de conhecimento foi acelerando, culminando na velocidade dos tempos atuais, permitindo uma colaboração coletiva em patamares inéditos.

 ## Construção do conhecimento: individual *vs.* coletivo

No entanto, segundo Authier, existem problemas arraigados em nossa percepção sobre a construção do conhecimento, que causam resistência à noção da construção coletiva do conhecimento. A partir do século XVII, dois episódios ofuscaram nossa compreensão sobre o conhecimento como um processo coletivo. O primeiro fato foi o processo de Galileu Galilei, que nos fez acreditar que um homem sozinho podia se impor contra comunidades de conhecimento para criar um novo saber. O segundo fato foi a disseminação do pensamento cartesiano, que fundou um novo modelo de saber, no qual acredita-se que a reflexão racional de um indivíduo seria suficiente para produzir o conhecimento. Esses episódios contaminaram nossa percepção e educação que, por mais de três séculos, nos fizeram acreditar que a produção do conhecimento era ato da inteligência de alguns indivíduos, os quais, por meio de método e reflexão profunda sobre os problemas, conseguiam obter soluções iluminadas. Contudo, de acordo com Authier,

> Os efeitos [dessa percepção individualista da construção do conhecimento] são aparentemente desastrosos, sobretudo há algumas dezenas de anos, uma vez que para produzir um saber estável sobre um problema é preciso que o problema seja estável. Isso funciona bem para as leis da natureza devido à sua repetição

---

1. Fonte: https://pt.wikiquote.org/wiki/Isaac_Newton. Acesso em: 22 jan. 2021.

> e à possibilidade de isolar o fenômeno natural, permitindo estudá-lo, delimitá-lo e construir um saber que vai ajudar a compreendê-lo melhor. No caso dos fenômenos sociais, é bem evidente que essa estratégia de conhecimento pode, talvez, dar às pessoas ideias fixas e certezas que podem ser inoperantes[2].

Temos testemunhado, a partir da primeira década do século XX, um processo gradativo de valorização do coletivo na criação, pois, com a proliferação das conexões e a consequente troca de informações e conteúdo, as pessoas começaram, natural e espontaneamente, a produzir e se apropriar de conteúdos umas das outras, e a transformá-los e combiná-los de novas formas. Isso tem gerado um ritmo frenético de produção de conteúdo e novos modos de aprendizagem. Dessa forma, as tecnologias digitais fazem renascer a percepção da construção coletiva do conhecimento e as pessoas, avidamente, passam a praticá-la.

Crowdsourcing: democracia vs. caos

Além da propagação orgânica do conhecimento pela rede, as tecnologias digitais favorecem e impulsionam também outra importante, e democrática, forma de construção de conhecimento de modo coletivo: o *crowdsourcing*. Enquanto o processo espontâneo de propagação de conhecimento e ideias acontece de modo distribuído de acordo com o interesse de cada indivíduo na rede, no caso do *crowdsourcing*, é feita uma chamada para participação com determinado objetivo e todos os participantes colaboram para aquela meta específica por meio de algum processo de motivação. Um exemplo disso é a tradicional "caixa de ideias, sugestões, opiniões" – todos que participam contribuem com ideias para ajudar a melhorar uma empresa ou situação em que estão envolvidos em algum grau, de modo que, eventualmente, podem ser beneficiados em retorno. Assim, o *crowdsourcing* é intencional, baseado em motivação. Além de chamada para colaboração com ideias e conhecimento (*crowdwisdom*), esse processo pode ser usado para diversos outros tipos de objetivos, como: votação (*crowdvoting*), obtenção de recursos (*crowdfunding*), solução de problemas (*crowdsolving*), encontrar algo (*crowdsearching*) etc. Acredito que uma nova forma de *crowdsourcing* é o de dados: as pessoas colaboram consentindo que os seus dados comportamentais sejam usados para melhorar algum processo do qual participam, e, como contrapartida, são beneficiadas também. Um exemplo desse último tipo, que chamo de *crowddata*, é o Waze: conforme nos locomovemos, contribuímos com os nossos dados de movimen-

---

2. Fonte: *Grandes Cursos Cultura*, produzidos em parceria entre a TV Cultura e a Universidade Anhembi Morumbi.

tação, permitindo que o sistema possa conhecer melhor os fluxos de trânsito para oferecer melhores soluções de rotas a todos que estão conectados à plataforma a cada instante.

Além do Waze, outros excelentes exemplos do uso de *crowdsourcing* alavancado pelas tecnologias digitais são a Wikipedia e o TripAdvisor.

Apesar de os sistemas de *crowdsourcing* fazerem uma chamada aberta e democrática para a participação de qualquer indivíduo que deseje contribuir, é importante notar que, quando a quantidade de participações começa a crescer muito, o resultado tende ao caos, devido à dificuldade de compreensão, comparação e análise das contribuições, além da necessidade de validação de sua pertinência. Por exemplo, se eu faço uma chamada para ideias de criação de um foguete espacial, além das contribuições voluntárias de qualquer pessoa, independente da sua formação ou conhecimento, precisarei também da validação e/ou contribuição de especialistas para que o resultado seja um foguete seguro para lançamento. Assim, para que os processos de *crowdsourcing* se tornem aplicações reais, é essencial que existam mecanismos de análise e filtro das ideias, e ainda, quanto mais complexa for a natureza do objetivo final do projeto (por exemplo, construir foguetes), mais será importante que ele seja suportado e validado por especialistas na área.

Essa dinâmica de participação livre associada com mediação de especialistas fica clara no caso da Wikipedia, em que qualquer pessoa pode alterar qualquer artigo, mas existe um grupo de especialistas voluntários que alertam constantemente para situações que fujam da qualidade e rigor de referência do conteúdo. O mesmo acontece no Waze ou no TripAdvisor – conforme as pessoas que usam essas plataformas "curtem" (*like*) as sugestões e/ou avaliações escritas por determinado participante, esse participante vai subindo no *ranking* de credibilidade/especialista da plataforma, e os seus comentários/sugestões passam a ter peso maior do que os dos participantes em geral.

Construção do conhecimento: restrições

Se, por um lado, as pessoas têm abraçado cada vez mais a produção coletiva do conhecimento – por processos orgânicos ou de *crowdsourcing* –, por outro, as leis não têm acompanhado a mesma evolução. As leis de direitos autorais, que foram criadas no final do século XVIII com o objetivo de fomentar a produção de inovações originais para um bem maior, transformaram-se em processos de aprisionamento de ideias individuais e, portanto, não acompanharam as evoluções tecnológica e social subsequentes, que tendem à colaboração, e não ao isolamento. O documentário *Everything is a Remix – part 4* (Tudo é um *Remix – parte 4*) discute de forma bastante didática esse problema (ver Figura 4.2).

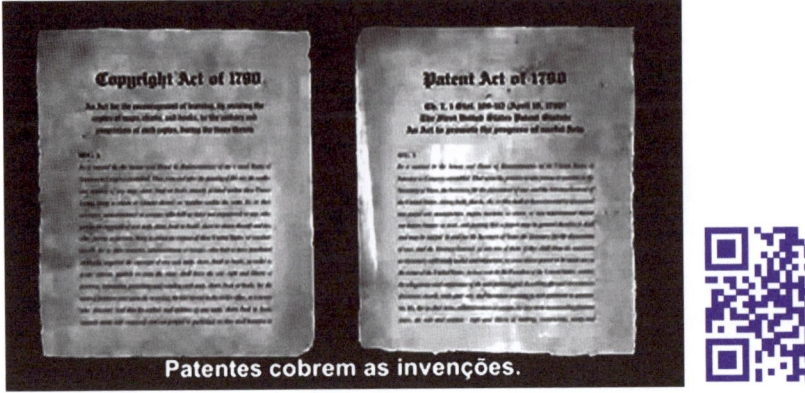  

Figura 4.2 – Imagem do vídeo *Everything is a Remix – part 4* (Tudo é um *Remix* – parte 4), legendado em português, que pode ser acessado pelo QR Code ao lado da imagem ou em: https://vimeo.com/224980678. Acesso em: 14 jan. 2021.

Segundo as leis de propriedade intelectual, existem dois extremos opostos de situações (Figura 4.3): o Copyright (todos os direitos reservados) e o Domínio Público (não submetido a direitos patrimoniais exclusivos de alguma pessoa física ou jurídica).

Figura 4.3 – Símbolos do Copyright (à esquerda) e Domínio Público (à direita). *Fonte:* Wikipedia.

Assim, em linhas gerais, em função do Copyright, toda obra criada por um indivíduo não pode ser utilizada por outros sem a sua permissão. Isso dificulta muito o processo de construção coletiva de conhecimento, pois, se não conseguimos detectar quem é o autor ou se não conseguimos falar com ele para pedir permissão para usar o seu trabalho, não podemos fazê-lo. Com o intuito de facilitar esse processo de uso e compartilhamento de obras, foi criado em 2001, por Larry Lassig, a Creative Commons, uma organização não governamental, sem fins lucrativos, cujo objetivo é expandir a quantidade de obras criativas disponíveis, por meio de suas licenças.

Antes das licenças Creative Commons existirem, Richard Stalmann (fundador do movimento do *software* livre) criou a licença Copyleft (Figura 4.4), em 1988, com o intuito de permitir a distribuição e propagação de *software* livre. No entanto, a licença Copyleft não é o mesmo que Domínio Público, pois ela tem restrições que precisam ser observadas, enquanto o Domínio Público permite qualquer utilização de uma obra.

Figura 4.4 – Símbolo representativo do Copyleft. *Fonte:* Wikipedia.

 ## Creative Commons (CC)

As licenças Creative Commons partiram do conceito de Copyleft e permitem a cópia e compartilhamento de obras com menos restrições que o tradicional Copyright. Essas licenças focam na manutenção da integridade da obra e usam o Copyleft para garantir a liberdade de reprodução.

Se antes tínhamos apenas dois tons de leis de propriedade intelectual – branco e preto –, as licenças Creative Commons acrescentam diversos tons de cinza entre eles. No entanto, ao se utilizar as licenças Creative Commons, não se abre mão de direitos autorais, mas se oferecem alguns direitos para qualquer pessoa, que podem ser usados somente sob determinadas restrições, estabelecidas pelo autor da obra.

Assim, se Copyright é "todos os direitos reservados" e Domínio Público é "sem direitos reservados", Creative Commons significa "alguns direitos reservados". Sabendo-se de antemão quais direitos devem ser respeitados nas obras licenciadas por Creative Commons, torna-se muito mais fácil utilizá-las para cópia, transformação, recombinação e distribuição.

As quatro licenças básicas Creative Commons, que oferecem opções de compartilhamento e uso de obras, que dão direitos intermediários entre o Copyright e o Domínio Público, são:

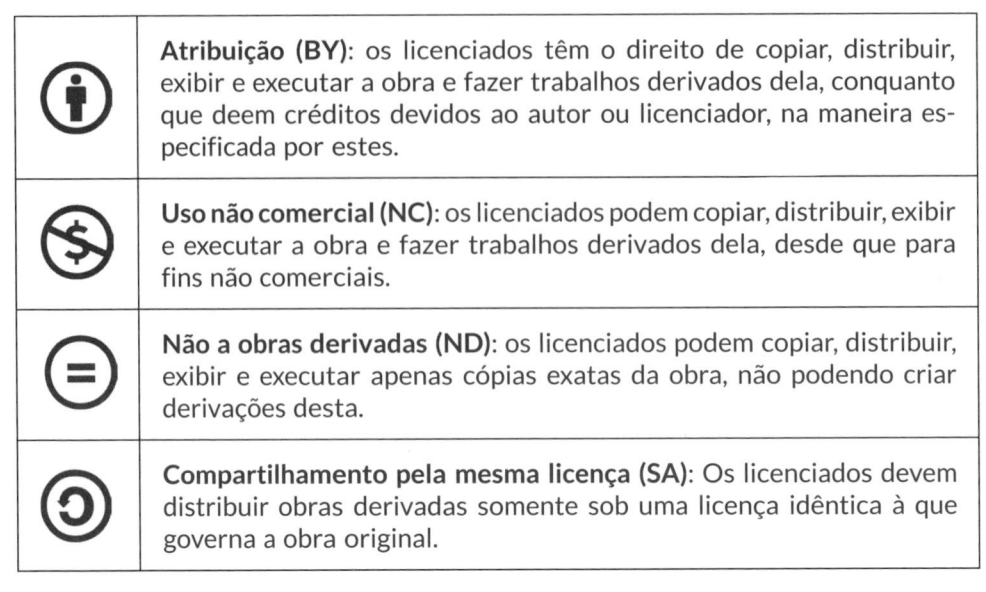

	Atribuição (BY): os licenciados têm o direito de copiar, distribuir, exibir e executar a obra e fazer trabalhos derivados dela, conquanto que deem créditos devidos ao autor ou licenciador, na maneira especificada por estes.
	Uso não comercial (NC): os licenciados podem copiar, distribuir, exibir e executar a obra e fazer trabalhos derivados dela, desde que para fins não comerciais.
	Não a obras derivadas (ND): os licenciados podem copiar, distribuir, exibir e executar apenas cópias exatas da obra, não podendo criar derivações desta.
	Compartilhamento pela mesma licença (SA): Os licenciados devem distribuir obras derivadas somente sob uma licença idêntica à que governa a obra original.

Das licenças básicas, combinadas de forma válida, resultam as seis licenças de uso do Creative Commons, conforme o Quadro 4.1.

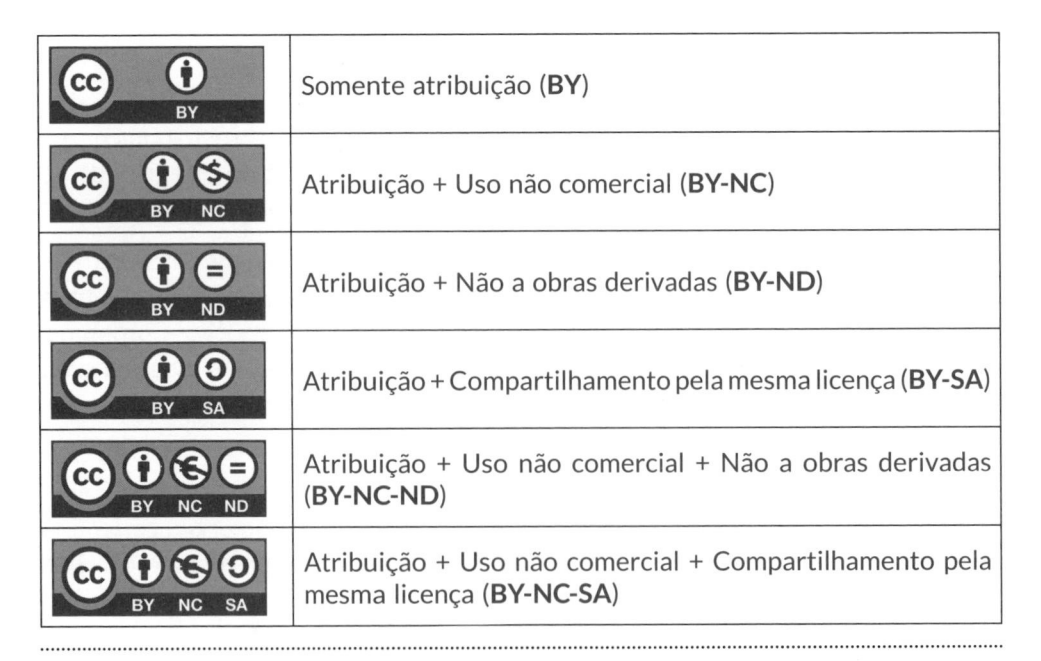

	Somente atribuição (**BY**)
	Atribuição + Uso não comercial (**BY-NC**)
	Atribuição + Não a obras derivadas (**BY-ND**)
	Atribuição + Compartilhamento pela mesma licença (**BY-SA**)
	Atribuição + Uso não comercial + Não a obras derivadas (**BY-NC-ND**)
	Atribuição + Uso não comercial + Compartilhamento pela mesma licença (**BY-NC-SA**)

Quadro 4.1 – Tipos de licenças Creative Commons.
Fonte: http://creativecommons.org/licenses/. Acesso em: 22 jan. 2021.

Como vemos, todas as licenças requerem a atribuição ao autor original, e isso normalmente implica[3]:

- incluir quaisquer avisos de direitos autorais (se aplicável);
- citar o nome, pseudônimo ou *user ID* do autor (internet);
- citar o título ou nome da obra, caso haja algum, e fornecer um *link* direto para a obra original (no caso da internet);
- citar sob qual licença Creative Commons a obra se encontra (se for uma publicação na internet, recomenda-se fazer um *link* para a página da licença no *website* da CC);
- mencionar se a obra é derivada ou adaptada e, além disso, deixar claro que um trabalho é derivativo; por exemplo, "Esta é uma tradução para o português de [nome da obra original], de [autor]." ou "Roteiro baseado em [obra original], de [autor]".

As licenças Creative Commons já foram adaptadas às legislações nacionais de diversos países, incluindo o Brasil, e se encontram traduzidas e totalmente adaptadas à nossa legislação. O projeto Creative Commons no Brasil é representado pelo Centro de Tecnologia e Sociedade da Faculdade de Direito da Fundação Getulio Vargas, no Rio de Janeiro.

Para registrar obras sob a licença Creative Commons, basta acessar http://creativecommons.org.br/.

---

3.   Ver mais em: http://pt.wikipedia.org/wiki/Licen%C3%A7as_Creative_Commons. Acesso em: 22 jan. 2021.

TECNOLOGIA & CONTROLE: LIBERDADE *VS.* PRIVACIDADE

Duas alavancas movem o homem: o interesse e o medo.

Napoleão Bonaparte

Uma das principais dimensões das tecnologias de informação ao longo da história é o controle da informação – quando mudam as tecnologias informacionais, mudam também os controles dos fluxos de informação que dão poder a quem os detém. Quanto mais descentralizadoras são essas tecnologias, maior a reestruturação social que elas trazem. Exposição e controle são as duas faces da moeda da informação.

Os caminhos de evolução tecnológica dos últimos séculos trouxeram transformações profundas nas possibilidades de exposição e controle da informação, nos conduzindo de uma sociedade disciplinar e analógica para a sociedade atual digital, que é, ao mesmo tempo, uma sociedade do controle e do espetáculo.

Os termos *Sociedade do espetáculo* (DEBORD, 2013) e *Sociedade de controle* (FOUCAULT, 1975; DELEUZE, 1990) têm origem no século XX, mas as transformações sociais que eles discutem vêm sendo observadas de forma cada vez mais significativa nos dias atuais, conforme o tecido social se torna mais conectado. Até o final do século XX, a conexão no mundo privilegiava as instituições – governos, empresas de mídia, multinacionais etc. A partir dos últimos anos do século XX, e principalmente no início do século XXI, a penetração da internet e das tecnologias digitais no cotidiano do cidadão comum alavancou uma incrível mobilidade e ubiquidade comunicacional e informacional no nível do indivíduo – e não mais apenas no nível das organizações –, catalisando, assim, tanto o controle e a transparência quanto as possibilidades de autoexposição em níveis inéditos na nossa história. Esse processo redefine e transforma a sociedade, o modo como vivemos e nos relacionamos, manifestando em plenitude a sociedade de controle e do espetáculo.

Sociedade de controle

Até o final do século XX, as sociedades eram caracterizadas pelo enclausuramento no espaço fechado (escolas, hospitais, indústrias, empresas, prisão etc.) e pela ordenação do tempo de trabalho. Os mecanismos de controle disciplinar favoreciam a constante observação dos indivíduos, que se tornavam transparentes para quem estivesse no poder. O poder estava fora do alcance e do controle dos indivíduos, tornando-se opaco a eles. Esse tipo de sociedade foi analisado e descrito por Michel Foucault (1975) como sociedade disciplinar, que é marcada por uma opacidade do poder e pela transparência dos indivíduos. As sociedades disciplinares se estenderam do século XVIII até a Segunda Grande Guerra, sofrendo, então, declínio até o final do século XX e, simultaneamente, dando lugar à ascensão de outro tipo de sociedade, a do controle.

No final do século XX, Gilles Deleuze (1990) apresenta aspectos que mostram que estávamos passando de uma sociedade disciplinar para uma sociedade de controle[1], que surge em função das tecnologias de comunicação e informação em rede, que passam a provocar a dissolução de limites físicos definidos (redes não têm paredes delimitantes) e transformam o tempo em um contínuo que permeia os espaços. Ocorre, dessa forma, uma mudança de natureza do poder, que deixa de ser hierárquico, e passa a ser disperso e difuso numa rede global. Assim, nas sociedades de controle, o poder se torna disseminado e disperso entre os nós das redes, e sua ação torna-se horizontal e impessoal (COSTA, 2004). O poder de controle e a transparência se distribuem na rede.

As instituições sociais (governos, empresas, instituições de ensino etc.) têm sido sociedades disciplinares por séculos. No entanto, as tecnologias digitais as estão transformando, de forma consciente ou não, em sociedades de controle. Não é à toa que uma das características predominantes da geração Y é o não

1. No artigo *post-scriptum* sobre as sociedades de controle.

reconhecimento de hierarquia, pois eles cresceram junto com o nascimento da sociedade de controle, em que a horizontalização do relacionamento é característica marcante.

Por outro lado, simultaneamente à sociedade de controle, vimos florescer também a *Sociedade do espetáculo* (DEBORD, *cit.*), alavancada pelas mídias eletrônicas baseadas em imagens, como a televisão. Essas mídias imagéticas transformaram o nosso cotidiano, inaugurando o "viver por meio de representações de imagens", revelando outros aspectos importantes das transformações sociais que têm impactado o relacionamento humano, inclusive a alienação. No entanto, as reflexões originais sobre a Sociedade do Espetáculo foram feitas à luz das mídias imagéticas do século XX. Acredito, no entanto, que diferentemente das mídias de então, as novas mídias digitais atuam em duas direções extremas e opostas nesse fenômeno – ao mesmo tempo em que elas têm o poder de acentuar o espetáculo e a alienação, por outro lado, elas também têm o poder de iluminar e permitir o "viver diretamente", desintermediando as mídias de massa e ampliando o contato direto do indivíduo com a realidade.

No primeiro caso, as novas tecnologias de comunicação e informação possibilitam uma superexposição do indivíduo numa imensa acumulação de espetáculos, transformando tudo o que era vivido diretamente em uma representação. Nesse processo, os fluxos contínuos de informação agem na capacidade de percepção dos indivíduos e dificultam a representação do mundo, pois a proliferação de imagens e mensagens dos mais variados tipos torna cada vez mais difícil separar ficção de realidade. Ao mesmo tempo, no segundo caso, as novas tecnologias digitais permitem a proliferação de informações geradas por indivíduos comuns (e não mais apenas por uma fonte centralizadora filtrante, como a televisão tradicional), relatando os mais diversos aspectos da realidade, sob os mais diversos ângulos, além de colocar à disposição de qualquer pessoa todo tipo de informação imaginável, como bibliotecas, videotecas, filmes, documentários etc., permitindo que se amplie o cenário informacional, iluminando e aumentando a capacidade de discernimento para controlar.

Dessa forma, paradoxalmente, no ambiente digital, o controle e o espetáculo encontraram o meio propício para seu desenvolvimento na sociedade, e, nesse cenário, a privacidade é elemento regulador e a transparência, o efeito resultante.

Agentes e controle

Além do controle que pode ser exercido sobre as pessoas, agentes computacionais também podem exercer um grande controle sobre os indivíduos.

Esse é o caso da busca, por exemplo, em que estamos limitados a encontrar apenas o que o buscador (Google, entre outros) decidiu nos apresentar como resultado da pesquisa. Outro exemplo são os filtros anti-*spam* que são aplicados em contas de *e-mail*, que escolhem quais mensagens chegam ou não em nossa caixa de entrada. Logicamente, não conseguiríamos atuar no ambiente digital sem esses agentes – como encontrar o que precisamos sem um buscador que nos auxilie? Como administrar o volume gigantesco de *e-mails* de *spam* que nos são enviados todos os dias, sem utilizar um filtro anti-*spam*? Dessa forma, humanos que somos, para que consigamos operar no reino digital, precisamos de agentes computacionais que nos auxiliem a filtrar e tomar decisões. No entanto, é necessário refletir: até que ponto esses filtros nos ajudam apenas, ou nos definem, determinando e controlando nossas vidas?

No livro *A cultura da interface*, Steve Johnson discute esse poder dos agentes sobre nossas vidas, alertando para o cuidado que devemos ter ao escolher os agentes que usamos. Conforme os sistemas informacionais filtram a informação por meio de seus algoritmos, ela passa por um processo automático de seleção, que muitas vezes pode distorcer o que buscamos ou não estar adequado às nossas necessidades. É importante conhecer como esses processos ocorrem para sabermos com que tipo de informação estamos lidando em cada plataforma digital. O TED Talk *Tenha cuidado com os "filtros-bolha" on-line* (Figura 5.1) discute como o Google e o Facebook, por exemplo, criam filtros-bolha de informação, nos apresentando apresentando o que eles "pensam que queremos ver", mas nem sempre isso é o que precisamos realmente encontrar.

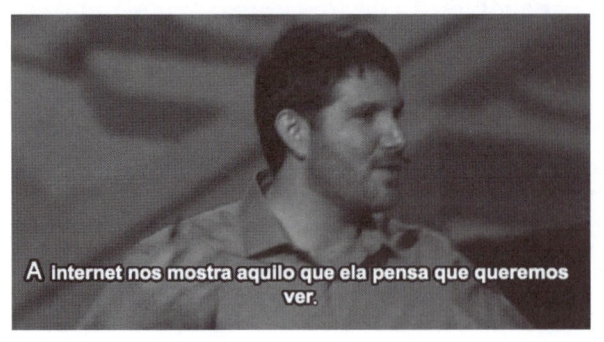

> *A internet nos mostra aquilo que ela pensa que queremos ver.*

Figura 5.1 – Imagem do vídeo *on-line* Cuidado com os "filtros-bolha", TED Talk com Eli Pariser, que pode ser acessado por meio do QR Code ao lado da imagem e também está disponível em: https://www.ted.com/talks/eli_pariser_beware_online_filter_bubbles?language=pt. Acesso em: 14 jan. 2021.

Assim, tomar consciência de que somos mediados cada vez mais por agentes computacionais – que controlam os fluxos de informação de nossas vidas e moldam a nossa percepção, e que usamos constantemente para tomar decisões – é um passo extremamente importante para a nossa atuação no mundo de hoje, cada vez mais digital.

Privacidade

Além da questão dos agentes e do controle, a potencialização das possibilidades de exposição da informação, característica do ambiente digital, também nos leva a vários outros desafios, como privacidade, construção de imagem (reputação), segurança, tomada de decisões, manipulação etc. Para lidar com essas questões, é necessário que tomemos consciência de que cada ação que praticamos nos ambientes digitais pode ter consequências tanto positivas como negativas, e, dessa forma, precisamos pensar com critério sobre o que deve ou não ser publicado em cada ambiente. Da mesma forma que pensamos sobre o que devemos ou não falar em cada lugar *off-line* físico em que estamos presentes – em casa com família, no clube com amigos, na escola, na igreja, no trabalho etc. – devemos fazer o mesmo nos ambientes digitais, que são o habitat natural da proliferação digital de dados de todos os tipos, inclusive informações pessoais.

Nesse sentido, a multiplicidade e a abundância de plataformas e tecnologias digitais aumentam o nosso poder sobre duas de nossas habilidades sociais, relacionadas à exposição da informação: 1) a mensuração, que permite, ao mesmo tempo, tanto o aumento do controle (feito por nós, em função do que mensuramos), quanto a sua dispersão (quando a mensuração é feita por outros, distribuindo o controle na rede); e 2) a expressão (e exposição) individual, que favorece o espetáculo (do indivíduo) e o controle (pelos outros), e pode, eventualmente, comprometer a sua segurança.

Os ambientes digitais proporcionam uma incrível facilidade de mensuração, impossível nos ambientes analógicos. Enquanto nas plataformas tradicionais analógicas (ambiente físico, televisão, mídia impressa etc.) são necessários processos externos a elas (registro de presença, sistema de auditoria de uso/leitura/visualização) para avaliar resultados e comportamentos, nas plataformas digitais esse rastreamento tende a ser nativo. Além disso, as tecnologias digitais também ampliam as possibilidades de mensuração dos ambientes analógicos: um exemplo disso são os recursos de monitoramento digital de presença em ambientes físicos por meio de *chips* RFID, câmeras de reconhecimento facial e sensores de presença. No entanto, a utilização das novas possibilidades tecnológicas pode causar diversos tipos de polêmicas inéditas relacionadas com a privacidade, que é uma das fronteiras da identidade e imagem dos seres. Esse é o caso do incidente que aconteceu em uma escola no Texas, Estados Unidos, em que uma estudante entrou com uma ação para não usar o *chip* RFID, mas perdeu na justiça, sendo obrigada a usar o *chip* ou mudar de escola[2]. Vamos, portanto, discutir a privacidade e sua relação com a era digital.

Privacidade na era digital

A palavra *privacidade* deriva do latim (*privatus*) e significa "separado do resto". De modo mais amplo, refere-se à habilidade dos indivíduos (ou grupos) de afastar a si próprios e, consequentemente, revelar apenas as suas informações que deseje, de modo seletivo. Portanto, "privacidade é o poder de uma pessoa seletivamente revelar suas informações ao mundo" (HUGHES, 1993).

Apesar de o uso da privacidade variar de cultura para cultura, entre indivíduos dentro da mesma cultura e ao longo do tempo, a privacidade é, e continuará sendo, um princípio seletivo de revelação de informações pessoais em função do contexto (ambiente, situação, pessoas ao redor etc.).

É interessante observar que privacidade é um conceito diferente de segredo – este se refere a uma informação que não deve ser compartilhada com ninguém, em nenhum contexto. A privacidade regula a relação de "para quem" se revela e "o que" se revela, estando intimamente ligada ao contexto. Enquanto a privacidade se preocupa em "como revelar" uma informação seletivamente, o segredo se preocupa em "não permitir que ela seja revelada".

De forma consciente ou inconsciente, exercemos constantemente o controle de privacidade em nosso cotidiano. Por exemplo, o que falamos em um bar, talvez não falemos em uma igreja. O que revelamos a um amigo íntimo talvez não revelemos a um desconhecido. Fornecemos o número do nosso cartão de crédito em um *site* de comércio eletrônico, mas não o fornecemos para todas as pessoas que nos cercam.

Assim, a arte da privacidade consiste em revelar a quantidade suficiente de informações pessoais em cada contexto para permitir à outra parte conhecer nosso problema, para nos ajudar, mas, ao mesmo, revelar o mínimo de informações para não nos tornarmos vulneráveis, frágeis.

Um aspecto muito importante para que o exercício da privacidade se torne possível é que as pessoas detenham algum tipo de controle sobre o contexto em que estão inseridas em cada momento, para poderem, assim, escolher que informações pessoais desejam revelar ou não. Nos ambientes analógicos, os contextos são mais facilmente reconhecíveis e delimitados, e, portanto, contro-

---

2. Fonte: http://info.abril.com.br/noticias/internet/estudante-e-obrigada-a-usar-chip-de-frequencia-nos-eua-10012013-29.shl. Acesso em 11 mar. 2013.

láveis. As pessoas sabem quando estão no trabalho, na rua, na escola, em uma festa, bem como quem está, simultaneamente, nesse mesmo ambiente, podendo ouvi-las e gravá-las. No entanto, nos ambientes digitais, é muito mais difícil reconhecer o contexto em que se está inserido ou quem está simultaneamente nele – por exemplo, quando as pessoas conversam em redes sociais, como no Twitter, cada uma está em um contexto analógico diferente, mas ao mesmo tempo estão todos no mesmo ambiente digital, que envolve diversos contextos simultaneamente – tantos quantos forem a quantidade de pessoas conectadas naquele ambiente. Nesse cenário, o controle da privacidade torna-se muito mais complexo e difícil, pois exige conhecimento dos contextos e das pessoas no ambiente digital e requer ferramentas que possibilitem o controle seletivo de revelação da informação para essas situações e ambientes distintos.

Além da questão dos contextos, as tecnologias digitais permitem tanto a disseminação mais rápida das informações, como também, e principalmente, o seu registro imediato e cumulativo. Assim, enquanto nos ambientes analógicos muito do que se revela é compartilhado com poucos ao redor (fisicamente) e, normalmente, está sujeito apenas ao registro humano (do cérebro que ouve e vê) naquele local, nos ambientes digitais (e nos analógicos permeados por dispositivos digitais) o que se revela pode estar sendo compartilhado com milhares ou milhões de pessoas e está à mercê do registro computacional – por meio das tecnologias digitais, no momento em que a informação é revelada, ela está disponível para a gravação, registro e disseminação instantâneos, sem necessidade de esforço humano de memorização, não se tornando mais passível de seleção e/ou deleção. Dessa forma, os ambientes digitais, por sua própria natureza, são desfavoráveis à manutenção da privacidade.

Portanto, o ambiente digital é o paraíso para a proliferação de dados, causando uma verdadeira avalanche de informações pessoais que os indivíduos fornecem em suas atividades diárias – navegar na internet, usar cartão de crédito, fazer uma assinatura de revista ou *newsletter* etc. As pessoas fornecem toda sorte de informações pessoais de inúmeras maneiras, tanto conscientemente (como no caso em que compartilham seus dados, fotos, preferências, aversões, localização etc., voluntariamente nas redes sociais digitais) quanto de forma inconsciente (como no caso de quando fazem compras com cartão de crédito, navegam, buscam e clicam na *web*, são captadas por sensores e câmeras digitais etc.). Apenas uma pequena parcela das pessoas lê os contratos de uso de *sites* e as suas políticas de privacidade – esses contratos determinam que tipo de autorizações damos, ou não, para a captura e compartilhamento dos nossos dados pessoais colhidos durante o uso do *site*/aplicativo/sistema. Apesar de declararem que se "importam" com a privacidade, as pessoas não estão realmente "interessadas" ao ponto de gastar tempo para ler contratos e, assim, acabam deixando seus dados pessoais à mercê dos outros.

Independentemente de as pessoas estarem, ou não, abrindo mão da sua privacidade (consciente ou inconscientemente, intencional ou ingenuamente, por interesse ou por preguiça), o fato é que o grau de privacidade tem diminuído conforme as tecnologias digitais passam a mediar nossas ações no mundo. Em consequência, a redução dos níveis de privacidade tende a favorecer o aumento dos níveis de riscos pessoais e de controle que o ambiente pode exercer sobre nós, como discutiremos a seguir.

Privacidade e riscos

Uma das principais dimensões de risco no ambiente digital é que as fronteiras se dissolvem entre o mundo "lá fora" (público) e o mundo "dentro de casa" (privado), podendo resultar na exposição inconsciente de dados e em um potencial canal de invasão. No entanto, frequentemente, as pessoas não percebem essa situação, pois possuem um falso senso de segurança no ambiente digital, em que os riscos não são tão claramente visíveis como no mundo analógico. Por exemplo, provavelmente uma pessoa não sairia nua na rua, um espaço público, mas muitas vezes tira fotos com roupas íntimas em um ambiente privado e a compartilha com alguém via internet, sem pensar que pode estar, eventualmente, se expondo publicamente. Outro exemplo: normalmente, os pais não permitem que seus filhos pequenos saiam sozinhos à rua em virtude dos perigos que o ambiente público oferece a quem ainda não está preparado. No entanto, esses mesmos pais, hoje, deixam seus filhos brincando sozinhos na internet, em um *tablet* ou celular. Isso é o mesmo que dar uma faca a um bebê, uma vez que a internet é potencialmente tão perigosa quanto a rua e, em algumas situações, ainda mais.

Dois filmes que ilustram essas questões são *Trust* (2010) e *Chatroom* (2011) – no primeiro, uma jovem se baseia em informações *on-line* na construção de um relacionamento que, na realidade, eram falsas, resultando em prejuízos profundos em sua vida; no segundo filme, uma jovem usa de informações *on-line* compartilhadas em uma sala de *chat on-line* para manipular os demais a cometerem suicídio. Como nos prevenirmos contra isso? Precisamos nos educar e estarmos cientes da nova dinâmica dos fluxos informacionais e do seu poder em um mundo cada vez mais híbrido entre *on-line* e *off-line*.

Privacidade e controle dos indivíduos

Se, por um lado, à medida que o grau de privacidade de um indivíduo diminui, mais as suas informações pessoais vão passando a ser expostas publicamente, por outro, a obtenção e análise de dados sobre indivíduos permitem conhecer seus comportamentos, suas preferências, suas aversões e inúmeros outros aspectos das suas personalidades, e essas informações dão poder a quem as detém, tanto para auxiliar como para manipular esses indivíduos. Isso não é novidade e tem sido usado estrategicamente há séculos. Uma frase atribuída a Napoleão Bonaparte, general estrategista francês do século XIX, expressa a essência desse poder: "Duas alavancas movem o homem: o interesse e o medo". Conhecer os interesses e medos das pessoas permite exercer um grande domínio sobre elas, pois eles são duas das principais forças motrizes da existência humana. Todos os dias, levantamos da cama apenas se tivermos interesse em algo (como fazer uma atividade que nos deixa feliz) ou medo de algo (como perder o emprego e a fonte de subsistência, ou morrer).

Se na época de Napoleão era muito mais difícil obter informações sobre as pessoas e conhecer seus interesses e medos, hoje, alavancadas pelo ambiente digital, as próprias pessoas fornecem suas informações pessoais de inúmeras maneiras, cientes ou não do que estão fazendo (como, por exemplo, quando publicam nas mídias sociais as coisas que fazem, gostam ou detestam, permitindo a terceiros – humanos e sistemas computacionais – inferir seus interesses e medos).

O aplicativo *on-line* SPOKEO.com (Figura 5.2), por exemplo, permite que, por meio do endereço de *e-mail* de uma pessoa, se obtenha um minidossiê digital sobre ela. Ele busca referências em fragmentos de informações que as pessoas disponibilizam em mais de 95 plataformas digitais, muitas vezes sem a consciência de que essas informações pessoais poderiam ser utilizadas ou acessadas por terceiros.

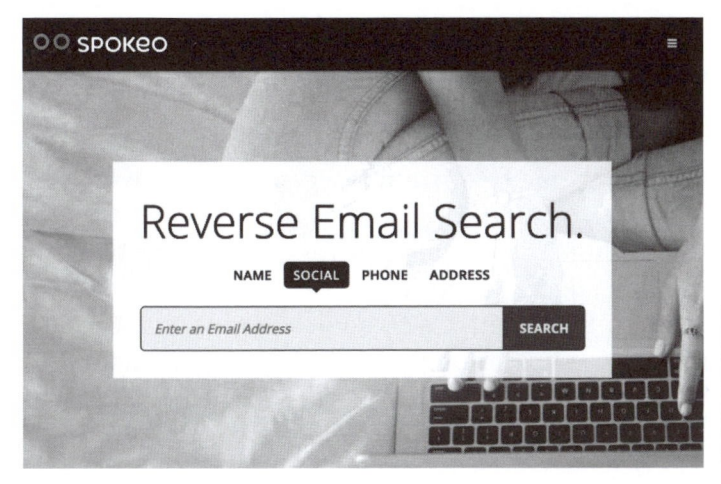  

Figura 5.2 – Imagem da página de acesso ao serviço SPOKEO no celular, que pode ser acessado via QR Code ao lado da imagem e também em: https://www.spokeo.com/. Acesso em: 14 jan. 2021.

Outros serviços que permitem buscar informações sobre pessoas por meio de seus nomes ou *e-mails* são:

1. **Pipl** (http://pipl.com/) uma vez digitado o nome ou *e-mail* de uma pessoa, o sistema reúne imagens, perfis sociais, informações de negócios e vários outros tipos de informações sobre ela.

2. **Geni.com**: esta ferramenta constrói a árvore genealógica de uma pessoa por meio das informações disponíveis *on-line* sobre ela e sua família.

A questão do controle da privacidade é essencial devido ao poder que outorga, não formal, mas inquestionável, a quem detém as informações do indivíduo. A preocupação é que esse poder pode ser usado de forma benéfica ou não, ética ou não, legal ou ilegal, ajudando ou prejudicando aquele indivíduo. Conhecer aquilo que motiva as pessoas a agir possibilita:

a) **influenciar essas pessoas** – tanto para o bem (melhorar serviços, produtos, tratamento dessas pessoas) como para o mal (manipulando-as);

b) **prever ou analisar seus comportamentos.**

Essas iniciativas de obtenção e análise de dados dos indivíduos para influenciá-los e se alcançar determinados objetivos por meio dos *insights* comportamentais que proporcionam é denominada, de maneira mais ampla, "engenharia de relacionamento" (ou engenharia social). Existem diversas definições para engenharia social, incluindo desde a mais ampla, como disciplina pertencente às ciências políticas, até uma definição mais restrita, associada à tecnologia e à segurança da informação. No âmbito deste livro, podemos definir **engenharia social** como as **práticas que se referem a esforços para influenciar atitudes e comportamentos dos indivíduos por meio da obtenção e análise de seus dados pessoais** (independentemente de como foram obtidos). É importante ressaltar que o fato, em si, de influenciar pessoas, *a priori*, não é bom nem ruim – o que determinará o seu valor é a intenção e ética no seu uso, e existe uma linha tênue que separa a boa ou má utilização da influência. Por exemplo, a educação, de forma geral, visa influenciar as pessoas para que adquiram conhecimentos e comportamentos que tornarão suas vidas melhores no futuro – isso, teoricamente, é bom. No entanto, se não forem consideradas as reais necessidades de cada indivíduo alinhadas com as questões éticas e sociais de cada época e contexto, o processo de educação pode se tornar algo manipulativo e ruim.

Como exemplos em que se usa a **engenharia social para servir de benefício**, podemos citar os casos relatados no livro *Freakonomics* (LEVITT; DUBNER, 2005), em que, por meio da análise de dados e interesses de pessoas, consegue-se desvendar fraudes e resultados que aparentam ser contra o senso comum. O livro *Numerati* (BAKER, 2008) também apresenta vários exemplos de como a análise dos rastros dos dados das pessoas permite ajudá-las – os fragmentos das informações pessoais (hábitos de compra e preferências) são analisados para transformar e personalizar as experiências diárias dessas pessoas.

No caso do uso da **engenharia social de forma manipulativa** (ou negativa, para os indivíduos envolvidos no processo), ela pode acontecer de duas maneiras: a) **obtenção ilegal dos dados pessoais dos indivíduos**; ou b) **uso manipulativo de dados pessoais obtidos de forma legal**. Podemos citar como exemplo a ação de *hackers* e *crackers*, que, para invadir sistemas, conseguem e usam dados pessoais de indivíduos para manipulá-los de forma a colaborarem em processos nos quais prejudicam alguém ou uma instituição. Na maioria das vezes, o termo *engenharia social* é usado de forma pejorativa justamente por causa dessa essa conotação manipulativa. Um caso muito famoso e interessante para ilustrar o uso de engenharia social dessa forma é narrado no livro *Takedown* (e no filme homônimo, cujo título em português é *Caçada Virtual*), que foi baseado na história real da prisão do *hacker* Kevin Mitnick pelo FBI em 1995. Logicamente, um hacker domina tecnologia e programação de sistemas, e o interessante na história de Mitnick é verificar que o seu diferencial principal para conseguir invadir sistemas não era apenas o conhecimento computacional, mas também a sua habilidade para obter a colaboração das pessoas, manipulando-as por meio da engenharia de relacionamento, para conseguir o que ele desejava.

A grande questão referente ao uso da engenharia social de forma manipulativa é que, conforme as tecnologias de vigilância, o armazenamento e processamento de dados diminuem em custo e crescem em sofisticação, o rastreamento de muitos aspectos de nossas atividades diárias, mesmo as aparentemente mundanas, tem se tornado usual em vez de exceção – com isso, torna-se cada vez mais possível se criar dossiês riquíssimos detalhando o comportamento de cada indivíduo no planeta. Dois exemplos recentes de como a Era Digital ampliou consideravelmente o poder por parte de quem detém os dados dos indivíduos, tornando-os indefesos são:

- **Escore social na China (Figura 5.3)** A China implementou um sistema de monitoramento e ranqueamento dos seus cidadãos – o sistema de crédito social (*social score*) – em que cada cidadão recebe 1.000 pontos e é constantemente monitorado e ranqueado de acordo com seus comportamentos, tanto na vida *on-line* quanto *off-line*. Pontos são ganhos, por exemplo, quando doam sangue ou dinheiro, elogiam o governo nas mídias sociais e ajudam os mais pobres. Pontos são tirados quando não visitam seus pais idosos regularmente, divulgam *fake news* e roubam em jogos *on-line*. Embora pareça ser uma ferramenta útil para o país administrar sua crescente população, também despertou preocupações globais com o uso dos dados e violações de direitos humanos fundamentais.

Figura 5.3 – Imagem que representa o *Score Social* na China. *Fonte:* Instagram @MarthaGabriel[3].

- **Escândalo Cambridge Analytica**[4] Incidente em que milhões de dados pessoais de usuários do Facebook foram obtidos pela empresa Cam-

---

3. Imagem criada com base em: https://www.visualcapitalist.com/the-game-of-life-visualizing-chinas-social-credit-system/. Acesso em: 14 jan. 2021.
4. Fonte: https://en.wikipedia.org/wiki/Facebook%E2%80%93Cambridge_Analytica_data_scandal. Acesso em: 14 jan. 2021.

bridge Analytica, sem consentimento dos indivíduos, para uso predominantemente em propaganda política. Apesar de essa discussão vir à tona entre 2017 e 2018, resultando no fechamento da empresa, a Cambridge Analytica já operava com a utilização de dados para campanhas políticas por mais de uma década. O documentário *Privacidade Hackeada* traz em detalhes a evolução dos acontecimentos, além de apresentar diversos casos de atuação da empresa desde sua origem.

Outros documentários que revelam formas de utilização de dados para identificar/influenciar/manipular comportamentos são *O Dilema das Redes* (que mostra os bastidores das grandes empresas de mídias sociais por meio de entrevistas com ex-executivos dessas plataformas) e *Monitoramento*, o primeiro episódio da excelente série documental *A Era dos Dados*, na Netflix, que levanta questões de privacidade tanto em relação ao reconhecimento facial, que atualmente vem sendo testado até mesmo em animais, como em relação ao funcionamento do algoritmo do Tinder.

Não é à toa que legislações sobre controle e privacidade de dados têm surgido no mundo todo, inspiradas pela General Data Protection Regulation (GDPR), que entrou em vigor na Europa em maio de 2018. No Brasil, a Lei Geral de Proteção de Dados (LGPD) passou a vigorar desde 18 de setembro de 2020[5].

Podemos dizer, portanto, que a diminuição no grau de privacidade que os meios digitais propiciam favorece a exposição de dados que alimentam os processos de engenharia social.

Assim, a exposição de informações pessoais *on-line* é uma faca de dois gumes: por um lado, permite o refinamento de relevância para a obtenção de resultados (produtos, serviços, conteúdos) mais úteis e customizados para nós; por outro, também permite que seja exercido controle sobre nós. Portanto, o uso da engenharia social pode se dar tanto para o bem como para o mal. A coleta e análise de dados é feita da mesma forma nos dois casos, mas é a intenção por detrás de seu uso que determinará se ela será benéfica ou manipulativa.

Nesse contexto, ficamos divididos entre a liberdade para nos expressarmos ou abrir mão dela por segurança. Apesar de as tecnologias digitais terem ampliado e intensificado esse pêndulo, a questão de equilibrar liberdade e controle não é nova. O filósofo polonês Zygmunt Bauman, em entrevista

---

5.   Fonte: https://www.lgpdbrasil.com.br/. Acesso em: 14 jan. 2021.

para o Fronteiras do Pensamento, analisa essa dicotomia, citando que, já nos anos 1920, Freud[6] dizia que "a civilização é sempre uma troca: você dá algo de valor para receber algo de outro valor" e que liberdade e segurança têm sido trocadas pelas pessoas ao longo da história, algumas vezes pendendo muito para um lado e outra vezes para outro. Hoje, estamos abrindo mão da segurança em prol da liberdade. O vídeo desse trecho da entrevista pode ser visto por meio da Figura 5.4.

Figura 5.4 – Entrevista de Zygmunt Bauman *Segurança e/ou Liberdade?*, em Fronteiras do Pensamento. O vídeo pode ser acessado pelo QR Code ao lado da imagem. Disponível em: https://youtu.be/Q3TdhIjBW5Q[7]. Acesso em: 22 jan. 2021.

---

6. Livro *O mal-estar na civilização*, de Sigmund Freud.
7. A entrevista completa com Bauman para o Fronteiras do Pensamento pode ser acessada em: https://www.youtube.com/watch?v=in4u3zWwxOM&feature=youtu.be. Acesso em: 22 jan. 2021.

CAPÍTULO

6

TECNOLOGIA & BIOSSEGURANÇA: REPUTAÇÃO E *BIOHACKING*

Existem três dimensões inerentes a uma vida altamente conectada, decorrente das tecnologias digitais:

1. aumento no número de nós conectados na rede (pessoas, objetos, câmeras, sensores etc.);
2. aumento do volume dos fluxos informacionais entre os nós;
3. aumento da vulnerabilidade individual dos nós da rede (pessoas, objetos, câmeras, sensores etc.).

Isso configura um ambiente que favorece cada vez mais que um indivíduo se expresse, alcance rapidamente inúmeros outros pontos de replicação, e ao mesmo tempo, esteja sendo monitorado, acessado ou invadido. Todo nó de uma rede pode ser potencialmente tanto gerador como receptor de dados, e quanto mais nós uma rede possui, maior a complexidade dos fluxos gerados entre eles.

Esse contexto, por sua vez, é responsável por dois dos principais desafios do nosso tempo: a biossegurança, quer seja na construção de reputação, ou proteção contra *cyberattacks*. Como o corpo humano está se misturando cada vez mais com as tecnologias digitais em rede, esses ataques podem ir muito além da segurança física, podendo trazer também riscos biológicos. Vejamos...

Reputação digital: pegadas, rastros e sombras

Provavelmente não é mero acidente histórico que a palavra "pessoa", em seu primeiro significado histórico, seja "máscara". Pelo contrário, é o reconhecimento do fato de que todo mundo está sempre e em todo lugar, mais ou menos conscientemente, interpretando um papel... É nesses papéis que conhecemos uns aos outros, é nesses papéis que conhecemos a nós mesmos.

Robert Ezra Park[1]

Um aspecto muito importante nas relações sociais, que é intimamente afetado pela habilidade dos indivíduos e das instituições de controlarem a sua privacidade, é a reputação. Segundo Goffman (1959), em *The Presentation of Self in Everyday Life*, as pessoas apresentam-se publicamente de modo a atender as expectativas dos outros, a desempenhar um papel significativo no palco que é a vida social.

Como nos lembra Sales (2010, p. XX):

> Nesse processo de representação do eu, se o desempenho do ator social é criticado pelo público, se ele deixa de ser reconhecido como gostaria de ser após expor determinado detalhe de sua vida íntima ou opinião pessoal, muito provavelmente ele passará a restringir o acesso das pessoas a tal dado, ou, então, o reconstruirá, representando-o de uma forma que lhe pareça socialmente mais aceitável.

Em um jogo de revela/esconde, as pessoas selecionam quais informações pessoais devem ser apresentadas em cada contexto para construir sua reputação desejada. Assim, a única forma de controlar a reputação é por meio da privacidade, que permite que uma pessoa revele seletivamente os aspectos sobre si que construam sua imagem.

Quando as pessoas param de exercer esse controle sobre sua privacidade e os tipos de informações pessoais que revelam *on-line*, elas podem estar comprometendo a sua reputação, pois o que vai para internet, lá permanece virtualmente para sempre. As pessoas esquecem, a internet não. Isso vale para todos: independentemente da classe social, idade, poder etc. O livro *Delete: The Virtue of Forgetting in the Digital Age* (MAYER-SCHÖNBERGER, 2011 – *Delete:*

---

1. Tradução livre feita pela autora. Citação extraída do texto de Sergio Missana sobre *The Presentation of Self in Everyday Life*. Disponível em: http://ishkbooks.com/presentation_of_self.pdf. Acesso em: 11 mar. 2013.

a virtude do esquecimento na era digital) discute as consequências de a internet não permitir o esquecimento de fatos e informações. Ele apresenta o caso da professora Stacy Snyder, nos Estados Unidos, que, por ter postado uma foto (Figura 6.1) em sua página da rede social MySpace, na qual aparecia vestida de pirata e bebendo de um copo plástico, com a legenda "pirata bêbada", foi afastada pelo Estado de sua função de professora[2].

Figura 6.1 – Foto de Stacy Snyder que causou seu afastamento como professora da rede pública nos Estados Unidos. *Fonte:* http://abcnews.go.com/TheLaw/story?id=4791295&page=1. Acesso em: 22 jan. 2021.

Exemplos não faltam de descuidos de indivíduos em compartilhar publicamente informações ou opiniões pessoais, que impactaram negativamente a sua reputação, e você provavelmente conhece algum próximo de você. Portanto, é fácil se certificar do transtorno gigantesco que uma pequena informação revelada indevidamente pode causar.

Hoje, a principal ferramenta de verificação da reputação *on-line* é o Google: as pessoas buscam e confiam nos resultados que encontram. Mas de onde vêm os resultados do Google? Do conteúdo publicado na internet, tanto por nós, quanto por pessoas que nos mencionam. Assim, são os nossos comentários, *posts*, imagens, vídeos, conversas e notícias que alimentam as buscas que contribuem fortemente para a construção da nossa reputação. Esse conteúdo, portanto, é dividido em três categorias: pegadas, rastros e sombras, a saber:

---

2.   A matéria "The Web Means the End of Forgetting", publicada no jornal *The New York Times*, apresenta uma discussão interessante sobre o assunto e pode ser acessada em: http://www.nytimes.com/2010/07/25/magazine/25privacy-t2.html?pagewanted=all. Acesso em: 22 jan. 2021.

1. **Pegadas** (*footprint*) – são informações pessoais que compartilhamos ativa ou intencionalmente na internet, como o que publicamos em *posts* e comentários nas mídias sociais, *check-ins*, fotos etc.

2. **Rastros** (*traces*) – são informações pessoais que compartilhamos passiva ou inconscientemente na internet, como os dados que disponibilizamos quando navegamos pela rede, como o nosso IP, localização, configuração do computador e *browser* que usamos, IMEI do nosso telefone celular, hábitos de *e-mail*, preferências por diferentes assuntos ou coisas na internet.

3. **Sombras** (*shadows*) – são as informações sobre nós que são compartilhadas por terceiros: fotos, menções, depoimentos, opiniões etc.

A única forma de construirmos a nossa identidade digital, que está diretamente ligada a nossa reputação, é por meio das informações existentes sobre nós: pegadas, rastros e sombras. Não temos controle sobre o que os outros postam, mas podemos, pelo menos, controlar conscientemente o que nós mesmos postamos para não nos sabotarmos. Além disso, são as nossas ações e conteúdos, tanto *on-line* quanto *off-line*, que pautam a maior parte dos demais conteúdos de sombra gerados. Por exemplo, se estamos usando uma camisa azul, dificilmente alguém vai postar que estamos vestindo amarelo. Da mesma forma acontece com o que fazemos de modo geral: nossas pegadas são o principal determinante das nossas sombras. Portanto, se não nos sabotamos, e criamos uma estratégia de construção de imagem coerente, alinhando *on-line* e *off-line*, tendemos a ter um resultado ressonante para nossa sombra, ampliando a nossa imagem pretendida. Assim, a criação de estratégias de conteúdo pessoal *on-line* é um pilar essencial da educação digital, pois ela afeta principalmente duas dimensões importantes da nossa imagem: pegadas e sombras.

Provavelmente, as faces públicas e privadas de nossa vida nunca estiveram tão confrontadas quanto no momento atual, por isso, cada vez mais, à medida que as mídias sociais e os ambientes digitais evoluam e adquiram mais maturidade, tendemos a ver um crescente interesse na discussão sobre a privacidade (do lado do indivíduo) e transparência (do lado das instituições e governos). Compreender essas transformações sociais é essencial para desempenharmos nosso papel com responsabilidade e ética no novo cenário que se apresenta, com suas relações complexas e instigantes, marcadas tanto pelo controle e espetáculo, quanto pela transparência e possibilidade de iluminação.

Da mesma forma que somos educados desde crianças, por pais e professores, para sabermos como nos comportar em sociedade, construindo a nossa imagem por meio das roupas que vestimos, o que falamos em cada contexto e como o fazemos, é essencial que todos sejamos educados também para construir a nossa reputação digital, da mesma forma que aprendemos a fazer no mundo analógico.

No ambiente profissional, o "ser digital" tem se tornado tão importante que as pessoas são cada vez mais avaliadas por meio de índices, que medem sua influência *on-line* – esses índices podem determinar preferências de contratação no mercado de trabalho, por exemplo.

Identidade: é possível mentir na internet?

As estratégias de gestão de conteúdo de imagem na internet são particularmente eficientes para a construção de percepção em outros seres humanos, especialmente para se evitar crises e incoerências de comportamento/imagem. No entanto, quando as análises de imagem/identidade são feitas por meio de sistemas computacionais, torna-se cada vez mais difícil "construir" uma imagem que não seja verdadeira, pois nesses sistemas, a identidade se revela pelo conjunto das nossas interações e não permite sua interpretação apenas pelo que tornamos intencionalmente mais visível. Um estudo sobre a personalidade de indivíduos, realizado em 2014 na Universidade da Califórnia[3], comparou a precisão do julgamento de personalidade realizado por humanos e sistemas computacionais, baseados em suas pegadas digitais. Os resultados mostram que os julgamentos das identidades das pessoas feitos por computadores são mais precisos e válidos do que os julgamentos feitos por aquelas pessoas próximas ou conhecidas (amigos, família, cônjuge, colegas etc.). Isso prova que a personalidade das pessoas pode ser automaticamente prevista, sem envolver capacidades humanas de cognição social[4].

Sistemas comerciais estão usando cada vez mais esse tipo de análise baseada em contribuições ativas das pessoas. Um exemplo disso é a *startup* 99Jobs[5], que usa avaliações de empresas sobre colaboradores e avaliações de colaboradores sobre empresas para analisar as personalidades das pessoas e empresas, para depois, combiná-las e determinar quais pessoas se encaixam melhor em quais empresas, em função dessas análises de personalidade.

---

3. *Computer-based personality judgments are more accurate than those made by humans* – pesquisa realizada por Wu Youyou, Michal Kosinski e David Stillwell, em dezembro de 2014: http://www.pnas.org/content/112/4/1036. Acesso em: 22 jan. 2021.

4. O *software* conseguiu prever a personalidade do participante com mais precisão do que um colega de trabalho analisando apenas dez *likes* desse participante. Com 70 *likes*, foi possível obter um quadro mais verdadeiro do caráter do participante com mais precisão que um amigo. 150 *likes* resultaram em uma análise melhor do que um dos pais ou parentes. Analisando 300 *likes*, o *software* foi capaz de julgar o caráter melhor do que o cônjuge.

5. Ver mais em: https://www.99jobs.com/. Acesso em: 22 jan. 2021.

Muitos dos estudos sobre personalidade, atualmente, são estruturados pelo método *Big Five*[6], baseado em análise linguística, que descreve os cinco traços de medida da personalidade:

1. **Neuroticismo** ou instabilidade emocional (*neuroticism*).
2. **Extroversão** (*extraversion*).
3. **Amabilidade** (*agreeableness*).
4. **Consciencialidade** (*conscientiousness*).
5. **Abertura para experiências** (*openness to experience*).

Ou seja, por meio das expressões e opções linguísticas de um indivíduo consegue-se determinar os seus graus dos cinco fatores do *Big Five*, compondo a sua personalidade. Cada curtida (*like*), cada comentário, cada *post* que fazemos ou respostas que damos na internet contribui para a determinação desses traços de personalidade. Por exemplo, quando você responde a qualquer daqueles testes de brincadeira na internet para determinar com qual personagem você se parece em um filme, você está dando informações sobre os seus traços de personalidade. Somando-se anos em que interagimos na internet, a precisão dos sistemas que analisam os fatores do *Big Five* aumenta, diminuindo o grau de privacidade que conseguimos efetivamente exercer para escolher seletivamente quais informações revelar ou não em cada contexto. Isso pode ter consequências invasivas e manipuladoras, como o relatado em uma matéria do *New York Times* logo após as eleições norte-americanas de 2016, que resultaram em vitória de Donald Trump[7]. O artigo discute a utilização dos fatores do *Big Five* obtidos por meio de questionários divertidos ou de autoavaliação (por exemplo: Você se assusta fácil? Você tem uma língua afiada? Você acredita na importância da arte?) para determinar a personalidade das pessoas e, depois, enviar mensagens manipuladoras para elas por meio das mídias digitais, como os *dark posts*[8] no Facebook, por exemplo. Dessa forma, é possível enviar uma mensagem personalizada para cada pessoa, considerando a sua personalidade para aumentar as chances de convencê-la a fazer algo, como, por exemplo, votar em determinado candidato. A grande preocupação em relação a isso é que, ao mesmo tempo em que pode ser manipulativo, é também difícil de ser detectado, transformando a natureza do poder e privacidade na internet.

---

6. Ver mais em: https://en.wikipedia.org/wiki/Big_Five_personality_traits. Acesso em: 22 jan. 2021.
7. Ver matéria *The Secret Agenda of a Facebook Quiz* em https://www.nytimes.com/2016/11/20/opinion/cambridge-analytica-facebook-quiz.html. Acesso em: 22 jan. 2021.
8. *Dark post* é um tipo especial de *post* que é enviado para o *feed* do público-alvo, mas não aparece nem é mostrado na página de quem envia.

Além da questão da personalidade individual, por meio de *big data* e sistemas de análise computacional desses dados, é possível também conhecer e prever comportamento e identidade de grupos melhor do que qualquer outro método[9]. Considerando que, quanto mais impessoal é um ambiente, mais as pessoas se tornam honestas em suas respostas e interações sociais, temos que nos questionários da internet as pessoas tendem a ser mais honestas, pois respondem com a ilusão de estarem sós, sem outras pessoas ao redor. Some-se isso ao grande volume de dados e capacidade de processamento computacional e temos os ingredientes perfeitos para uma análise da identidade e comportamento não apenas de indivíduos, mas de grupos, feita de forma muito mais precisa por computadores do que por humanos.

Se, por um lado, nossas pegadas já revelam muito sobre a nossa personalidade, a situação se torna ainda mais crítica quando consideramos nossos rastros, que na maior parte das vezes são invisíveis para humanos mas facilmente observados e analisados por máquinas. A soma dos nossos rastros com nossas pegadas constitui um dossiê riquíssimo sobre nós que permite que sistemas computacionais determinem nossa personalidade, de forma muito mais precisa do que um humano conseguiria fazer: preferências, reações, comportamentos específicos, fobias etc. Acredito que mesmo que consigamos exercer a nossa privacidade para construir nossa imagem, ou até mesmo, "fingir" para humanos, o cenário digital atual tem tornado muito mais difícil de fazermos o mesmo quando se trata de computadores – para esses, estamos ficando cada vez mais transparentes, em nossa totalidade, quer queiramos ou não. Nesse sentido, o nosso poder de exercer privacidade está cada vez mais comprometido conforme as tecnologias computacionais inteligentes avançam e evoluem e isso, talvez, requeira que repensemos e reestruturemos nossas relações sociais.

Esse tipo de inteligência artificial tem o potencial de nos conhecer melhor do que nossos companheiros mais íntimos (e até nos conhecer melhor do que nós mesmos) e no futuro será capaz de inferir nossos traços psicológicos e reagir de acordo com eles, nos conduzindo para a emergência das máquinas emocionalmente inteligentes e com habilidades sociais.

Crimes digitais – perda de controle e segurança

Além da imagem, identidade e reputação, nossa segurança física pode ser comprometida em função dos dados que compartilhamos *on-line*. Isso vem acon-

---

9. Ver *Everybody lies*: how google reveals the darkest secrets em: https://www.theguardian.com/technology/2017/jul/09/everybody-lies-how-google-reveals-darkest-secrets-seth-stephens-davidowitz. Acesso em: 22 jan. 2021.

tecendo desde os primórdios das mídias sociais digitais, como, por exemplo, em 2010, quando o Facebook disponibilizou a funcionalidade de *check-in*, para permitir que seus usuários compartilhassem suas informações de localização na rede social. Um mês após o lançamento dessa funcionalidade, uma rede de assaltantes nos Estados Unidos roubou o equivalente a US$ 100 mil em bens de 50 casas, mirando nas pessoas que faziam *check-in* em lugares longe de suas residências[10].

Da mesma forma que o Facebook e o Foursquare permitem informar a localização geográfica, vários outros serviços de compartilhamento de informações também o fazem. Hoje, quando postamos fotos *on-line*, elas normalmente carregam a informação do local onde foram tiradas – *geotags* – que pode ser desativado pelo usuário, mas muitas pessoas não o fazem. Assim, estamos o tempo todo, conscientemente ou não, revelando nossa localização e, muitas vezes, das pessoas que estão conosco. Não apenas a localização, mas fatos, fotos, imagens, comentários etc. Tudo isso gera alguns questionamentos:

1. Que consequências presentes isso pode acarretar – presentes ou futuras –, tanto para nós quanto para elas?
2. Seria ético colocarmos fotos e informações de outras pessoas na internet sem a permissão delas? E dos nossos filhos pequenos? Temos o direito de expô-los sem sua autorização? Que consequências isso pode trazer para eles, tanto atualmente como no futuro?
3. Quais os benefícios de divulgarmos informações – nossas e de terceiros – indiscriminadamente *on-line*?

Portanto, ao mesmo tempo em que as plataformas digitais favorecem o controle, no sentido mais amplo, com foco em inteligência informacional, por outro lado esse mesmo ambiente pode permitir manipulação mal-intencionada. Casos reportados de invasão de contas, páginas e perfis em redes sociais, apropriação indevida de dados, manipulação de imagem, entre outros, alertam para a ameaça que o ambiente digital pode trazer para qualquer pessoa, grupo, instituição ou país. Essa questão tem ganhado tanta importância que alguns países estão treinando seus adolescentes para a ciberguerra[11]. Especialistas acreditam que as guerras no futuro serão cada vez mais *cyberwars*[12].

Um dos primeiros casos que trouxe à tona a discussão mais séria sobre a segurança digital de governos foi o WikiLeaks, em 2010, em que vazamentos de

---

10. Fonte: Schonfeld (2010).
11. Ver mais em: http://olhardigital.uol.com.br/negocios/digital_news/noticias/israel-treina-adolescentes-para-ciberguerra. Acesso em: 7 mar. 2013.
12. Mais detalhes sobre *cyberwars* em: http://en.wikipedia.org/wiki/Cyberwarfare. Acesso em: 22 jan. 2021.

informações sigilosas de diversos países causaram um escândalo internacional, originando discussões, reflexões, opiniões divididas e alerta sobre a questão.

A manipulação do sistema informacional digital pode afetar também indivíduos, e não apenas países e grandes corporações. Na Campus Party Brasil 2012, em uma palestra, foi gerada intencionalmente a falsa notícia da morte do "Seu Barriga"[13], personagem do seriado mexicano *Chaves*, com o intuito de causar repercussão na rede, como um experimento para verificar a sua penetração e impacto. Essa notícia virou um fenômeno mundial, ou seja, a palestra "matou" o "Seu Barriga".

Outros casos de manipulação intencional de informação alheia ao longo dos anos justificam uma atenção maior com tema da segurança. Por exemplo, em 2013, a equipe do *site* BuzzFeed conseguiu simular a morte de um usuário no Facebook, gerando um memorial para ele, e deixando-o sem ter como entrar na própria conta[14].

A penetração e hibridização das tecnologias digitais no mundo físico também amplia as possibilidades de obtenção e uso de informações de formas inéditas, lícitas ou não. Um exemplo disso são os *drones*, que se popularizaram com todos os tamanhos, preços e configurações, dando acesso inusitado tanto a informações públicas quanto privadas. Por exemplo, um drone pode sobrevoar a cidade (espaço público) e colher informações em tempo real sobre enchentes[15], plantações[16], trânsito e infrações[17]. Por outro lado, em setembro de 2017, uma quadrilha foi presa em São Paulo[18] praticando furtos por meio da utilização de um drone, que entrava previamente nas residências para "ver" movimentação e objetos disponíveis para roubo, acessando, portanto, informações consideradas privadas.

A ficção também tem discutido a questão da manipulação da informação e suas consequências tanto nas vidas dos indivíduos quanto em nações.

---

13. Fonte: http://www.tecmundo.com.br/campus-party-brasil-2012/19225-palestra-na-campus-party-mata-seu-barriga-e-vira-fenomeno-mundial.htm. Acesso em: 22 jan. 2021.

14. Ver mais em: http://www.administradores.com.br/informe-se/cotidiano/matar-usuario-do-facebook-e-mais-facil-do-que-se-imagina-revela-site/72553/ e http://abcnews.go.com/blogs/technology/2013/01/facebook-dead-how-anybody-can-kill-their-friends/. Acesso em: 22 jan. 2021.

15. Ver o caso do uso de *drones* após o furacão nos Estados Unidos, auxiliando a população: http://money.cnn.com/2017/09/23/technology/hurricanes-drones/index.html. Acesso em: 22 jan. 2021.

16. Ver mais em: https://blog.dronedeploy.com/introducing-fieldscanner-real-time-drone-mapping-is-here-9e8c350775ed. Acesso em: 24 nov. 2017.

17. Ver o artigo *Huge volumes of data make real-time insurance a possibility*: Drone insurance is showing the way em: https://www.economist.com/news/finance-and-economics/21729464-drone-insurance-showing-way-huge-volumes-data-make-real-time-insurance. Acesso em: 22 jan. 2021.

18. Ver mais em: https://noticias.uol.com.br/ultimas-noticias/agencia-estado/2017/09/14/drone-em-furto-a-casas-desafia-seguranca-em-sp.htm. Acesso em: 22 jan. 2021.

O filme *Controle absoluto*[19], de 2008, discute o controle da sociedade pelos computadores. Esse filme foi baseado em um conto de Isaac Asimov publicado em 1958, intitulado *Todos os problemas do mundo*. Outros filmes recentes que também levantam a questão da manipulação da informação e sistemas digitais são *Duro de Matar 4.0* e *Ultimato Bourne*, ambos de 2007, e o recente *Invasão de Privacidade*[20], de 2016, que aborda a segurança da informação no caso de casas inteligentes se utilizando de sistema de internet das coisas.

Conforme o mundo fica mais conectado por meio das tecnologias e sensores da Internet das Coisas, maior o fluxo de dados e informações circulando, colocando em risco a segurança de informações sensíveis, como dados privados e controle do ambiente. Por exemplo, ao mesmo tempo em que um carro conectado com a internet se torna mais inteligente em termos de cálculo de rotas, ele pode ser hackeado para inserção de caminhos maliciosos que levem o seu dono a uma situação de assalto. O mesmo sistema que permite que um veículo seja autônomo e não necessite de motorista humano pode ser invadido para causar a morte do seu tripulante. Casos de invasão de carros já são reportados e empresas de segurança para carros autônomos têm surgido no mercado[21]. Carros, no entanto, são apenas uma das infinidades de coisas que estão ficando cada vez mais conectadas, e que, portanto, passam a correr cada vez mais riscos de segurança digital.

Biohacking: segurança genética & cognitiva

Além das questões de segurança da informação referentes a sistemas que operam no ambiente externo ao nosso corpo biológico – como automóveis, carros, roupas etc. –, o avanço das tecnologias digitais junto com a biotecnologia eleva a discussão para outro patamar: o *biohacking*.

Biohacking[22] é a prática de "hackear" materiais genéticos, com o objetivo de modificar seu funcionamento, e, em alguns sentidos, está intimamente associada à filosofia transumanista[23]. No entanto, enquanto o transumanismo busca a utilização da tecnologia para ampliar o potencial humano, o *biohacking*

---

19. Mais informações em: http://en.wikipedia.org/wiki/Eagle_Eye. Acesso em: 22 jan. 2021.
20. Ver mais em: https://en.wikipedia.org/wiki/I.T._(film). Acesso em: 22 jan. 2021.
21. Ver: https://techcrunch.com/2017/07/07/what-its-like-to-drive-a-car-while-its-being-hacked/; https://www.theguardian.com/technology/2016/aug/28/car-hacking-future-self-driving-security;ehttps://www.theguardian.com/technology/2016/sep/20/tesla-model-s-chinese-hack-remote-control-brakes. Acesso em: 22 jan. 2021.
22. *Biohacking* não implica necessariamente a manipulação direta de materiais genéticos. Ele pode ser feito de forma indireta, como, por exemplo, modificar uma dieta para melhorar o funcionamento do organismo ou do cérebro. Mais informações em: https://en.wikipedia.org/wiki/Biohacking. Acesso em: 22 jan. 2021.
23. Sobre transumanismo, ver: https://en.wikipedia.org/wiki/Transhumanism. Acesso em: 22 jan. 2021.

pode ser praticado com ou sem tecnologia. Por exemplo, a modificação da alimentação para melhorar a *performance* do cérebro é considerada uma ação de *biohacking*. Tomar café ou chá cafeinados para ficar mais alerta é um *biohacking*.

Entretanto, conforme as tecnologias digitais começam a ser inseridas em nosso corpo biológico (tornando-se parte de nós – os *insideables* – ou usadas como *wearables*), a preocupação com a segurança digital invade os territórios da segurança física e biológica do ser humano. O transumanismo busca a melhoria do ser humano, mas o *biohacking* pode ser usado também para causar danos. Da mesma forma que carros ou casas conectados podem ser hackeados, um marca-passo, por exemplo, também pode.

Projetos de conectar o cérebro humano diretamente à internet, de forma que possamos "pensar" de modo ampliado, linkados com os computadores da rede, são a nova fronteira[24] do transumanismo. Sementes desse processo já foram plantadas: em setembro de 2017, a primeira experiência de se conectar o cérebro humano à internet foi realizada com sucesso por pesquisadores da Wits University, e os seus resultados devem alimentar os próximos passos da evolução de *machine learning*[25] e conexões futuras cérebro-computador. A Neuralink, empresa de neurotecnologia fundada por Elon Musk em 2016, está projetando um *chip* para ser implantado em cérebros humanos e servir como interface com as máquinas – desde 2020, a tecnologia está sendo testada em cérebros de porcos[26].

Apesar de estarmos ainda em etapa embrionária, este tipo de conexão levanta a questão de hackeamento cerebral e de **segurança cognitiva** – a partir do momento em que o nosso cérebro passe a funcionar conectado em um computador, a segurança de dados vai significar segurança do processamento cerebral humano. Um exemplo interessante de ficção científica que ilustra as possibilidades de hackeamento cerebral é o episódio *Revisions*[27] da sétima temporada da série de televisão Stargate SG1, em que todas as pessoas de um planeta estão conectadas a um computador central, que, quando modificado, afeta e manipula todos os cérebros linkados.

Outra dimensão da biossegurança é a genética. Conforme os testes de DNA se tornam mais baratos e acessíveis, qualquer vestígio de material orgânico (cabelo, saliva, pele etc.) de um indivíduo pode ser analisado mais facilmente, por

---

24. Elon Musk lançou em março de 2017 uma empresa focada em linkar cérebros humanos a computadores: a Neuralink. Ver mais informações em: http://www.businessinsider.com/elon-musk-neuralink-connect-brains-computer-neural-lace-2017-3. Acesso em: 22 jan. 2021.
25. *Machine Learning* é uma das áreas de Inteligência Artificial que discutiremos mais à frente neste livro.
26. Ver: https://www.bbc.com/news/world-us-canada-53956683. Acesso em: 14 jan. 2021.
27. Ver: https://www.gateworld.net/sg1/s7/revisions/. Acesso em: 22 jan. 2021.

qualquer um, revelando informações pessoais sensíveis: existência ou propensão a doenças e inúmeras configurações biológicas[28]. Ou seja, qualquer vestígio genético que deixemos por onde passamos pode ser utilizado para se fazer uma análise de DNA e revelar muito sobre nós. Quando tomamos um cafezinho, por exemplo, em qualquer lugar, se algum traço de saliva ou pele dos lábios permanecer na xícara em que bebemos, isso pode ser usado para nos analisar. Um chiclete que mascamos e descartamos, um fio de cabelo, e diversos outros materiais podem ser usados para esse mapeamento. Além do material genético que liberamos inadvertidamente (fios de cabelo, saliva etc.) e o que eliminamos por estética ou higiene (corte de unhas, cutículas, cabelo, *peelings* etc.), existe uma variedade grande de coisas que usamos e descartamos frequentemente e que também podem ser fontes ricas de material genético e usados para fazer o mapeamento, como, por exemplo, chicletes, preservativos, bitucas de cigarro e absorventes femininos.

Além das informações pessoais que o nosso material genético pode oferecer, cujo acesso não autorizado, por si só, já seria uma violação da privacidade, estamos sujeitos ainda a outro tipo de perigo: o hackeamento de DNA. Nesse caso, em posse das informações genéticas de um indivíduo, é possível o desenvolvimento de drogas e substâncias projetadas especificamente para atacarem apenas o seu organismo, de forma que se tornariam dificilmente detectáveis, pois pareceriam "naturais" ao seu sistema biológico. *DNA Attacks* poderiam se tornar uma nova forma de crime, pois podem ser usados como armas para assassinato, por exemplo.

Outra possibilidade de *DNA Attack* que foi divulgada em um congresso de segurança em agosto de 2017 é a codificação de *softwares* maliciosos (*malwares*) dentro do DNA físico[29] de um humano para infectar computadores – ou seja, o uso do hackeamento do DNA humano para funcionar como vírus de computador. No momento em que um sistema sequenciador analisa os genes, os dados resultantes se tornam um programa que corrompe o *software* sequenciador de genes, e assume o controle do computador a ele conectado.

Vemos, assim, que o ritmo de evolução das questões de segurança da informação deve acompanhar o da evolução das tecnologias, sob pena de, talvez ingenuamente, ficarmos sujeitos a inúmeros perigos e ameaças inéditas e impensáveis até recentemente.

---

28. Para ilustrar a facilidade de se analisar o DNA atualmente, veja o relato de uma pessoa que, em 2012, traçou as suas origens genéticas até a pré-história, disponível em: http://www.bbc.com/portuguese/noticias/2012/04/120418_ancestrais_idadepedra_pai.shtml. Acesso em: 22 jan. 2021.

29. Fonte: *Biohackers encoded malware in a strand of DNA*. Disponível em: https://www.wired.com/story/malware-dna-hack/. Acesso em: 22 jan. 2021.

CAPÍTULO 7

TECNOLOGIA & COMPORTAMENTO: HÁBITOS E VÍCIOS DIGITAIS

Como vimos anteriormente, as tecnologias transformam profundamente a vida humana, tanto biológica quanto socialmente. Uma das principais consequências dessas transformações é que elas trazem consigo novos hábitos que impactam a qualidade da vida humana. Esses hábitos e impactos podem ser tanto positivos quanto negativos. Podemos, por exemplo, em virtude da conexão constante com a internet, adquirir o hábito bom de consultar diversas fontes de informação antes de fazer uma reflexão, ou, então, adquirir o hábito ruim de acreditar em tudo que se vê *on-line*.

Portanto, as novas tecnologias trazem consigo novos hábitos, bons e ruins, e, esses hábitos podem, eventualmente, também se transformar em vícios, agravando suas consequências.

 ## Hábitos *vs.* vícios

Existe uma linha tênue entre hábitos e vícios, de forma que o primeiro pode facilmente se transformar no último. De acordo com o dicionário Merriam-Webster, as definições de hábito e vício são:

- **Hábito** – 1) um padrão de comportamento adquirido por meio de repetição ou exposição psicológica frequente que se apresenta com regularidade ou maior facilidade de execução; 2) um modo de comportamento adquirido que se torna quase ou completamente involuntário.

- **Vício** – 1) necessidade compulsiva e uso de uma substância caracterizada pela tolerância e sintomas bem definidos de abstinência; 2) uso persistente e compulsivo de uma substância que se sabe que é prejudicial.

Os hábitos podem ser bons (positivos) ou ruins (negativos), dependendo dos efeitos que causam. Por exemplo, escovar os dentes é um hábito bom, pois é essencial para higiene e saúde bucal. Por outro lado, ficar sentado por muitas horas todos os dias é um hábito ruim, pois pode ser prejudicial à saúde. Os hábitos, apesar de se tornarem comportamentos involuntários, podem ser controlados e modificados; por isso, mesmo quando ruins, não têm natureza destrutiva.

Os vícios, por outro lado, são sempre destrutivos, e o indivíduo não consegue evitá-los. Eles controlam a pessoa, e mesmo que esta tenha consciência de que é viciada e queira parar, não consegue. Os vícios causam efeitos de abstinência e podem também afetar a habilidade de tomar decisões e aprender. Apesar de o vício controlar o indivíduo, ele pode ser modificado, mas requer esforço e determinação para superar as crises de abstinência. O Quadro 7.1 apresenta uma visão geral sobre esses dois conceitos.

	HÁBITO	**VÍCIO**
Definição	Um comportamento construído por meio de repetição a ponto de o indivíduo não perceber que está fazendo aquilo.	Uma forma extrema de hábito, mas que o indivíduo não tem controle sobre a ação. Ele se torna uma necessidade do corpo
Controle	O indivíduo tem controle total sobre o hábito.	O vício tem controle sobre o indivíduo.
Tipos	Positivo e negativo.	Negativo.
Estado mental	Habilidade mental, memória e funções mentais são normais.	A habilidade mental é comprometida e a pessoa perde o controle sobre a memória e suas ações.
Modificação	Pode ser modificado.	Pode ser modificado, mas requer tempo, paciência e determinação para enfrentar os efeitos da crise de abstinência.

Quadro 7.1 – Diferenças entre hábito e vício. *Fonte:* adaptado de: *Difference between Habit and Addiction.* Disponível em: http://www.differencebetween.info/difference-between-habit-and-addiction. Acesso em: 22 jan. 2021.

Dessa forma, as principais diferenças entre vício e hábito é que o primeiro sempre é destrutivo, controla a pessoa, causa crises de abstinência e afeta a capacidade de decisão do indivíduo, ao passo que o segundo não. Além disso, para ser modificado, um vício normalmente requer ajuda de terceiros, e o hábito não.

Quando um hábito, bom ou ruim, não consegue mais ser controlado e apresenta as características anteriores, ele se torna um vício. Por exemplo, comer é um hábito necessário e saudável, mas comer compulsivamente, sem conseguir parar, de forma a destruir a saúde, é vício. Fazer exercícios é um hábito bom, mas fazer exercícios por horas a fio sem parar, consumindo a maior parte do dia e prejudicando as demais atividades da vida, é vício.

Hábitos e vícios digitais

Considerando-se que os vícios se originam de hábitos que não conseguimos controlar, novos hábitos trazem a possibilidade de novos vícios. Nesse contexto, vimos que as inúmeras transformações nas tecnologias digitais causaram mudanças no comportamento humano, o que resulta em novos hábitos e, consequentemente, novos vícios – digitais ou não. Alguns dos hábitos negativos que foram intensificados pelas transformações digitais e têm afetado e prejudicado a saúde ou a vida das pessoas são:

1. diminuição das horas de sono em função do aumento da quantidade de atividades disponíveis constantemente[1];

2. aumento do tempo que se permanece sentado trabalhando e praticando atividades digitais[2];

3. slacktivismo[3] em prol de causas cuja veracidade e legitimidade não foram verificadas e validadas, mas que aliviam a consciência do participante;

---

1. O artigo *Perder 2 horas de sono por noite pode apagar algumas memórias para sempre* (disponível em: http://goo.gl/8rcD2) apresenta resultados de uma pesquisa da Universidade da Pensilvânia que conclui que dormir seis horas por noite, em vez de oito, pode fazer esquecer momentos da vida para sempre.

2. O infográfico *Sitting Is Killing You* (disponível em: http://visual.ly/sitting-killing-you) traz diversos dados sobre como ficar sentado prejudica a saúde em vários níveis. O artigo *Sitting Is the Smoking of Our Generation* (disponível em http://blogs.hbr.org/cs/2013/01/sitting_is_the_smoking_of_our_generation.htm) discute o assunto apresentando uma reflexão interessante sobre modificar esse hábito negativo.

3. Slacktivismo (ver mais informações em: http://en.wikipedia.org/wiki/Slacktivism), ou ativismo de sofá, é o nome dado ao ativismo praticado pela internet, por meio de assinatura de petições *on-line*, cliques, postagens e propagação de mensagens de suporte a causas nas mídias sociais etc. O termo normalmente tem uma conotação pejorativa porque envolve esforços de mínimo custo como substitutos a ações mais substanciais, além de estar associado a uma medida que as pessoas fazem mais para se sentirem bem, aliviando a consciência, do que efetivamente para ajudar a causa. No entanto, existem correntes que defendem o slacktivismo em causas

4. automedicação baseada em informações obtidas na internet;

5. não validação da informação antes de utilizá-la para os mais diversos fins.

No entanto, existem diversas atividades que se tornaram bons hábitos alavancados pelas tecnologias digitais, como a pesquisa inserida no cotidiano. Na era pré-*web*, poucas pessoas tinham o hábito de pesquisar para saber mais sobre o que estava a sua volta ou sobre qualquer coisa nova com que se deparavam, pois era necessário consultar livros, enciclopédias, e as fontes que não estavam disponíveis constantemente. Hoje, um bom hábito que tem se tornado cada vez mais comum é a pesquisa sobre tudo o tempo todo graças à conveniência dos *smartphones* conectados à internet, que normalmente estão sempre ao alcance da mão.

Dessa forma, o ambiente digital cria, afeta ou intensifica hábitos, quer sejam positivos, quer sejam negativos, e esses hábitos podem se transformar em vícios. Entre os comportamentos digitais que tendem a ser mais viciantes, podemos destacar:

1. consumo de informação em tempo real;

2. exposição e conexão;

3. uso de tecnologia e mídia;

4. *multitasking*.

É importante ressaltar que todos esses comportamentos já existiam na era pré-*web* e, portanto, não são frutos da era digital. Além disso, todos esses comportamentos podem ser ótimos hábitos ou podem se transformar em vícios que nos controlam, afetando e prejudicando várias dimensões da nossa vida. O que vai determinar se eles são bons ou ruins não é o comportamento em si, mas a sua intensidade e o quanto eles estão melhorando ou prejudicando as nossas vidas. Não existe uma fórmula mágica para determinar isso, da mesma forma que não existe essa fórmula para determinar quem se tornará viciado em comida, sexo, ginástica, jogos, trabalho ou qualquer outra coisa/atividade. A *priori*, todas essas coisas são essenciais para a vida e são hábitos excelentes, mas algumas pessoas se viciam, enquanto outras não.

Dessa forma, a intenção deste capítulo é entender esses hábitos e a possibilidade de se tornarem vícios, com o intuito de conhecer, prevenir ou diminuir seus impactos negativos. Quando se tornam vícios, muitos desses hábitos passam a prejudicar a saúde, e vários deles afetam também a produtividade,

---

válidas, como uma forma legítima de apoio, como é o caso do infográfico *The Rise of Slacktivism* (disponível em: http://sortable.com/blog/rise-of-the-slacktivist/), que apresenta diversos movimentos de slacktivismo ao redor do mundo que resultaram em transformações concretas e auxiliaram causas importantes.

a eficiência, a criatividade e a tomada de decisão nas ações cotidianas. O vício nos controla e tira o nosso foco dos nossos reais objetivos.

Entre as tecnologias digitais que alavancam os hábitos descritos anteriormente (informação em tempo real, exposição e conexão, uso de tecnologia e *multitasking*), o *smartphone* é a principal, pois converge todas essas atividades para um único dispositivo, que, ao mesmo tempo, tende a estar sempre ao nosso alcance. Após a tempestade Sandy em outubro de 2012, em Nova Iorque, que provocou a falta de energia elétrica, diversos nova-iorquinos reportaram que sofreram crise de abstinência de celular[4]. Um estudo da *American Psychological Association*[5] aponta que quase metade das pessoas participantes declarou que não conseguiria viver sem o celular, e concluiu, também, que as interrupções tecnológicas nas interações pais-filhos (conhecidas como *technoference*) podem estar associadas com uma grande incidência de mau comportamento por parte das crianças. Outros estudos[6] mostram que o índice de vício tecnológico tem aumentado tanto em pais quanto filhos. Em um estudo da Common Sense Media[7] sobre como pais e filhos adolescentes lidam com celular, nos Estados Unidos, revela que 50% dos jovens e 27% dos pais se declaram viciados em *smartphones*. No Japão, os números são ainda maiores – uma pesquisa realizada com 1.200 jovens e pais[8] aponta números parecidos com os Estados Unidos para os jovens (50% admitem ser viciados), mas um em cada três pais reconhece o vício (contra um em cada quatro para os Estados Unidos). Entre outros aspectos levantados por essas pesquisas, o uso do celular gera tanto o senso de urgência em responder mensagens, quanto conflitos de atenção e tempo, resultando em aumento de estresse e tensões familiares.

Em entrevista para o USA Today[9], o Dr. Edwin Salsitz, médico especialista em vícios, argumenta que "Novos textos, *tweets* e *likes* no Instagram, por exemplo, inundam o cérebro com dopamina, um hormônio importante relacionado a vícios. As ondas de prazer alimentadas pelas tecnologias podem criar uma

---

4. Fonte: http://oglobo.globo.com/mundo/novaiorquinos-sofrem-crise-de-abstinencia-de-celular-6632513. Acesso em: 22 jan. 2021.
5. Ver: https://www.theguardian.com/commentisfree/2017/may/31/smartphone-addiction-children-research-technoference-child-behaviour; https://www.medicalnewstoday.com/articles/317639.php. Acesso em: 22 jan. 2021.
6. Ver: http://edition.cnn.com/2016/05/03/health/teens-cell-phone-addiction-parents/index.html. Acesso em: 22 jan. 2021.
7. Ver: https://www.commonsensemedia.org/technology-addiction-concern-controversy-and-finding-balance-infographic#;https://www.voanews.com/a/teens-us-and-japan-admit-phone-addiction/4051544.html.Acesso em: 22 jan. 2021.
8. Ver: http://annenberg.usc.edu/news/research/use-digital-devices-affects-family-relationships. Acesso em: 22 jan. 2021.
9. Ver: https://www.usatoday.com/story/tech/nation-now/2017/05/25/you-addicted-your-phone-heres-how-tell/342947001/. Acesso em: 22 jan. 2021.

nova norma, que quando não atendida, é capaz de nos afundar em sentimentos de decepção. O cérebro não gosta disso".

Assim, podemos dizer que o *smartphone* é um dos principais catalisadores de sete hábitos, que podem se tornar vícios digitais, e que analisaremos a seguir.

Consumo de informação em tempo real

Estar atualizado e saber o que acontece ao seu redor, em sua área, no planeta é, sem dúvida, um hábito excelente. No entanto, em virtude da possibilidade e da simplicidade de obtermos informação o tempo todo por meio dos dispositivos digitais, é muito fácil que esse hábito se transforme em vício sem que percebamos.

A revolução tecnológica digital nos inseriu em um estado contínuo de "atenção parcial", que é um estado de "estar ocupado o tempo todo" – por exemplo, mantendo abertas diversas abas de atividades *on-line*, o tempo todo, enquanto não se está focado verdadeiramente em nada. Esse estado é diferente do estado de *multitasking*, pois, neste último caso, temos um propósito para cada atividade e estamos tentando aumentar a eficiência e produtividade. Quando estão continuamente em estado de atenção parcial, as pessoas podem estar colocando os seus cérebros em um intensificado estado de estresse. Elas não têm mais tempo para refletir, contemplar ou tomar decisões mais difíceis. Em vez disso, elas vivem em um estado de crise constante – em estado de alerta para fazer um novo contato ou receber uma notícia excitante ou informações a qualquer momento. Quando as pessoas se acostumam com esse estado, elas tendem a manter uma conectividade perpétua, o que alimenta o ego e a autoestima, e torna-se irresistível (SMALL; VORGAN, 2009, p. 18).

Por um lado, estudos neurológicos sugerem que a sensação de autoestima pode proteger o tamanho do hipocampo, a região do cérebro que nos permite aprender e lembrar de novas informações. Pesquisas mostram também que, quanto mais as pessoas se sentem no controle de suas vidas, maiores tendem a ser os seus hipocampos. No entanto, quando mantemos o estado de atenção parcial contínua, em algum momento, a sensação de autocontrole e autoestima que temos tende a colapsar – nossos cérebros não foram construídos para manter tal nível de monitoramento por períodos tão extensos. Eventualmente, as horas intermináveis de conectividade cerebral implacável pode criar um tipo ímpar de tensão cerebral (SMALL; VORGAN, *cit.*, p. 19).

Estudos mostram que pessoas que trabalham na internet por muitas horas sem um intervalo reportam que erram frequentemente no trabalho. Depois de se desconectar, elas percebem que se sentem distraídas, fatigadas, irritadas, como se estivessem em uma "neblina digital". Essa nova forma de estresse mental ameaça tornar-se uma epidemia. Sob esse tipo de estresse, nossos cérebros instintivamente produzem cortisol e adrenalina. No curto prazo, esses hormônios aumentam os níveis de energia e memória, mas ao longo do tempo eles prejudicam a cognição, levam à depressão e alteram o circuito neural no hipocampo, na amígdala e no córtex pré-frontal – regiões do cérebro que controlam o humor e o pensamento. Essa tensão cerebral crônica ou prolongada pode até mesmo remodelar a estrutura subjacente do cérebro (SMALL; VORGAN, *cit.*, p. 19).

Em função da facilidade e conveniência de usarmos a busca *on-line* predominantemente para obtermos informações, outro hábito que cresceu intensamente, associado à obtenção de informação em tempo real, é a busca *on-line*. As pessoas não memorizam mais informações, mas onde obtê-las: no Google, na internet. Esse fenômeno de esquecer as informações que são facilmente obtidas na internet é denominado *Google Effect*[10] e é mostrado no vídeo da Figura 7.1.

Figura 7.1 – Imagem do vídeo apresentando o *Google Effect*[11].
Disponível em: http://www.youtube.com/watch?v=7R2jE7VAzC8. Acesso em: 22 jan. 2021.

Alguns sintomas de vício em informação em tempo real são:

1. Verificar *e-mail*, notícias, Facebook ou qualquer outro site social *antes de fazer qualquer outra coisa quando acorda ou como a última coisa antes de ir para a cama*.

2. Estar *constantemente navegando ou teclando* no seu celular durante o dia.

---

10. Mais informações sobre *Google Effect* podem ser obtidas em http://www.sciencemag.org/content/333/6043/776.abstract; http://en.wikipedia.org/wiki/Google_effect. Acesso em: 22 jan. 2021.

11. *Searching for Google Effect on People's Memory*. Disponível em: http://www.sciencemag.org/content/333/6040/277. Acesso em: 22 jan. 2021.

3. *Preferir estar on-line a sair com amigos e a família.*

4. *Postar, tuitar ou teclar com frequência, mesmo na presença dos outros.*

5. *Sentir uma necessidade real de voltar para o on-line se estiver off-line por mais de uma hora.*

6. *Incomodar-se com o fato de ficar desconectado por 24 horas.*

Um estudo conduzido pela *Booth Business School* (Universidade de Chicago) revelou que redes sociais são mais tentadoras do que cigarro ou bebidas alcoólicas[12]. Um dos fatores que contribuem para isso, segundo a pesquisa, é que, quando comparadas com a nicotina ou o álcool, as redes sociais como o Twitter ou Facebook estão sempre mais acessíveis e os custos envolvidos para usá-las são menores.

O vício em informação em tempo real, portanto, estressa o nosso cérebro, nos ocupa e nos distrai o tempo todo, e também sobrecarrega a nossa atenção: a quantidade e o ritmo frenético da informação dificultam filtrar e avaliar o que é realmente importante. A atenção é um recurso limitado e, por causa da sobrecarga informacional, a atenção disponível fica tão fragmentada e consumida superficialmente que a reflexão, validação e análise crítica ficam em segundo plano[13]. Nesse processo, o nosso pensamento analítico e a nossa capacidade de sintetização podem ficar comprometidos.

Além disso, a informação em tempo real causa duas novas tendências que têm se intensificado: o *nowism*[14] (nowismo) e o *newism*[15] (newismo). A

---

12. Ver mais em: http://info.abril.com.br/noticias/internet/redes-sociais-sao-mais-tentadoras-do-que-alcool-e-cigarro-06022012-22.shl. Acesso em: 24 nov. 2017.

13. "A economia da atenção."

14. Esse fenômeno é discutido pelo sociólogo Zygmunt Bauman em seu livro *Modernidade líquida* e é também chamado por muitos de *nowism*. O termo modernidade líquida para o mundo atual é usado em contraste à modernidade sólida, que o precedeu. De acordo com Bauman, a passagem da modernidade de sólida para líquida criou uma nova fixação sem precedentes dos indivíduos pelas atividades da vida, confrontando-os com uma série de desafios nunca antes experimentados. As formas sociais e as instituições não têm mais tempo suficiente para solidificar e não conseguem mais servir como modelos de referência para as ações humanas e os planos de longo prazo; assim, as pessoas precisam encontrar outras maneiras de organizar suas vidas. Os indivíduos precisam juntar uma série interminável de projetos de curto prazo e episódios que não somam para um tipo de sequência, que os conceitos como "carreira" e "progresso" podem ser aplicados. Esse tipo de vida fragmentada requer que os indivíduos sejam flexíveis e adaptáveis para estarem sempre prontos para mudar de tática no curto prazo, para abandonar compromissos e lealdades sem remorsos, e para buscar oportunidades conforme a disponibilidade presente. Na modernidade líquida, o indivíduo precisa agir, planejar ações e calcular os ganhos e as perdas prováveis de seus atos (ou da omissão de agir) sob condições incertas. Nesse sentido, na modernidade líquida vivemos a filosofia do "agora", segundo a qual o espaço de tempo de experiência chamado "agora" é fundamental e nele a vida acontece. No *nowism*, o passado e o futuro perdem importância e o "agora", o presente, torna-se denso, e é o que importa.

sobrecarga de informação a cada instante faz que o presente se torne denso e nos ocupe o tempo todo, o nowismo, que é a tendência de focarmos no presente em detrimento do passado ou futuro. Dessa forma, o que acontece agora (*now*) tende a consumir mais o nosso tempo e atenção, fazendo que reflitamos menos sobre o passado e futuro. Já o newismo é o resultado do nosso hábito de recebermos informações atualizadas constantemente, de forma que tendemos a valorizar mais apenas o que é novo (*new*) e atual, em detrimento do que é antigo.

Essas duas tendências são bastante recentes, e não sabemos ainda ao certo o quanto elas estão afetando a nossa percepção sobre a informação. Entretanto, é importante acompanhar a evolução desse processo que pode influenciar na aprendizagem e construção do conhecimento, conforme nossos critérios de seleção da informação se modificam.

 ## Exposição e conexão

Outra tendência marcante de comportamento é que, à medida em que as tecnologias digitais permitem conexão e exposição, as pessoas têm se exposto cada vez mais e passam cada vez mais tempo conectadas. Vimos, nos capítulos anteriores, que estamos vivendo no contexto perfeito de uma sociedade de controle e de espetáculo, e isso tem o seu preço.

Em função da conexão constante, as pessoas têm passado cada vez menos tempo sozinhas e isso, obviamente, traz também transformações importantes. O excelente artigo *The End of Solitude*[16], do professor William Deresiewicz, analisa esse fenômeno crescente entre os jovens. A câmera criou a cultura da celebridade; o computador, a cultura da conectividade e o *smartphone*, a cultura do compartilhamento. A convergência das três, por meio da banda larga e mobilidade, está criando a cultura da visibilidade, em que, o que importa não é viver, mas ser visto – no Instagram, no Twitter, no YouTube, em vídeos etc. O que tem nos validado e nos tornado reais para nós mesmos é sermos vistos por outros. Temos testemunhado esse fenômeno se intensificar conforme as pessoas ficam mais conectadas e com *smartphones* melhores, com câmeras melhores, tanto que a palavra "*selfie*" foi eleita a palavra do ano de 2013 pelo Oxford Dictionaries[17]. As estatísticas mostram que

---

15. Relatório *TrendWatching* sobre *nowism*. Disponível em: http://trendwatching.com/pt/trends/newism/. Acesso em: 2 jan. 2021
16. *The End of Solitude*, publicado no *The Chronicle Higher Education* em 2009. Disponível em: http://chronicle.com/article/The-End-of-Solitude/3708. Acesso em: 22 jan. 2021.
17. Ver mais em: https://en.oxforddictionaries.com/word-of-the-year/word-of-the-year-2013. Acesso em: 22 jan. 2021.

acidentes com *selfies* têm matado mais do que tubarões[18]. Registrar e compartilhar registros sobre a vida tem se tornado mais importante do que viver.

Essa tensão entre viver e registrar a vida é extremamente importante para o nosso bem-estar. Segundo Daniel Kahneman, ganhador do Prêmio Nobel de Economia pelo seu trabalho pioneiro em economia comportamental, as experiências e as memórias nos afetam de maneiras completamente distintas e influenciam de formas distintas a nossa felicidade[19] (ver Figura 7.2). Sem qualquer julgamento de valor – se o que está acontecendo será pior ou melhor –, o que podemos afirmar aqui é que certamente as tecnologias estão transformando a nossa experiência em relação a nós mesmos e também as nossas memórias acumuladas. Acredito que isso seja bastante importante para nossas vidas – como podemos usar as tecnologias para melhorar tanto as nossas experiências quanto as nossas memórias?

Daniel Kahneman: O enigma da experiência x memória

Figura 7.2 – Imagem do vídeo *O Enigma da Experiência* vs. *Memória*. **Fonte**: http://www.ted.com/talks/lang/pt-br/daniel_kahneman_the_riddle_of_experience_vs_memory.html. Acesso em: 22 jan. 2021.

Em função da disseminação da cultura da visibilidade, as pessoas estão perdendo privacidade, concentração e, também, a capacidade de ficarem sozinhas. Conforme nos tornamos mais conectados e consumimos mais mídia, ficamos cada vez menos tempo sozinhos. E por que isso é importante? Deresiewicz[20] argumenta que o homem é um animal social, mas ficar sozinho tem

---

18. Ver mais em: https://www.huffpost.com/entry/selfie-deaths-shark-attacks_n_5602c0c5e4b0fde8b0d09cbe. Acesso em: 22 jan. 2021.
19. Fonte: TED Talk 2010 – *Daniel Kahneman:* The riddle of experience *vs.* memory. Disponível em: http://www.ted.com/talks/daniel_kahneman_the_riddle_of_experience_vs_memory.html. Acesso em: 22 jan. 2021.
20. *The End of Solitude*, publicado no *The Chronicle Higher Education*, em 2009. Disponível em: http://chronicle.com/article/The-End-of-Solitude/3708. Acesso em: 22 jan. 2021.

sido reconhecidamente também um valor social, e lista a sua importância na evolução de alguns momentos na história humana, que analiso a seguir:

1. **Experiência espiritual** – ficar sozinho é uma dimensão essencial da experiência espiritual, em que somente durante o silêncio encontra suas conexões com o universo.

2. **Equilíbrio público/privado** – o ideal romântico da solidão se desenvolveu em parte como reação à emergência da cidade moderna. A prática romântica de ficar sozinho acredita que o ser é validado pela congruência da aparição pública e da essência privada, aquela que estabiliza sua relação tanto com os outros quanto consigo mesmo.

3. **Autoconhecimento** – a partir do Modernismo, a cidade não apenas se tornou mais ameaçadora do que anteriormente, mas inescapável, um labirinto. Ficar sozinho, mais do que nunca, se transforma na arena do autodescobrimento, uma viagem pelos reinos interiores.

A preocupação com a inabilidade de ficar sozinho é que, sem isso, perde-se a propensão para a introspecção, aquela análise do próprio ser que os puritanos, os românticos e modernistas (e Sócrates também) colocam no centro da vida espiritual – de sabedoria, de conduta.

Assim, essa transformação social da diminuição do isolamento causada pelos avanços das tecnologias de comunicação também deve ser considerada em nossas vidas. Quais as consequências de uma sociedade menos introspectiva?

Uso de tecnologia e mídia

Conforme as tecnologias digitais se disseminam em nossas vidas cotidianas, a quantidade de tempo que gastamos com mídia tem aumentado paulatinamente, sendo que nos últimos anos passamos a consumir, em média, mais de oito horas de mídia diariamente[21]. O aumento no consumo de mídias e tecnologia tem efeito sobre o nosso cérebro. Segundo Dr. Gary Small (SMALL; VORGAN, *cit.*, p. 28), à medida que os jovens chegam aos 20 anos de idade, uma

---

21. Ver mais em: https://qz.com/416416/we-now-spend-more-than-eight-hours-a-day-consuming-media/. Acesso em: 22 jan. 2021.

alta porcentagem deles continua a expor demasiadamente os seus cérebros, ainda maleáveis, a tecnologias digitais complexas.

Além disso, uma grande parte do consumo de mídia está relacionado com televisão e computador. Segundo o Dr. Small, por gastarem muitas horas olhando para uma tela de televisão ou computador, esses jovens não estão solidificando os caminhos neurais normais que os seus cérebros precisam para desenvolver habilidades de comunicação face a face. Aproximadamente, 20% da geração jovem se encaixam no critério clínico de uso de internet patológico – eles ficam tanto *on-line*, que isso interfere negativamente em quase todos os outros aspectos das suas vidas. O uso excessivo da *web* causa menor desempenho acadêmico e afeta as suas vidas sociais (SMALL; VORGAN, *cit.*, p. 30).

Um estudo de Sarris *et al.*, em 2020[22], aponta que a diminuição no tempo de tela é um dos fatores de estilo de vida que pode evitar depressão. No entanto, de acordo com estudos da Kaiser Family Foundation[23], crianças nos Estados Unidos entre 8 e 18 anos de idade gastam hoje, em média, 7,5 horas em frente de uma tela para entretenimento diariamente, sendo que 4,5 dessas horas são assistindo TV. Nesse tempo, é contabilizado apenas entretenimento, não incluindo o uso de computador na escola ou em casa para atividades educacionais.

Jogos digitais também entram em cena nesse processo de consumo tecnológico que pode virar vício. O episódio *South Korea Gaming*: *Skill or Addiction*[24] (Jogos na Coreia do Sul: habilidade ou vício) – Figura 7.3 – parte da série *Gaming Reality*[25], realizada pela CNN, estuda o vício em games por meio do comportamento dos jogadores na Coreia do Sul, país que, depois de se transformar na estrutura de internet mais rápida do mundo, tem seu governo gastando milhões por ano para identificar e tratar os viciados em internet e *games*. Atualmente, 8% da população do país, entre 9 a 39 anos de idade, sofre de vício em internet ou *games*.

---

22. *BMC Medicine* (SARRIS *et al.*, 2020). Disponível em: https://bmcmedicine.biomedcentral.com/articles/10.1186/s12916-020-01813-5. Acesso em: 14 jan. 2021.
23. Fonte: https://www.cdc.gov/nccdphp/dnpao/multimedia/infographics/getmoving.html. Acesso em: 14 jan. 2021.
24. Ver mais em: http://edition.cnn.com/2012/08/05/tech/gaming-gadgets/gaming-addiction-warning-signs/index.html. Acesso em: 22 jan. 2021.
25. Gaming Reality é uma série de cinco episódios sobre games, produzida pela CNN. Disponível em: http://edition.cnn.com/interactive/2012/08/tech/gaming.series/. Acesso em: 22 jan. 2021.

Figura 7.3 – Imagem do episódio *South Korea gaming*: *skill or addiction*, produzido pela CNN. Disponível em: http://edition.cnn.com/2012/08/05/tech/gaming-gadgets/gaming-addiction-warning-signs/index.html. Acesso em: 22 jan. 2021.

Segundo o Dr Han Doug-Hyun, do Chung-Ang University Hospital, em Seul, os cinco principais sintomas de vício em jogos ou internet são[26]:

1. rompimento nos padrões regulares de vida (por exemplo, se uma pessoa joga a noite toda e dorme durante o dia);

2. se a pessoa perde o seu trabalho ou para de ir à escola para ficar *on--line* ou jogar;

3. necessidade de uma dose maior (o jogador tem que jogar por períodos mais longos para obter o mesmo grau de prazer com o jogo);

4. afastamento – alguns viciados em internet e jogos se tornam irritáveis ou ansiosos quando estão desconectados ou quando são forçados a fazê-lo;

5. desejo – alguns viciados em internet e jogos experimentam desejo de jogar ou estar *on-line* quando estão afastados do mundo digital.

---

26. *5 warning signs of gaming addiction*. Disponível em: http://edition.cnn.com/2012/08/05/tech/gaming-gadgets/gaming-addiction-warning-signs/index.html. Acesso em: 22 jan. 2021.

A adolescência é um estágio crítico do desenvolvimento, um período em que o cérebro avança do pensamento concreto para abstrato. É quando tradicionalmente os adolescentes desenvolvem sua capacidade para compreender a experiência emocional dos outros, bem como aprender e praticar suas habilidades de empatia. No entanto, horas de exposição por dia a telas de computador e vídeo, ouvindo música alta ao mesmo tempo, impede o desenvolvimento dos circuitos cerebrais adequados necessários para completar esse estágio (SMALL; VORGAN, *cit.*, p. 30). Infelizmente, a obsessão por tecnologias computacionais e *videogames* parecem estar atrofiando o desenvolvimento do lobo frontal em muitos adolescentes, prejudicando suas habilidades sociais e de raciocínio (SMALL; VORGAN, *cit.*, p. 30).

Além de afetar nossas funções cerebrais e habilidades sociais, o excesso de tecnologia pode também nos intoxicar e afetar nossa percepção e atuação no mundo. Vivemos cada vez mais imersos em tecnologia e, sem que percebamos, ela nos intoxica. Essa intoxicação tecnológica causa principalmente uma sensação de ausência de significado em nossas vidas e, em função disso, buscamos cada vez mais a nossa humanidade para combater esse vazio. Isso é o que John Naisbitt chama de paradoxo *High Tech, High Touch* (NAISBITT, 2001). quanto mais tecnologia temos em nossas vidas, mais intoxicados e vazios de sentido nos tornamos, e mais precisamos do toque humano. Alguns sintomas de intoxicação tecnológica apontados por Naisbitt são:

1. não conseguir distinguir facilmente entre natural e artificial;
2. querer cada vez mais soluções rápidas e fáceis para resolver todos os nossos problemas;
3. não saber a diferença entre lazer e entretenimento;
4. sentir-se solitário ao mesmo tempo em que se está conectado a muitas pessoas.

Essa intoxicação tecnológica e suas consequências podem afetar nossas capacidades sociais e profissionais.

Multitasking

O *multitasking* é um dos hábitos que mais se disseminam na cultura digital, principalmente entre os jovens, em função da multiplicidade de plataformas tecnológicas disponíveis constantemente. Além da sedução de parecer possível fazermos várias coisas ao mesmo tempo, o *multitasking* também é alavancado pela pressão social para que consigamos dar conta de tudo. Um estudo do Families and Work Institute[27] apontou que aproximadamente 45% dos trabalhadores norte-americanos sentem que são cobrados, explícita ou implicitamente, a trabalhar em muitas tarefas simultaneamente.

Entre 1999 e 2009, o *multitasking* entre os jovens de 1999 cresceu aproximadamente, 80%[28]. Um estudo da Verto[29] relata uma sessão típica de *multitasking* em 2016, que usa quatro dispositivos diferentes e tem sete transições (Figura 7.4).

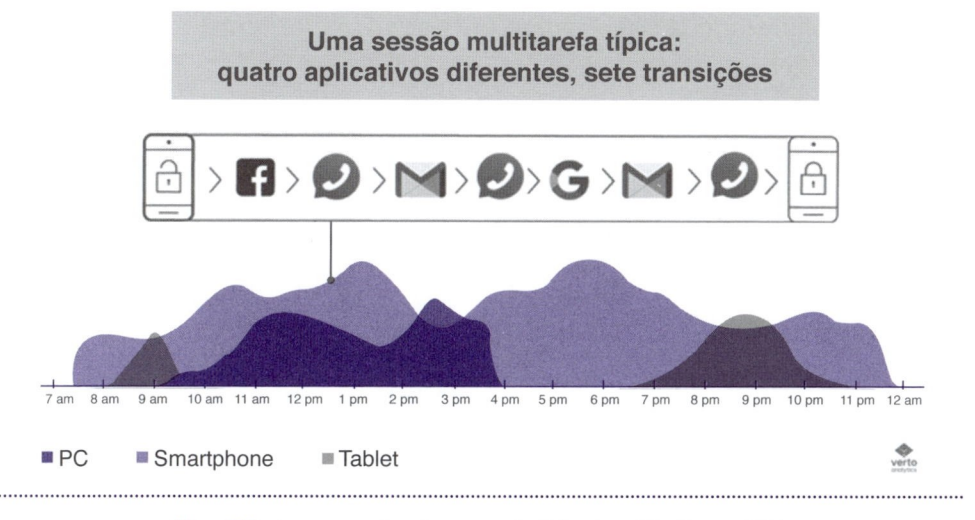

Figura 7.4 – Imagem mostrando uma sessão típica de *multitasking* em 2016.
Fonte: https://www.leanplum.com/blog/mobile-multitasking/. Acesso em: 22 jan. 2021.

Apesar das pressões para fazermos cada vez mais em menos tempo, e por mais tentador e sedutor que o *multitasking* pareça para solucionar isso, tentar fazer tudo ao mesmo tempo pode trazer consequências ruins tanto para cérebro quando para a produtividade – em ambos os casos, em vez de melhorar a atividade cerebral e a eficiência, o *multitasking* causa efeito contrário. De acordo com um estudo da Hewlett-Packard[30], "os trabalhadores distraídos por *e-mail* e telefonemas sofrem uma queda de QI duas vezes maior do que observado em fumantes de maconha".

---

27. Fonte: *New Studies Show Pitfall of Doing Too Much at Once*. Disponível em: http://www.lsa.umich.edu/psych/news/department/news/?id=67. Acesso em: 24 nov. 2017.
28. Fonte: http://www.rasmussen.edu/student-life/blogs/main/multitasking-this-is-your-brain-on-media. Acesso em: 14 jan. 2021.
29. Ver mais em: https://www.leanplum.com/blog/mobile-multitasking/. Acesso em: 24 nov. 2017.
30. *Infomania:* worse than marijuana. Disponível em: http://news.bbc.co.uk/2/hi/uk_news/4471607.stm. Acesso em: 22 jan. 2021.

No vídeo *The Science of Productivity* (A Ciência da Produtividade) – Figura 7.5 –, baseado em estudos de Gregory Ciotti[31], podemos ver que a produtividade diminui quando fazemos *multitasking*, e que o melhor modo de a aumentar não é por meio de força de vontade e de mais horas de trabalho, mas em deliberadamente escolher o que fazer, planejar pausas e, principalmente, começar o trabalho, fazendo cada etapa de uma vez. De acordo com o efeito Zeigarnik, quando o nosso cérebro começa uma atividade, ele se sente desconfortável se não a terminar. Assim, parece ser da natureza humana terminar o que começamos, pois, se não é terminado, nos sentimos em dissonância.

Figura 7.5 – Imagem do vídeo *The Science of Productivity* (A Ciência da Produtividade). *Fonte:* http://youtu.be/lHfjvYzr-3g. Acesso em: 22 jan. 2021.

Estudos realizados pelo Dr. Marcel Just[32], da Universidade de Carnegie Mellon, para testar a habilidade do cérebro em fazer duas coisas ao mesmo tempo mostram que a atividade cerebral decai de forma geral quando se se tenta fazer mais de uma coisa complexa simultaneamente. Na Figura 7.6, podemos ver nas duas primeiras imagens cerebrais que a atividade dos lobos temporais é maior quando se faz uma coisa por vez: na primeira imagem, as pessoas ouviam questões complexas e deviam responder com as opções "verdadeiro ou falso"; na segunda, elas tinham que comparar pares de objetos tridimensionais e girá-los mentalmente para ver se eles eram iguais. Na terceira imagem, as pessoas estão fazendo as duas coisas ao mesmo tempo:

31. *The Science of Productivity: A Proven Way to Get More Done (in Less Time).* Disponível em: http://www.sparringmind.com/productivity-science/. Acesso em: 22 jan. 2021.
32. Fonte: *New studies show pitfalls of doing too much at once.* Disponível em: http://www.lsa.umich.edu/psych/news/department/news/?Id=67. Acesso em: 24 nov. 2017.

respondendo às questões e comparando os objetos simultaneamente. Percebe-se que a atividade geral cerebral diminui.

Tarefa de compreensão de linguagem

Indivíduos foram submetidos a frases complexas e tiveram de responder a perguntas verdadeiro/falso.

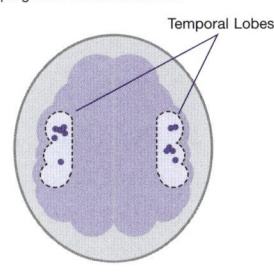

Tarefa de rotação de objetos

Indivíduos compararam pares de objetos tridimensionais e os giraram mentalmente para ver se eram os mesmos.

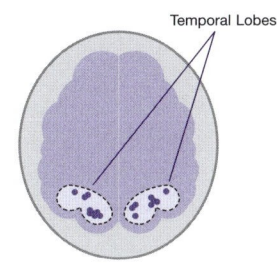

Rotação de objetos + tarefa de compreensão de linguagem

Os indivíduos realizaram ambas as tarefas ao mesmo tempo.

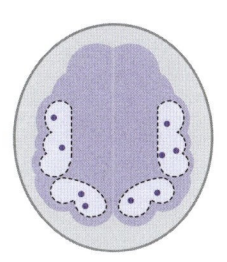

Figura 7.6 – Imagens da atividade cerebral comparativa de quando se está fazendo apenas uma coisa por vez (duas primeiras figuras) e quando se está operando em *multitasking* (terceira figura).
Fonte: http://www.rasmussen.edu/student-life/blogs/main/multitasking-this-is-your-brain-on-media/. Acesso m: 22 jan. 2021.

Algumas implicações do *multitasking* são:

1. Pessoas que fazem *multitasking* normalmente são menos eficientes do que aquelas que focam em um projeto por vez.

2. O tempo gasto para mudar entre as atividades no *multitasking* aumenta com a complexidade das tarefas.

3. O processo de voltar imediatamente para uma tarefa que você acabou de executar toma mais tempo do que voltar depois que um pouco mais de tempo tenha passado.

4. Gerenciar simultaneamente duas tarefas mentais reduz o poder do cérebro disponível para cada tarefa (Figura 7.5). Mesmo que essas atividades utilizem duas partes diferentes do cérebro, os recursos disponíveis para o processamento visual caem em 29% quando o indivíduo estava tentando escutar ao mesmo tempo. A ativação do cérebro para escutar caiu 53% quando o indivíduo estava tentando fazer processamento visual ao mesmo tempo.

5. O alto estresse crônico do *multitasking* está associado também a perdas de memória de curto prazo.

Segundo o artigo *Multitasking, the effects: A culture less thoughtful, less productive, less creative*[33], ao fazermos várias coisas simultaneamente estamos sacrificando a nossa criatividade, nosso engajamento e nossa produtividade. **A diminuição no engajamento afeta principalmente os relacionamentos, que, para se desenvolverem, requerem atenção e foco.** Apesar de o *skimming*[34], o *multitasking* e a velocidade serem características da era digital, se deixarmos para trás o foco para solucionar problemas e conectar mais profundamente com os outros, estaremos comprometeremos os elementos fundamentais da sabedoria e da intimidade.

No entanto, apesar dos inúmeros estudos sobre os efeitos nocivos do *multitasking*, existem também especialistas, como N. Katherine Hayles, uma professora emérita de inglês na Universidade da Califórnia, em Los Angeles, que têm aceitado o *multitasking* como parte integrante da era digital[35]. Ela defende que o novo mundo multimídia gerou a "hiperatenção" e acredita que os cérebros dos jovens estão melhorando para fazer conexões conceituais entre uma ampla variedade de domínios.

Ao longo da evolução humana, nossos cérebros foram se modificando para acompanhar os novos desafios ambientais que se apresentavam, e hoje, um desses desafios são as novas tecnologias digitais. Nesse sentido, com o passar do tempo, nossos cérebros tenderão a encontrar um caminho evolutivo para se adaptar a isso. No entanto, a velocidade de mudança da tecnologia hoje é muito maior do que a do nosso cérebro e os estudos, até o momento, comprovam predominantemente impactos negativos do *multitasking*.

Segundo o pesquisador Clifford I. Nass[36], uma das questões mais profundas em relação ao *multitasking* de mídia é se ele é guiado pelo desejo de novas informações ou se é feito para evitar a informação existente. As pessoas fazem *multitasking* porque as outras mídias são mais sedutoras (isto é, elas estão querendo desesperadamente jogar algo, acessar o Facebook ou fazer compras *on-line*) ou porque elas têm aversão ao que têm em mãos? Nesse sentido, o *multitasking* deixa de ser motivado por pressões sociais ou sedução para produzirmos mais e torna-se uma **ferramenta de fuga e dispersão**. De qualquer forma, tende a ser prejudicial.

---

33. Disponível em: http://www.britannica.com/blogs/2009/12/multitasking-the-effects-a-culture-less-thoughtful-less-productive-less-creative-2nd-of-3-posts/. Acesso em: 13 mar. 2013.
34. *Skimming* é o nome dado ao processo de olhar rapidamente o texto, "passar o olho".
35. Ver mais em: http://chronicle.com/article/Scholars-Turn-Their-Attention/63746/. Acesso em: 22 jan. 2021.
36. Fonte: Divided Attention: In the age of classroom multitasking, scholars probe the nature of learning and memory. *The Chronicle Attention.* Disponível em: http://chronicle.com/article/Scholars-Turn-Their-Attention/63746/. Acesso em: 22 jan. 2021.

Outros estudos de Nass mostram que pessoas que praticam *multitasking* ficam com o cérebro confuso mesmo depois de se desconectarem[37]. Assim, o *multitasking*, entre outras coisas, diminui a nossa memória, criatividade e capacidade de decisão, além de viciar.

> *Toda forma de vício é ruim,*
> *não importa que o narcótico seja*
> *o álcool, a morfina ou o idealismo.*
>
> **C. G. Jung**

Independentemente dos tipos de vícios que se desenvolvam alavancados pelo ambiente digital, eles sempre são ruins e prejudiciais. Um estudo publicado em 2012 demonstra que os vícios digitais podem danificar permanentemente o cérebro[38], da mesma forma que drogas como cocaína e álcool. Essas modificações cerebrais mostram evidências de perturbações nos circuitos relacionados com emoções, tomada de decisões e autocontrole.

Da mesma forma que o cérebro controla nossa habilidade para fazer uma busca *on-line* ou responder um *e-mail*, ele define nossa humanidade – nossa consciência, criatividade, intuição social e a habilidade de sentir empatia, confiança, culpa, amor, tristeza e uma gama complexa de emoções. Um aspecto importante que define o comportamento humano é a habilidade de agir apropriadamente em situações sociais e sentir empatia (SMALL; VORGAN, *cit.*, p. 117 e 119). Dessa forma, estamos vivendo um momento ímpar na história da humanidade, em que as transformações são rápidas demais e nos afetam demais também. O aparentemente infinito número de atividades na nossa era pode tanto nos dar poder quanto provocar ansiedade. Um dos principais desafios nesse contexto tão dinâmico e intenso como o atual é conseguir encontrar equilíbrio entre:

a) as tecnologias que se apresentam, nos modificando, mas que propiciam também novas possibilidades de aprendizado e vida;

b) nossa humanidade, com habilidades de comunicação face a face e socialização.

---

37. Fonte: Multitasking Muddles Brains, Even When the Computer Is Off. *Wired*. Disponível em: http://www.wired.com/wiredscience/2009/08/multitasking/. Acesso em: 22 jan. 2021.

38. Fonte: Digital addiction can damage your brain. *CBS this morning*. Disponível em: http://www.cbsnews.com/8301-505269_162-57358519/digital-addiction-may-damage-your-brain-study/. Acesso em: 13 mar. 2013.

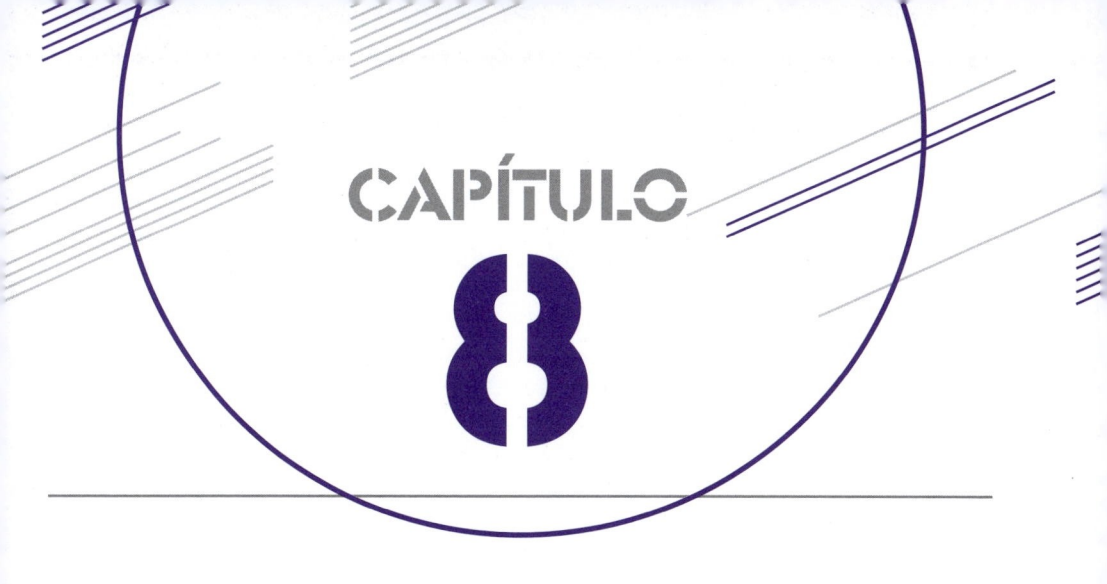

CAPÍTULO 8

TECNOLOGIA & GERAÇÕES DIGITAIS – Y, Z & ALPHA

Em ciências sociais, uma geração é considerada um grupo de pessoas dentro de uma população que experimenta os mesmos eventos significantes em determinado período de tempo (PILCHER, 1994, n. 45, v. 3, p. 481-495). O conceito de geração[1] é usado desde a antiguidade para localizar grupos de nascimento em circunstâncias culturais e histórias específicas, como forma de diferenciação e comparação. No entanto, o estudo das gerações está relacionado a diversas outras áreas do conhecimento, trazendo muitos desafios referentes à análise das gerações.

No mundo ocidental, as principais classificações recentes de gerações nos últimos 60 anos são:

1. *Baby boomers* (nascidos de 1946 a 1964) – é a geração que nasceu após a Segunda Guerra Mundial, que foi marcada por um aumento das taxas de natalidade.
2. **Geração X** (nascidos entre 1960 e início dos anos 1980).
3. **Geração Y** (nascidos entre 1980 e início da década de 2000) – também conhecida como *Millennials*, *Generation Next* e *Echo Boomers*.

---

1. Mais informações em: http://en.wikipedia.org/wiki/Generation. Acesso em: 22 jan. 2021.

4. **Geração Z** (nascidos a partir do início da década de 2000) – também conhecida como *iGeneration*, *Generation@*, *Net Generation*, *Generation AO* (*Always On*), *Generation Text* e Nativos Digitais.

5. **Geração Alpha** (nascidos entre 2010 e 2025) – também conhecidos como *iGeneration*, em breve serão mais numerosos que os *baby boomers* e provavelmente viverão mais de 100 anos, formando uma população acima de 2 bilhões de pessoas, e se tornarão, assim, a maior geração da história.

É importante salientar que existem discussões entre os especialistas em relação à definição de datas exatas em que cada geração começa ou termina. Assim, as datas de início e término de cada geração descrita podem variar um pouco de uma referência para outra.

Entender as principais transformações comportamentais de uma geração para a outra sempre foi essencial para minimizar a tensão entre elas. É natural que pessoas de gerações diferentes se desenvolvam em épocas distintas e, assim, adquiram outras visões e outros comportamentos que podem, eventualmente, gerar conflitos entre si, como amplamente reportado na história da humanidade. O texto a seguir (PATTY; JOHNSON, 1953, p. 277), atribuído por Platão a Sócrates, retrata que o conflito de gerações é uma situação que já existia há quase 2.500 anos: "Nossa juventude adora o luxo, é mal-educada, não respeita autoridade e os mais velhos, e adora conversar ao invés de se exercitar. Nossos filhos hoje são tiranos, respondem aos seus pais e maltratam os seus professores"[2].

No entanto, se a tensão entre gerações não é novidade, a disseminação tecnológica na vida dos jovens nas duas últimas décadas acelera e agrava ainda mais o processo. Nas gerações anteriores, o ritmo de inovação era mais lento, e os jovens normalmente aprendiam com o conhecimento e a experiência dos mais velhos. A transição entre gerações no mercado de trabalho acontecia de forma mais gradativa e lenta. No entanto, nas duas últimas décadas, conforme as tecnologias de ponta passaram a se tornar disponíveis para jovens cada vez com menos idade, o processo de transição entre gerações se modificou bastante, acentuando diferenças. Se pensarmos nos anos 1970, apenas profissionais com mais de 30 anos tinham acesso às tecnologias de ponta, como o computador. Nos anos 1980, jovens na casa dos 20 anos de idade começaram a ter acesso ao computador; nos anos 1990, esse acesso se estende a crianças na faixa de 10 anos de idade,

---

2. Tradução livre da autora feita do texto original: "The children now love luxury; they have bad manners, contempt for authority; they show disrespect for elders and love chatter in place of exercise. Children are now tyrants, not the servants of their households. They no longer rise when elders enter the room. They contradict their parents, chatter before company, gobble up dainties at the table, cross their legs, and tyrannize their teachers".

e, hoje, bebês de um ano de idade já acessam computadores, *tablets*, *smartphones*. A partir do momento em que isso acontece, os processos de inovação começam a surgir tanto por meio dos jovens quanto das gerações mais velhas. Logicamente, sempre houve jovens prodígios, que revolucionaram o mundo; no entanto, hoje, a quantidade de jovens que transformam o mundo aumentou consideravelmente.

Além dos casos famosos de Microsoft, Apple, Napster, Google, Facebook, entre tantas outras empresas que foram fundadas quando seus donos eram ainda estudantes universitários, hoje temos diversos *cases* de adolescentes dando soluções a problemas importantes, como o caso de Deepika Kurup, de 14 anos, que inventou um purificador de água revolucionário[3].

Desse modo, o ritmo e a origem das mudanças são muito diferentes do que eram há três décadas. Portanto, hoje, pessoas com mais de 35 anos de idade se desenvolveram em um mundo em que a velocidade de mudanças era pequena e precisam se adaptar ao novo ritmo; pessoas com idade entre 20 e 35 anos já absorvem as mudanças de maneira natural, e as pessoas com menos de 20 anos são nativas desse cenário e, para elas, o mundo sempre foi assim. Junte-se a isso que a longevidade cresceu bastante ao longo do século XX[4], aumentando também a coexistência de gerações distintas no ambiente de trabalho. Hoje, temos um cenário em que *baby boomers*, geração X e geração Y frequentemente trabalham juntos, e começamos a ver o ingresso da geração Z no mercado, potencializando a tensão e conflitos entre elas.

Considerando-se que, muitas vezes, os profissionais, pais e educadores hoje são a mistura de gerações analógicas (X e *baby boomers*) com a geração Y, que já é mais digital, e que os filhos e os estudantes são das gerações digitais (Z e Alpha), existe a necessidade de conhecimento das características predo-minantes de cada geração, analógicas e digitais, para podermos compreender os seus comportamentos, interesses, equipamentos que utilizam, modo como aprendem e a maneira como se relacionam com os outros e com o mundo. Essa é a única forma para conseguimos conviver, trabalhar e progredir juntos, sem limitações baseadas em preconceitos, e abraçando as diferenças que nos complementam e favorecem o nosso desenvolvimento, tanto como indivíduos, como sociedade.

---

3. Ver mais em: https://en.wikipedia.org/wiki/Deepika_Kurup. Acesso em: 22 jan. 2021.
4. Ver mais em: http://en.wikipedia.org/wiki/Life_expectancy; e http://hsus.cambridge.org/HSUSWeb/nonacs/hsusgroups.do. Acesso em: 22 jan. 2021.

O vídeo *We All Want to be Young* (Figura 8.1) traz em aproximadamente dez minutos uma apresentação excelente sobre as características das gerações *baby boomer*, X e Y.

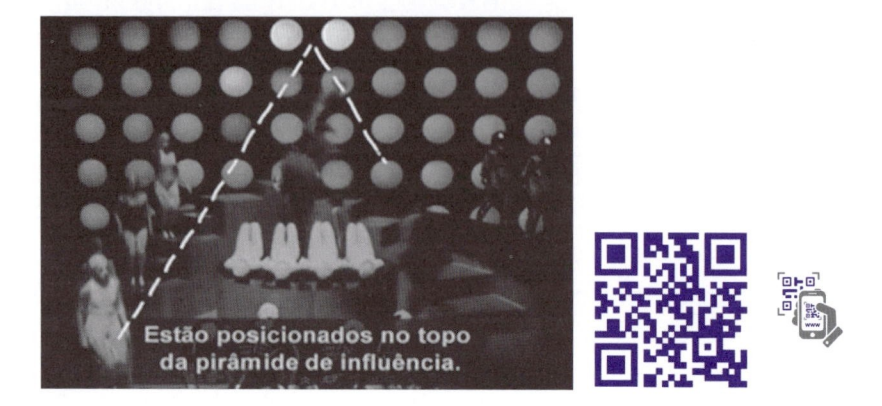

Figura 8.1 – Imagem e QR Code de acesso ao vídeo *We All Want to Be Young*, legendado em português e disponível em: https://www.youtube.com/watch?v=c6DbaNdBnTM. Acesso em: 03 mar. 2021.

Outro vídeo interessante sobre o comportamento e as características da geração Y e suas diferenças em relação à geração X é *All Work and All Play* (Figura 8.2).

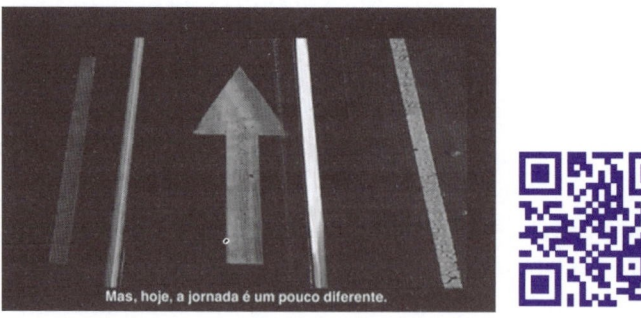

Figura 8.2 – Imagem e QR Code de acesso ao vídeo *All Work and All Play*, legendado em português e disponível em: http://youtu.be/F12DAS-ZNDY. Acesso em: 22 jan. 2021.

Um estudo da McCrindle[5] apresenta as principais características de cada geração, cuja visão geral pode ser vista na Figura 8.3.

5.　Ver mais em: https://www.thegeniusworks.com/2020/09/rise-of-generation-alpha-how-the-children-of-todays-global-pandemic-will-shape-our-future-through-their-lockdown-experiences/. Acesso em: 14 jan. 2021.

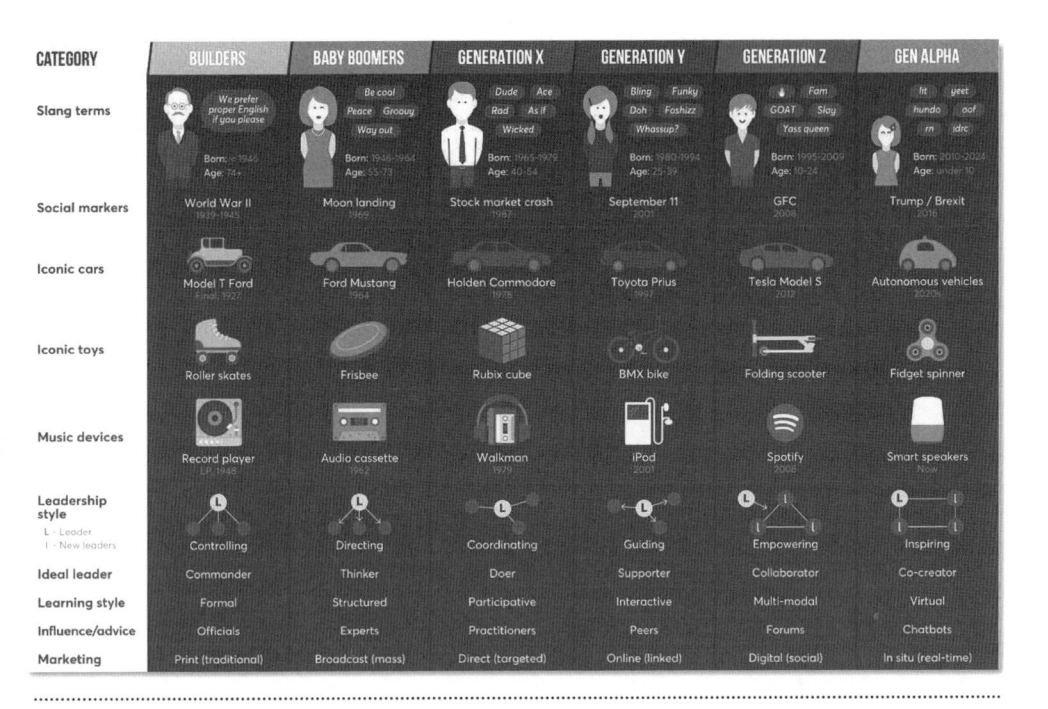

Figura 8.3 – Representação das gerações humanas desde o início do século XX. Disponível em: https://www.thegeniusworks.com/2020/09/rise-of-generation-alpha-how-the-children-of-todays-global-pandemic-will-shape-our-future-through-their-lockdown-experiences/. Acesso em: 14 jan. 2021.

Além do convívio entre gerações, outro interesse importante em relação às gerações digitais – Y, Z e Alpha – é que elas passam a ser cada vez mais determinantes para o futuro da humanidade. O livro *Pendulum*[6] discute como as gerações passadas moldam o nosso presente e predizem o nosso futuro: a política, comportamentos, humor, sexualidade, riqueza e nossas definições para o sucesso são periodicamente renegociadas com base nos novos valores que a sociedade escolhe para usar como uma lente para julgar o que é aceitável. A geração Y ocupa gradativamente as posições de trabalho e liderança das organizações e governos mundiais, além de se tornar a maior parcela do mercado de consumo, afetando e influenciando a produção no mundo. A geração Z, por sua vez, é a geração entrante no mercado de trabalho, determinando a próxima onda de valores e tendências. A geração Alpha, por sua vez, é quem determina os caminhos futuros da humanidade –suas características, valores e comportamentos serão os ingredientes para o futuro. Existe uma infinidade

---

6.   Ver mais em: https://www.amazon.com/Pendulum-Generations-Present-Predict-Future/dp/1593157061. Acesso em: 22 jan. 2021.

de estudos sérios sobre cada geração, e não é escopo deste livro aprofundar este tema. No entanto, acredito ser importante apresentar aqui suas principais características para compreendermos melhor a sua relação com as transformações tecnológicas. Vamos a elas.

Geração Y

O termo "geração Y" foi usado pela primeira vez em um editorial da *Ad Age* em agosto de 1993[7]. De lá para os dias atuais, os *Millennials* (outro nome para essa geração) têm sido caracterizados de diversas formas. No lado negativo, são descritos como preguiçosos, narcisistas[8], propensos a pular de um trabalho para outro, menos engajados civil e politicamente, mais ambiciosos[9], focados em valores materiais. Diversas publicações desde 2008 referem-se a eles como sendo mimados e tendo expectativas irreais sobre o mundo do trabalho[10]. Um artigo publicado no *HuffPost*, em 2013, viralizou na internet destacando os motivos pelos quais os *Yuppies* da geração Y eram infelizes: *Why Generation Y Yuppies are Unhappy*[11], citando vários desses motivos.

Do lado positivo, eles são considerados as mentes mais abertas, sendo apoiadores dos direitos das minorias, além de mais confiantes[12], expressivos, liberais e receptivos a novas ideias e novos modos de vida. Enquanto a autoestima da geração Y pode ser uma característica boa, o seu excesso pode ser prejudicial. Roy Baumeister[13], no artigo *Does Confidence Really Breed Success?*[14], após analisar dezenas de estudos sobre a autoestima, chegou à conclusão de que ela tem pouco ou nenhum efeito sobre o sucesso e o que faz a diferença é, na realidade, a autodisciplina. Além de a autoestima fazer pouca diferença no sucesso, um outro estudo, de John Reynolds, revela que os jovens estão se tornando mais ambiciosos, mas

7. Ver mais em: http://adage.com/article/news/igen-influential-peers-household-buying-decisions/230427/. Acesso em: 22 jan. 2021.
8. Fonte: *Does Confidence Really Breed Success?* Disponível em: http://www.bbc.com/news/magazine-20756247. Acesso em: 22 jan. 2021.
9. *Have Adolescents Become Too Ambitious? High School Seniors Educational and Occupational Plans, 1976 to 2000.* Disponível em: http://www.music.fsu.edu/content/download/46394/322414/file/too.pdf. Acesso em: 22 jan. 2021.
10. Ver mais em: https://www.livescience.com/38061-millennials-generation-y.html. Acesso em: 22 jan. 2021.
11. Ver mais em: http://www.huffingtonpost.com/wait-but-why/generation-y-unhappy_b_3930620.html. Acesso em: 22 jan. 2021.
12. A pesquisa *American Freshman Survey* acontece desde 1966 nos Estados Unidos, pedindo aos estudantes universitários calouros para se avaliarem. Mais informações sobre a pesquisa de 2012 podem ser encontradas em: http://www.dailymail.co.uk/news/article-2257715/Study-shows-college-students-think-theyre-special-read-write-barely-study.html. Acesso em: 22 jan. 2021.
13. *Does high self-esteem cause better performance, interpersonal success, happiness, or healthier leifestyles?* Disponível em: https://assets.csom.umn.edu/assets/71496.pdf. Acesso em: 22 jan. 2021.
14. Artigo disponível em: http://www.bbc.co.uk/news/magazine-20756247. Acesso em: 22 jan. 2021.

com expectativas menos realistas, criando o que ele chama de *ambition inflation*. Isso pode ser um problema, pois, segundo a psicóloga e pesquisadora Jean Twenge, desde as décadas de 1960 e 1970, quando essas expectativas começaram a crescer, também houve um aumento da ansiedade e depressão.

No livro *The Narcissism Epidemic*[15] (*O narcisismo epidêmico*), Twenge culpa uma gama de tendências pelo crescimento das atitudes narcisistas, incluindo estilos de educação dos pais, cultura das celebridades, mídias sociais, acesso ao crédito mais fácil, que permite que as pessoas pareçam mais bem-sucedidas do que realmente são.

Um dos principais efeitos das tecnologias digitais no crescimento da geração Y reflete-se sobre a sua percepção sobre o sexo e seus hábitos sexuais: eles têm menos relações sexuais do que a geração anterior[16] e uma porcentagem deles têm preferido interações sexuais apenas por computador, sem contato carnal, a chamada geração herbívora[17]. Além disso, por terem crescido com maior acesso à pornografia[18], aumenta a percepção entre eles de que o sexo natural é o espetacularizado, fazendo que ele pareça menos atrativo. Isso tem consequências na reprodução humana, podendo causar a diminuição de população originária desses grupos.

 ## Geração Z

Não apenas a geração Z é diferente dos *Millennials*, mas, em alguns aspectos, eles são o oposto. Um estudo da Sparks e Honey[19] nos Estados Unidos mostra que eles são mais maduros e estão no controle de suas vidas, tendo as principais características:

1. se preocupam com a economia (aproximadamente 70%);
2. são empreendedores (72% querem começar um novo negócio e 61% preferem ser empreendedores a empregados);

15. Mais informações: http://www.amazon.com/Narcissism-Epidemic-Living-Age-Entitlement/dp/1416575995. Acesso em: 22 jan. 2021.
16. Ver mais em: https://www.livescience.com/55620-millennials-not-having-sex.html. Acesso em: 22 jan. 2021.
17. Mais informações em: http://www.theguardian.com/world/2013/oct/20/young-people-japan-stopped-having-sex; http://www.businessinsider.com/herbivore-men-in-japan-are-not-having-sex-8-15; e http://veja.abril.com.br/mundo/homens-herbivoros-os-japoneses-que-nao-gostam-de-sexo/. Acesso em: 22 jan. 2021.
18. Ver a matéria *O sexo como ele não é* em: http://oglobo.globo.com/sociedade/tecnologia/o-sexo-como-ele-nao-e-12180591#ixzz2yrw8JIws. Acesso em: 22 jan. 2021.
19. Fontes: https://pt.slideshare.net/sparksandhoney/generation-z-final-june-17; e https://medium.com/spark-sandhoney/gen-z-may-surprise-you-da79d1db405a. Acesso em: 22 jan. 2021.

3. buscam educação e conhecimento (50% pretendem fazer curso superior, contra 1/3 da geração Y e 25% da geração X);

4. usam mídias sociais para pesquisa (52% utilizam o YouTube e outras mídias sociais para pesquisas escolares);

5. fazem *multitasking* com cinco telas (entre TV, celular, computador – *desktop* e *notebook* –, *tablet* e dispositivo de game);

6. sua atenção está diminuindo para oito segundos;

7. pensam de forma espacial – 3D e 4D (influenciados pelos dispositivos tecnológicos que usam);

8. possuem pouca percepção contextual;

9. não gostam de ser rastreados (25% dos jovens de 13 a 17 anos de idade abandonaram o Facebook em 2014);

10. comunicam-se com símbolos (*emoticons*) e imagens;

11. são ágeis para se comunicar (em consequência, não são precisos no que comunicam e deixam bastante espaço para interpretação);

12. adoram efemeridades e raridades;

13. gastam mais tempo com computadores (41% gastam mais de três horas na frente de um computador – esse número era de 22% dez anos antes);

14. seus círculos sociais são globais (81% usam mídias sociais *on-line* e 26% teriam que viajar de avião para visitar a maior parte dos seus contatos);

15. são extremamente conscientes e preocupados com o impacto do ser humano no planeta;

16. são menos ativos fisicamente (*gaming* é a principal fonte de entretenimento) – esportes, muitas vezes, são considerados fonte de saúde e não de lazer;

17. eles transmitem ao vivo (*livestream*) e cocriam;

18. têm interesse em comida e em cozinhar;

19. obesidade tem se tornado um problema, mas a comida é o vício principal deles.

A tabela da Figura 8.4 apresenta um comparativo de diferenças entre as gerações Y e Z e a Figura 8.5 mostra um gráfico de tópicos e interesses da geração Z.

Figura 8.4 – Tabela comparativa das características das gerações Y e Z, apresentada no estudo da Sparks e Honey. Disponível em: https://pt.slideshare.net/sparksandhoney/generation-z-final-june-17/48-48Checklist_for_connecting_with_Gen. Acesso em: 22 jan. 2021.

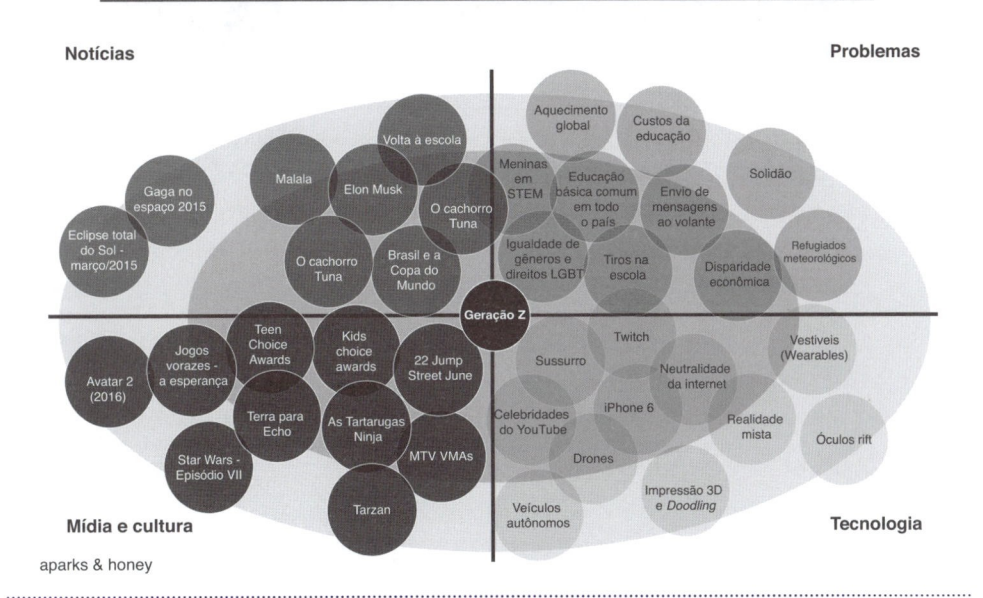

Figura 8.5 – Gráfico de tópicos e interesses da geração Z, mapeados pela Spark e Honey, nas áreas de notícias, preocupações, mídia & cultura e tecnologia. Disponível em: https://pt.slideshare.net/sparksandhoney/generation-z-final-june-17/52-52SOCIAL_AGENCYPR_AGENCYDIGITAL_AGENCYSEARCH_AGENCYEVENTMARKETINGAGENCYADVERTISINGAGENCYagency. Acesso em: 22 jan. 2021.

Geração Λlpha

Apesar da pouca idade, os jovens da geração Alpha já estão moldando mercados – com influência social e poder de compra, eles serão a geração de maior poder material. Terão uma abordagem gamificada da aprendizagem e da vida. Eles são um legado de um mundo impactado pela pandemia, pela quarentena e pela educação *on-line*, que inevitavelmente moldarão suas experiências, influenciando o futuro. A Figura 8.6 dá acesso ao vídeo *New 2020s generation might beat us all* (A nova geração de 2020 poderá superar todos nós), que apresenta as principais características da geração Alpha.

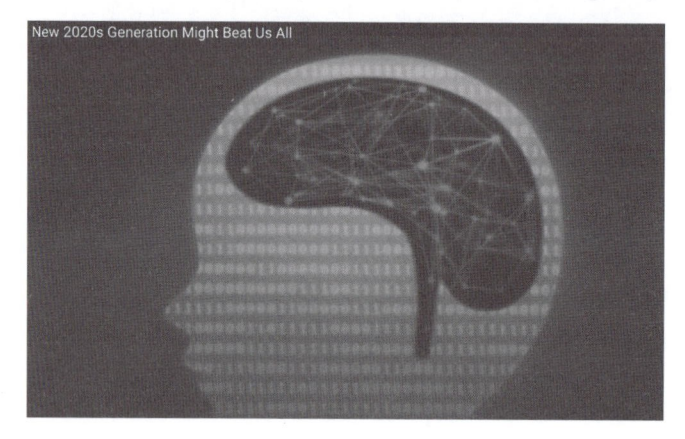

Figura 8.6 – Imagem do vídeo *New 2020s generation might beat us all*, disponível por meio do QR Code ou em: https://youtu.be/AHsXa4TgXTo. Acesso em: 14 jan. 2021.

CAPÍTULO 9

TECNOLOGIA & ÉTICA

Talvez este seja o capítulo mais importante deste livro, pois a ética é um dos principais pilares do desenvolvimento social humano. Códigos e valores éticos permitem nossa evolução sustentável como humanidade, pois, sem isso, não seríamos capazes de caminhar em direção a um bem comum, maior do que nossos interesses individuais. A ética é a virtude necessária para que o ser humano consiga conviver em comunidade. Sem acordos éticos, viveríamos isolados, fragmentados, em conflito constante uns com os outros, como animais selvagens – seríamos frágeis. Em grupo, somos mais fortes, e a ética é a "cola" que nos une para que, apesar das diferenças individuais, consigamos somar forças para evoluir como espécie. A ética nos fortalece.

Conforme a tecnologia modifica a humanidade, ela transforma também nossas formas de viver e interagir uns com os outros – trabalhar, aprender, se relacionar etc. Como resultado, ao longo do tempo, estamos constantemente enfrentando novos domínios que necessitam considerar as questões éticas para balizar a evolução do convívio humano. As revoluções industriais dos últimos séculos, por exemplo, têm trazido novas relações de trabalho, de convívio familiar, comunicação em rede, novos seres digitais no planeta, além de inúmeras outras situações que requerem uma atualização de aplicação da ética. Portanto, se a história da humanidade se confunde com a evolução tecnológica, ela se confunde também com a evolução ética para garantir sua sustentabilidade.

Moral & ética: corpo e alma do comportamento humano

No entanto, apesar de ética ser uma disciplina determinante para nosso futuro, um grande problema que enfrentamos como sociedade é o fato de a educação ética ser, na maioria das escolas, relegada a segundo plano. Ética, assim como artes, são disciplinas dos currículos educacionais que normalmente são tratadas como marginais desde a pré-escola até a universidade (com exceção de cursos específicos com laços íntimos com ética, como Filosofia, por exemplo). Entretanto, por serem estruturantes na formação humana para lidar com a vida e sua complexidade crescente, deveriam ser cada vez mais valorizadas. Os estudos de ética, com raras exceções, trazem apenas teorias e são abordados de uma forma pouco atrativa, sem exemplos cotidianos que realmente vivenciamos. O resultado disso é que poucas pessoas crescem sabendo o que é ética realmente. Some-se a isso a diminuição de tempo que os pais passam com os filhos, comprometendo a educação ética em casa, local onde ela deve começar, desde o berço. As implicações disso são que muitas vezes as pessoas são antiéticas não por maldade, mas por falta de formação.

Ética está intimamente associada a relacionamentos e, assim como eles, é um assunto complexo, porque não existem regras e receitas que consigam contê-la; ela precisa ser negociada entre as partes, e existem muitos tons de cinza em cada ação que fazemos envolvendo terceiros. Justamente por isso, por ser complexa, ela precisa ser tratada e abordada desde a mais tenra idade para que possa aflorar no comportamento das pessoas. Se isso sempre foi importante, agora, torna-se cada vez mais imprescindível para a sobrevivência dos indivíduos e da sociedade extremamente conectada globalmente.

Na Grécia antiga, ética era tão importante que a educação fundamental era baseada na Paideia[1], um sistema de educação ética que visava à **formação de um cidadão perfeito e completo, capaz de liderar e ser liderado e desempenhar um papel positivo na sociedade.** Para os antigos filósofos gregos, a existência humana só pode ser pensada em sociedade onde os indivíduos aspiram o **bem e a felicidade**, que só pode ser alcançada pela conduta virtuosa. Um jovem só se tornava "cidadão grego" depois de completar a Paideia, quando, então, era apresentado à sociedade. Assim, por visar a virtude e o bem, a ética é **a base da sociedade sustentável**, e quanto maior o grau ético de um grupo de pessoas, melhor sua qualidade humana.

Outro problema em relação à compreensão e aplicação da ética nas sociedades modernas atuais é que, muitas vezes, seu conceito é confundido

---

1.   Ver mais em: https://pt.wikipedia.org/wiki/Paideia. Acesso em: 14 jan. 2021.

com o de moral. Ética vem do grego *ethos*, que significa "modo de ser". **Moral** vem do latim *moralis*, que significa "costumes". Assim,

1. **Ética**[2] é o conjunto de valores que orientam o comportamento do indivíduo em relação aos outros indivíduos no grupo em que vive, para garantir, assim, o bem-estar social. A ética busca resolver as questões da moralidade humana por meio da definição de conceitos como bom e mau, certo e errado, vício e virtude, justiça e crime. Em outras palavras, ética é a idealização da forma como indivíduo deve se comportar no seu meio social.

2. **Moralidade**[3] é o conjunto de normas que regulam o comportamento do indivíduo em sociedade (costumes), que podem ser **fundamentadas tanto em uma filosofia, quanto em uma religião ou cultura**, e essas normas são adquiridas pela educação, tradição e cotidiano. Um exemplo de normativa filosófica ética é a "Regra de Ouro", que diz: "devemos tratar os outros como gostaríamos de ser tratados". Exemplo de normativa religiosa/cultural é o uso da burca por mulheres em alguns países do Oriente Médio, que não tem base fundamentada na ética, mas na religião, e, às vezes, na cultura[4]. Em alguns casos, a moral pode não ser ética, como nas épocas em que a escravidão era aceita como costume, dentro da moral, mas feria princípios éticos.

Assim, enquanto a ética é um conjunto de valores amplos negociados em sociedade, que idealizam como um indivíduo "deve se comportar", com caráter mais universal e atemporal, a moralidade, por sua vez, é a parametrização objetiva de valores e costumes, regionais e temporais, que podem ser oriundos da ética, cultura ou religião e com caráter normativo, específico, normalmente traduzido em um código de conduta.

Quando o ensino de ética e moral é feito de modo atrativo e envolve questionamentos práticos do cotidiano, inseridos na experiência pessoal, os indivíduos tendem a se engajar profundamente. Esse é o exemplo das aulas de filosofia, ética e moral do professor Michael Sandel, em Harvard. O sucesso é tão grande, que ele faz as palestras em auditórios, sempre lotados. No vídeo, (ver Figura 9.1), Sandel aborda os conceitos de Moral e Liberdade segundo o

---

2. Baseado em: https://en.wikipedia.org/wiki/Ethics. Acesso em: 14 jan. 2021.

3. Ver mais em: https://en.wikipedia.org/wiki/Morality. Acesso em: 14 jan. 2021.

4. Em alguns países, mesmo com a liberação religiosa da obrigação do uso da burca, algumas mulheres continuam a usá-la por questões culturais.

filósofo alemão Immanuel Kant de uma forma tão natural e envolvente que não sentimos o tempo passar.

Figura 9.1 – Imagem do vídeo da aula do Professor Michael Sandel sobre moral baseado na obra do filósofo alemão Immanuel Kant. O vídeo é legendado em português e está disponível por meio do QR Code ao lado da imagem ou em: http://youtu.be/FH5lCqQ8odg. Acesso em: 14 jan. 2021.

Ética no pós-digital

Se ética sempre foi essencial para a humanidade, atualmente, em função da velocidade e da profundidade das transformações nos relacionamentos causadas pelas tecnologias digitais, a ética não é apenas fundamental, mas se torna urgente. Entre as principais transformações tecnológicas que demandam essa urgência, estão:

1. **Aumento do tamanho das redes** – as redes de relacionamento das pessoas aumentaram consideravelmente em função das conexões digitais. Dessa forma, quanto maiores as redes de relacionamento, mais indivíduos podem ser impactados pelas ações individuais de qualquer um deles.

2. **Aumento da densidade das redes** – conforme a conexão entre as pessoas aumenta, mais próximas elas se tornam umas das outras. No século XX, em virtude do avanço das tecnologias de comunicação e informação, já aconteceu um aumento de densidade do mundo, resultando na Teoria dos Seis Graus de Separação[5] (ou *Small World*).

---

5. A Teoria dos Seis Graus de Separação surgiu no século XX e sugere que são necessários, no máximo, seis laços de amizade para que duas pessoas quaisquer no mundo estejam ligadas. Mais informações em: http://pt.wikipedia.org/wiki/Teoria_dos_seis_graus_de_separa%C3%A7%C3%A3o. Acesso em: 22 jan. 2021.

Estudos recentes do Facebook mostram que os graus de separação estão diminuindo à medida que a conexão aumenta[6]: em 2008, eram cinco graus de separação; em 2011, já eram quatro e, em 2016, o Facebook calculou que o valor diminui para três e meio[7]. Assim, quanto maior a densidade da rede (mais próximas as pessoas estão), maior a probabilidade que um ato de um indivíduo impacte outros.

3. **Aumento da velocidade** – a melhoria na qualidade das conexões somada ao aumento do tamanho e densidade das redes de relacionamentos ocasiona que a velocidade de propagação da informação seja muito maior do que em qualquer outro período na história. Portanto, quanto maior a velocidade de propagação da informação na rede, maior a probabilidade de que um ato de um indivíduo alcance uma quantidade muito maior de pessoas mais rapidamente.

4. **Aumento da conveniência** – a partir das redes sociais *on-line*, a facilidade de publicar qualquer informação aumentou consideravelmente. Assim, quanto maior a conveniência, maior a tentação de "falar sem pensar" ou postar informação sem validar, e isso, por sua vez, aumenta a probabilidade de publicação de informações não verídicas ou antiéticas.

5. **Dissonância de contextos** – as tecnologias digitais favorecem a criação de conteúdo, mas, muitas vezes, não são tão eficientes em sincronizar contextos. Em uma rede de relacionamentos, os conteúdos publicados pelos indivíduos são oriundos de contextos distintos, que, frequentemente, se perdem no ciberespaço. Costumo dizer que texto sem contexto é pretexto para qualquer intenção – sem contexto, o conteúdo fica deslocado e aberto a diversas interpretações. Por exemplo, um casamento entre dois atores (conteúdo) em uma novela (contexto) é totalmente distinto do casamento entre dois atores (conteúdo) na vida real (contexto). Assim, a falta de contexto no ambiente digital aumenta a possibilidade de interpretações equivocadas em relação aos conteúdos, inclusive interpretações maliciosas, antiéticas. No exemplo do casamento da novela, sem conhecer esse contexto de ficção, se um dos atores já for casado, o fato de casar novamente poderia parecer uma ação antiética e ilegal. Assim, esse descompasso entre conteúdo e contexto, característico da fragmentação dos ambientes digitais, aumenta a possibilidade de mal-entendidos e julgamentos antiéticos.

6.   Fonte: *Facebook cuts six degrees of separation to four*. Disponível em: http://www.telegraph.co.uk/technology/facebook/8906693/Facebook-cuts-six-degrees-of-separation-to-four.html. Acesso em: 22 jan. 2021.

7.   Ver mais em: https://research.fb.com/three-and-a-half-degrees-of-separation/. Acesso em: 22 jan. 2021.

6. **Permanência da informação** – gradativamente, conforme as tecnologias de *cloud computing* têm se popularizado, mais informação colocamos *on-line*, e essas informações tendem a permanecer disponíveis, teoricamente, para sempre. Até recentemente, a maior parte da informação no mundo era efêmera e esquecida rapidamente. Hoje, a maior parte das informações, por mais insignificantes e mundanas que pareçam, tende a se tornar permanente na formação contínua do *big data*. Dessa forma, quaisquer atos, bons ou ruins, tendem a ser registrados e não serem mais esquecidos. Essa característica do mundo digital – sobrecarga informacional descontextualizada – dificulta a criação de sentido e o perdão. Qualquer erro humano deve ser lembrado para sempre? Situações que, por vezes, seriam naturalmente esquecidas antes do digital, agora podem não ser jamais, resultando em um impacto permanente no tempo. Isso é ético? Essas questões são tão importantes e complexas que existe uma área do direito especificamente para estudá-las: o Direito ao Esquecimento.

7. **Ascenção dos seres híbridos [humanos + digitais]** – a ascensão de seres digitais com inteligência artificial que passam a interagir e conviver com humanos traz incontáveis novas áreas de decisão que requerem balizamento ético. Esse tipo de questionamento é fundamental, pois as decisões e ações, tanto dos seres humanos quanto dos digitais, afetam vidas em inúmeras dimensões. Por exemplo, as respostas oferecidas pelos assistentes digitais são éticas? Como eles aprenderam? Como chegaram a essa sugestão? Como o carro autônomo deve proceder em caso de acidente? De que forma deve, caso tenha que escolher, salvar as vidas do motorista, passageiros, pedestres? Além dos seres digitais, veremos a ascensão também de seres híbridos, ou seja, humanos que incorporam tecnologias digitais, como no caso que citamos anteriormente sobre conectar nosso cérebro com máquinas. Nesse sentido, a área que discute esses questionamentos é a bioética.

Em outras palavras, em função das tecnologias digitais, o alcance, a visibilidade, a velocidade, o impacto e permanência das nossas ações são potencializados. Desse modo, a ausência de conduta ética, hoje, tende a causar danos muito maiores às partes envolvidas do que na Era Pré-digital. Nesse sentido, veremos a seguir três dos maiores desafios éticos da nossa era: poder *vs.* responsabilidade, pós-verdade & *fake news* e ética na era das máquinas.

Poder *vs.* responsabilidade

Considerando todas as discussões apresentadas neste livro até o momento, se pudéssemos resumir em uma palavra o motivo pelo qual desenvolvemos tecnologias, essa palavra seria "poder". Cada nova tecnologia que incorporamos em nossas vidas nos torna mais poderosos de alguma forma, ampliando nossas competências biológicas – visão, movimentação, inteligência, comunicação etc. Nessa escala crescente de poder tecnológico cumulativo que temos adquirido ao longo de nossa evolução, vamos gradativamente ganhando também maior controle sobre tudo, e maior liberdade de ação. Por exemplo, a partir do momento em que o automóvel entrou em nossas vidas, ele ampliou o nosso controle sobre o território e nos deu a liberdade de nos movimentarmos para distâncias maiores. Quando o avião surge, ele amplia ainda mais nosso controle sobre o espaço e a liberdade de deslocamento no planeta. Portanto, em última instância, o poder tem valor por causa da liberdade que ele nos traz.

E, assim, crescemos em poder e liberdade, culminando no momento atual com as tecnologias digitais, que, gradativamente, estão nos transformando em onipotentes, oniscientes e onipresentes.

No entanto, como nos alerta Stan Lee, "com um grande poder vem uma grande responsabilidade". Apesar dessa frase ter sido consagrada na ficção, ela não poderia ser mais verdadeira, pois, se não temperarmos esse poder com responsabilidade ética, corremos o risco de perder nossa humanidade.

Um dos poderes que as tecnologias digitais ampliaram foi a voz dos indivíduos. Por um lado, isso é ótimo, pois dá vazão à liberdade de expressão, mas, por outro, tem se tornado um problema social, quando essa liberdade é usada de forma irresponsável. Agora, as pessoas podem escolher o que falar, como falar e onde falar, à vontade – no entanto, nem sempre tudo o que se pode fazer deve ser feito. Para se construir uma comunidade de livre expressão, é preciso aprender a falar – e, falar, no contexto social, de alguma forma está sempre conectado a se relacionar, e relacionamentos envolvem ética.

A palavra tem poder tanto para construir como para destruir. O famoso texto *As três peneiras*, atribuído a Sócrates, recomenda que qualquer assunto, antes de ser falado, deva passar pelas peneiras (filtros): 1) da verdade; 2) da bondade; e 3) da necessidade. Talvez as duas últimas (bondade e necessidade) sejam subjetivas e estejam sujeitas ao entendimento de cada coração e de cada mente. No entanto, a primeira peneira não é primeira à toa – a verdade é uma das responsabilidades da liberdade de expressão. Ela está sujeita à lei, sim, mas acima de tudo, falar algo que não é verdade e que prejudique alguém é antiético, e isso, nas relações humanas, pode ser mais importante do que a lei em si.

A tecnologia ampliou a nossa VOZ, mas, para podermos usá-la de forma ética, precisamos ampliar também nossa EDUCAÇÃO.

Pós-verdade & *fake news*

Dois efeitos colaterais prejudiciais da facilidade de criação, publicação e disseminação da informação é a ampliação das *fake news* e da pós-verdade. Apesar de esses dois fenômenos – notícias falsas e pós-verdade – serem tão antigos quanto a humanidade, eles ganham corpo e força maior nos ambientes digitais. Vejamos...

As *fake news* referem-se à divulgação de notícias falsas, publicadas com a intenção de enganar para a obtenção de ganhos, que podem ser desde entretenimento (como os casos das mentiras de primeiro de abril) e visibilidade até políticos ou financeiros. Normalmente, elas usam de artifícios muitas vezes sensacionalistas ou exagerados para ganhar atenção. Uma das estórias falsas mais conhecidas é da "Guerra dos Mundos", em que Orson Welles fez um programa de rádio na véspera do Halloween em 1938, relatando de forma dramática uma invasão alienígena na Terra – além do fato de muitas pessoas terem acreditado na estória, outro desdobramento interessante é que a versão sobre a sua repercussão também é exagerada e falsa quando alega que muitos nova-iorquinos se desesperaram e multidões entraram em pânico[8]. No ambiente digital, além da facilidade de produção, publicação e propagação de informações, outro fator que favorece a disseminação de *fake news*, é a possibilidade de gerar conteúdos anônimos (*blogs*, *feeds* etc.), dificultando seu rastreamento e validação, agravando a situação. Um exemplo disso é o caso de um incidente que envolvia menores em Twin Falls, uma pequena cidade nos Estados Unidos, e foi crescendo com a incorporação de notícias falsas pela imprensa, resultando em manifestações contra refugiados sírios que, na realidade, não tinham nada a ver com o acontecimento[9]. Em função da dimensão dos problemas que as notícias falsas podem causar hoje, amplificadas pelas plataformas digitais, surgem cada vez mais grupos de especialistas e empresas focadas em identificá-las e combatê-las – esse é o caso do Serviço Europeu de Ação Externa (Seae), que utiliza cerca de 400 consultores para ajudá-los com o problema[10].

Um dos maiores desafios na detecção de *fake news* é que, muitas vezes, torna-se muito difícil detectá-las sem auxílio de tecnologia. O uso de algoritmos de inteligência artificial permite a criação de imagens e vídeos falsos que parecem cada vez mais reais e verídicos, como mostrado no vídeo que pode ser acessado pelo QR Code da Figura 9.2.

---

8. Ver mais em: https://catracalivre.com.br/geral/inusitado/indicacao/10-casos-famosos-de-noticias-falsas-na-historia/. Acesso em: 22 jan. 2021.
9. Exemplo de *fake news*: How Fake News Turned a Small Town Upside Down, em: https://www.nytimes.com/2017/09/26/magazine/how-fake-news-turned-a-small-town-upside-down.html. Acesso em: 22 jan. 2021.
10. Ver mais em: https://g1.globo.com/mundo/noticia/os-cacadores-de-fake-news.ghtml. Acesso em: 22 jan. 2021.

Figura 9.2 – Imagem do vídeo do *The Guardian* que mostra *deepfakes* do ex-presidente norte-americano Barack Obama. *Fonte:* https://youtu.be/o2DDU4g0PRo. Acesso em: 14 jan. 2021.

Esse tipo de tecnologia está cada vez mais disponível e acessível gratuitamente, o que faz com que cada vez mais pessoas possam criar *deepfakes*. Para exemplificar, criamos dois experimentos usando algoritmos de inteligência artificial, que podem ser vistos nas Figuras 9.3 e 9.4.

Figura 9.3 – Imagem do vídeo criado com vários *deepfakes* gerados a partir dos movimentos corporais de Martha Gabriel, que pode ser acessado pelo QRcode ou em: https://www.instagram.com/reel/CGJBn88g90R/?igshid=kyhyn8qnz5xx. Acesso em: 14 jan. 2021.

Figura 9.4 – Imagens de pessoas que não existem (à direita) criadas por inteligência artificial a partir de algumas características da foto de Martha Gabriel (à esquerda). *Fonte:* imagem criada por Martha Gabriel utilizando a ferramenta Anonymizer, da Generated Media. Acesso em: 14 jan. 2021.

Na Figura 9.4, a única pessoa real sou eu – as outras imagens foram geradas por inteligência artificial com base na minha foto, para serem usadas de modo a driblar sistemas de reconhecimento facial – ou seja, quando você não quer se reconhecido e identificado automaticamente em serviços *on-line*. Desenvolvida pela empresa Generated Media, essa ferramenta, batizada de Anonymizer[11], usa inteligência artificial para gerar fotos de sósias que não existem, mas que compartilham algumas de suas características faciais. Nesse teste, vemos que as imagens geradas (de pessoas inexistentes) são bastante parecidas entre si, e realmente usam alguns elementos da foto original, apesar de não serem parecidas comigo (e, portanto, funcionariam para driblar os sistemas de reconhecimento facial). Você conseguiria detectar que essas pessoas não existem?

Uma pesquisa[12] do Institute for Public Relations, nos Estados Unidos, em 2019, mostra que a desinformação na mídia é considerada um dos principais problemas no país, ranqueando na frente de educação ou economia.

Apesar de a desinformação poder ser causada por *fake news*, é importante salientar que outros problemas de comunicação podem causar também desinformação, de forma não intencional. Exemplos disso ocorrem no caso de interpretações errôneas de fatos, ou erros, no processo de repassar informações. Um

---

11. Fonte: generated.photos/anonymizer. Acesso em: 14 jan. 2021.
12. Fonte: https://www.statista.com/chart/18538/issues-considered-major-problems-by-americans/. Acesso em: 14 jan. 2021.

fenômeno que ilustra uma das formas não intencionais de desinformação é o "Efeito Mandela"[13], em que falsas memórias são compartilhadas de forma coletiva – por exemplo: onde repousa a mão na escultura *O Pensador* de Auguste Rodin, na testa ou no queixo? Muitos respondem na testa, quando, na realidade, é no queixo.

Nesse contexto em que a desinformação prolifera com facilidade (seja causada por *fake news* ou qualquer outro tipo de falha informacional), a melhor arma para combatê-la é o pensamento crítico associado a tecnologias de checagem de fatos.

Se o problema das *fake news* está relacionado com a validação da informação, no caso da **pós-verdade**[14] a questão refere-se à negligência em relação às informações verdadeiras: as pessoas passam a ignorar fatos objetivos ou dar menos importância a eles do que às suas crenças pessoais: em outras palavras, "creio, logo é verdade". Apesar de anteceder a Era Digital, o que chama atenção para o fenômeno hoje é que esse comportamento foi intensificado de tal modo pelo digital, que ele foi promovido de um assunto marginalizado para destaque[15]. Esse tema tem se tornado tão dominante, que, em 2016, "pós-verdade" foi considerada a palavra do ano, segundo a Universidade de Oxford[16]. A pós-verdade está intimamente conectada a um viés cognitivo humano: o viés da confirmação, que favorece a busca por fatos que confirmem nossa crença, e não pelos que os contradizem, mesmo que sejam verídicos. Talvez o grande volume de informações disponíveis no ambiente digital favoreça o aumento da confiança no que queremos acreditar, pois, teoricamente, conseguimos obter uma quantidade suficiente de dados para comprovar as nossas crenças – no entanto, na realidade, podemos estar desprezando uma quantidade igual ou maior de evidências contrárias.

Faça um teste: busque por qualquer coisa que o interesse no Google e preste atenção nos *links* em que você vai clicar e analisar. Normalmente, são aqueles que confirmam o motivo pelo qual você fez a busca. Assim, para combater essa nossa dinâmica cerebral, que, muitas vezes, nos engana, o caminho é nos educarmos a sermos mais críticos e céticos, desafiando nossos cérebros, inclusive nossas próprias certezas.

---

13. O fenômeno em que falsas memórias são compartilhadas de forma coletiva recebeu a denominação "Efeito Mandela", porque o primeiro caso em que foi observado refere-se à data de falecimento de Nelson Mandela – Fiona Bromme, uma pesquisadora de efeitos sobrenaturais, acreditava erroneamente que o ex-presidente sul-africano havia falecido na década de 1990 (na realidade, ele faleceu em 2013), mas conversando com outras pessoas em uma convenção, percebeu que muitas delas compartilhavam da mesma falsa crença, e que algumas afirmavam que assistiram à transmissão do funeral décadas atrás.

14. Ver mais em: https://en.wikipedia.org/wiki/Post-truth_politics.

15. Veja o *tweet* do jornal britânico *The Independent*, em 8 de novembro de 2016, que destaca o fenômeno do crescimento da pós-verdade. Disponível em: https://twitter.com/Independent/status/796007019778113536. Acesso em: 14 jan. 2021.

16. Fonte: https://en.oxforddictionaries.com/word-of-the-year/word-of-the-year-2016.

Ética na era das máquinas

Se, por um lado, é claro o papel que a ética tem como fundamento essencial para embasar e regular os relacionamentos sociais, por outro, ela adquire um papel ainda mais central e singular na sociedade digitalizada.

Três implicações éticas significantes das tecnologias digitais na humanidade são:

1. As tecnologias digitais estão tornando a humanidade **transparente**[17] – quanto maior a ubiquidade computacional e de sensores no mundo, mais dados comportamentais são capturados sobre todos os indivíduos, expondo suas ações praticadas, éticas ou antiéticas, que se tornam assim mais visíveis e difíceis de esconder. Em função disso, paradoxalmente, **quanto mais tecnologia existe no mundo, mais éticos e humanos precisamos ser**. Isso é o que denomino **paradoxo da artificialidade**, pois o aumento de tecnologias que torna o mundo mais artificial também nos torna mais naturalmente humanos.

2. As tecnologias digitais estão **substituindo os humanos** em inúmeras atividades profissionais (como é o caso de várias aplicações de inteligência artificial e robótica)[18] – conforme esse processo avança, um desafio ético que enfrentamos é como transformar a sociedade para um modelo justo que inclua e considere as necessidades dos indivíduos impactados e/ou, eventualmente, descartados pela substituição tecnológica.

3. As tecnologias digitais estão tomando (ou influenciando) cada vez mais **decisões que afetam humanos** – como podemos garantir que as decisões tomadas ou influenciadas por máquinas sejam éticas e sem vieses? Esse é um dos temas mais determinantes do nosso futuro com as máquinas e deve fazer parte do desenvolvimento de qualquer tecnologia, especialmente as inteligentes.

Ética: humanos vs. máquinas

Finalmente, conforme a inteligência artificial avança, ela tende a ser melhor do que as habilidades humanas repetitivas, que são baseadas em lógica e processamento de dados. Nesse sentido, ao passo que as máquinas começam a nos substituir naquilo em que elas têm melhor capacidade do que nós, é

---

17. Ver capítulos anteriores sobre exposição, privacidade e segurança.
18. Veremos sobre esse assunto mais à frente neste livro.

inevitável nos questionarmos sobre **o que nos separa das máquinas e no que podemos nos diferenciar delas e ser melhores do que elas.** Para responder essas perguntas, vários argumentos já foram utilizados ao longo de nossa história com as máquinas, como: reprodução, criatividade, emoção. Atualmente, dessas três habilidades, apenas a emoção ainda não está disponível nas máquinas[19]. No entanto, considerando que: 1) o corpo humano é regido pelo código do DNA; 2) as emoções são efeitos químicos no cérebro humano; e 3) máquinas/computadores funcionam com códigos binários, poderíamos, eventualmente, no futuro, replicar em código binário o efeito das emoções, da mesma forma que elas (códigos químicos) são replicadas artificialmente no corpo humano por meio de drogas e medicamentos. Assim, tem se tornado cada vez mais difícil diferenciar o ser humano das máquinas computacionais: na realidade, **humanos são máquinas orgânicas, regidas pela programação do DNA, e os robôs/inteligência artificial são máquinas digitais, regidas pelo código binário.** Quanto mais conhecermos os códigos – binário, DNA, atômico, químico –, mais conseguiremos reproduzir características humanas para máquinas.

De todas as habilidades inerentes ao ser humano, particularmente, acredito que a ética seja, provavelmente, a característica mais difícil de ser replicada em máquinas. A ética depende de negociações entre indivíduos, envolvendo uma abstração que nos separa, inclusive, de todos os outros animais. Yuval Harari argumenta, em sua apresentação sobre "Realidades Imaginadas" no RSA (Figura 9.5), que os seres humanos são a única espécie no planeta que construiu realidades que só existem em nossos cérebros, e que elas são tão influentes em nossas vidas quanto as realidades físicas. Somente o ser humano fala sobre coisas que não existem em nenhum outro lugar, exceto em sua imaginação, nas estórias que inventamos – os outros animais também se comunicam, mas eles comunicam informações sobre coisas que realmente existem no mundo físico. Ele argumenta que jamais conseguiríamos convencer um chimpanzé a nos dar algo hoje – por exemplo, uma banana –, em troca de uma promessa de que depois que ele morrer ele irá para céu dos chimpanzés

---

19. Em relação à reprodução, em 1966, Von Neumann publica a teoria da replicação autônoma nas máquinas, dando origem ao automata celular, cujo propósito era provar a possibilidade de autorreplicação em máquinas, e, portanto, de sua reprodução. Ver mais em: https://en.wikipedia.org/wiki/Von_Neumann_cellular_automato. Por outro lado, em relação à criatividade, hoje, sistemas computacionais de inteligência artificial, como o Watson da IBM, por exemplo, já criam receitas gastronômicas, *trailers* de filmes no cinema, pinturas, textos literários etc. Portanto, apesar dos debates críticos e do ceticismo que ainda existem sobre os temas, reprodução e criatividade já fazem parte de habilidades que as máquinas podem dominar. O grau com que isso ocorre, em comparação com os humanos, ainda é variável. Entretanto, em minha opinião, o mais importante é que já aconteceu o ponto de inflexão em que essa barreira foi rompida, e a tendência é que as máquinas evoluam cada vez mais para progredir nessas habilidades.

e receberá muitas bananas mais pelos seus bons atos. Somente nós, *homo sapiens*, fazemos isso, e não apenas com religião, mas também em nosso sistema político, legal, econômico. Se prestarmos atenção, passamos boa parte de nossas vidas mais preocupados com realidades imaginadas – como dinheiro, nações, deuses, corporações etc. – do que com as realidades físicas que nos cercam – rios, comida, pedras etc. O vídeo sobre "Realidades Imaginadas" pode ser acessado pelo *link* da Figura 9.5.

Figura 9.5 –Imagem do vídeo *RSA Spotlight*, apresentado por Yuval Noah Harari, sobre *Imagined Realities* (Realidades Imaginadas). *Fonte:* https://vimeo.com/106946606. Acesso em: 22 jan. 2021.

Considerando que a ética depende de negociações e estórias contadas entre as partes, podemos dizer que a ética – tal como dinheiro, economia, sociedade – é também uma realidade imaginada, que, por enquanto, apenas a espécie humana possui. Diferentemente de emoções, que se baseiam em códigos tangíveis, a imaginação e a negociação são totalmente abstratas. Assim, como conseguir, então, replicar a combinação de imaginação, estórias e negociação em um computador? Se isso for possível em algum momento futuro, penso que, nesse momento, não haverá mais distinção entre nós, máquinas bio-orgânicas, e as máquinas biodigitais binárias.

PARTE 2

ELES: A ASCENSÃO DOS SERES DIGITAIS

CAPÍTULO
10

ERA EXPONENCIAL & ACELERAÇÃO TECNOLÓGICA

Até o final do século XX, o ciclo de vida das tecnologias era maior do que o ciclo de vida humano, mas a situação se inverte a partir da década de 1990: hoje, o ciclo de vida das tecnologias é muito menor do que o ciclo de vida humano. Se no século XX havia poucas mudanças tecnológicas entre o nascimento e morte das pessoas (o rádio, a TV, o carro, o telefone etc., sofreram poucas transformações em décadas), hoje, em questão de meses apenas, as tecnologias mudam. Em algumas áreas, como nas de informação e comunicação, as tecnologias (TICs[1]) chegam a mudar várias vezes por ano. Assim, a mudança do ambiente tecnológico tem se tornado cada vez mais rápida e intensa, de forma que a **nova e decisiva variável na equação da história humana hoje** é a velocidade vertiginosa com que tudo isso acontece.

Uma das pessoas a perceber que a velocidade de mudança no mundo estava acelerando[2] foi o brilhante arquiteto visionário Buckminster Fuller,

---

1.   TIC é a abreviação para Tecnologias de Informação e Comunicação.
2.   Mais informações sobre a Aceleração da Mudança em https://en.wikipedia.org/wiki/Accelerating_change. Acesso em: 26 jan. 2021.

nos anos 1980. Em seu livro *Caminho Crítico*, ele descreve a curva de crescimento do conhecimento da humanidade a partir do ano 1 d.C. Para o conhecimento dobrar pela primeira vez, foram necessários 1500 anos. A segunda vez que o conhecimento dobrou foi em 1750, levando, portanto, 250 anos para isso (seis vezes menos tempo do que na primeira vez). O ritmo foi acelerando de forma que, em 1900, o conhecimento humano dobrava aproximadamente a cada 100 anos, e no final da Segunda Guerra Mundial, passou a dobrar já a cada 25 anos. Até recentemente, o conhecimento humano dobrava a cada ano, estimando-se que hoje **esse ritmo seja a cada 12 horas** (Figura 10.1).

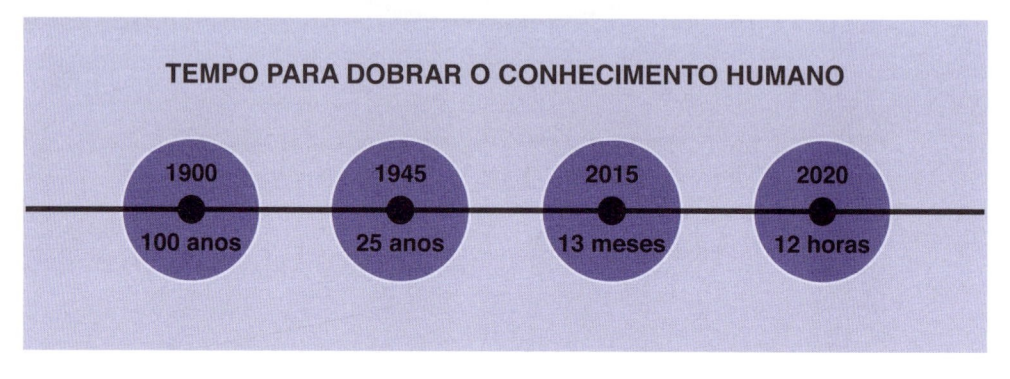

Figura 10.1 – Tempo para dobrar o conhecimento humano no mundo, baseando-se em cálculos de Buckminster Fuller e previsões da indústria de tecnologia. *Fonte:* elaborada pela autora.

Crescimento exponencial

Essa aceleração tem causado efeitos profundos na sociedade em todas as suas dimensões, e está nos levando para a "Era do Crescimento Exponencial" (ver Figura 10.2). Segundo Ray Kurzweil, fundador da Singularity University[3], "no século XXI, não teremos 100 anos de progresso, mas 20 mil, por conta do crescimento exponencial"[4].

---

3. A Singularity University é um instituto de especialistas (*think tank*) que estudam como resolver os problemas mundiais por meio da tecnologia e, em paralelo, como resolver os problemas que a tecnologia criará. Foi fundada em 2008 por Peter Dimandis e Ray Kurzweil no NASA Research Park na Califórnia, Estados Unidos. Mais informações em: https://en.wikipedia.org/wiki/Singularity_University. Acesso em: 24 jan. 2021.

4. Fonte: *Revista HSM Management*, nov./dez. 2011, p. 33.

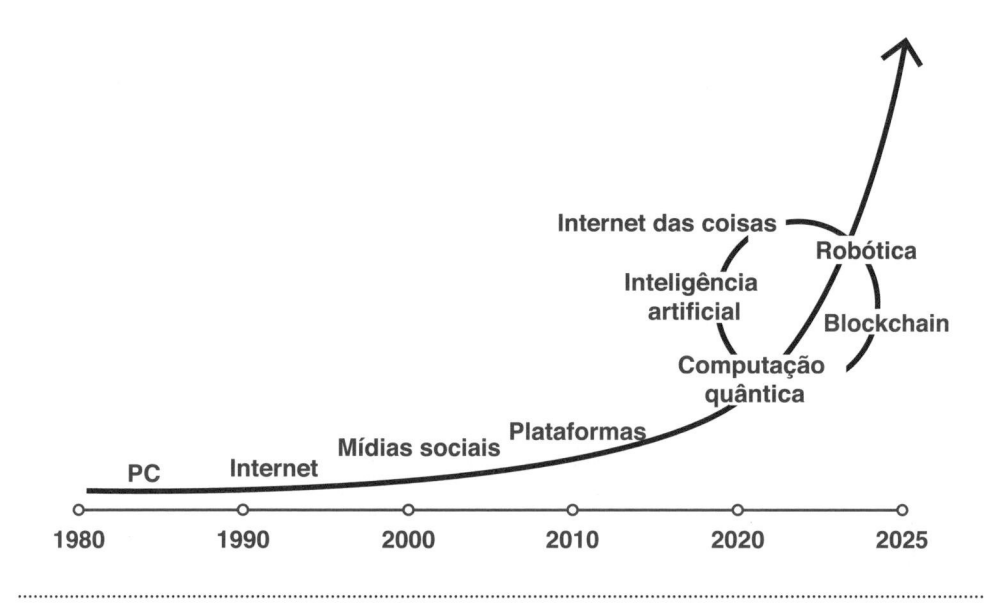

Figura 10.2 – Crescimento exponencial da tecnologia. *Fonte:* https://hackernoon.com/5-reasons-why-we-should-study-and-embrace-artificial-intelligence-8ba31c4d0c7f. Acesso em: 26 jan. 2021.

Um exemplo que ilustra a dramaticidade que separa o crescimento linear e o exponencial é a diferença de distância que percorreríamos se déssemos 30 passos lineares ou 30 passos exponenciais. Com 30 passos de 1 metro (1, 2, 3, 4, 5... 30), caminhando linearmente, chegaríamos a 30 metros de distância do ponto de partida. Agora, caminhando exponencialmente, com os mesmos 30 passos de 1 metro, percorreríamos 1 bilhão de metros (1, 2, 4, 8, 16, 32... 1 bi), o equivalente a dar 26 voltas na Terra (Figura 10.3).

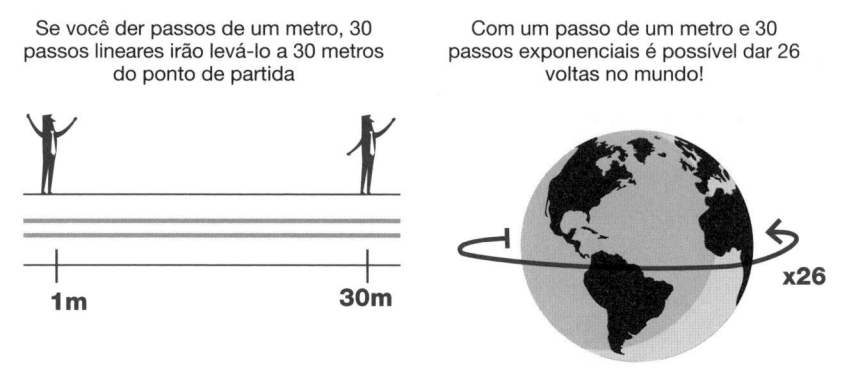

Figura 10.3 – Diferença entre percorrer 30 passos de um metro de forma linear (esquerda) e exponencial (direita). *Fonte:* https://singularityhub.com/2016/04/05/how-to-think-exponentially-and-better-predict-the-future/. Acesso em: 26 jan. 2021.

Esse aumento da velocidade da mudança ao longo da história da humanidade está intimamente associado aos avanços da **TECNOLOGIA (TICs)**, **INFORMAÇÃO e INOVAÇÃO** durante a nossa evolução e desenvolvimento. Esses são os elementos fundamentais do **círculo virtuoso que provoca a evolução e a sua aceleração**. Vejamos: novas **tecnologias** que criam melhores fluxos de **informação** (comunicação) na humanidade fomentam os processos de colaboração para **inovação** que, por sua vez, permitem a criação de tecnologias mais poderosas, que mais rapidamente melhoram os fluxos de comunicação, reiniciando o círculo de forma mais acelerada (Figura 10.4).

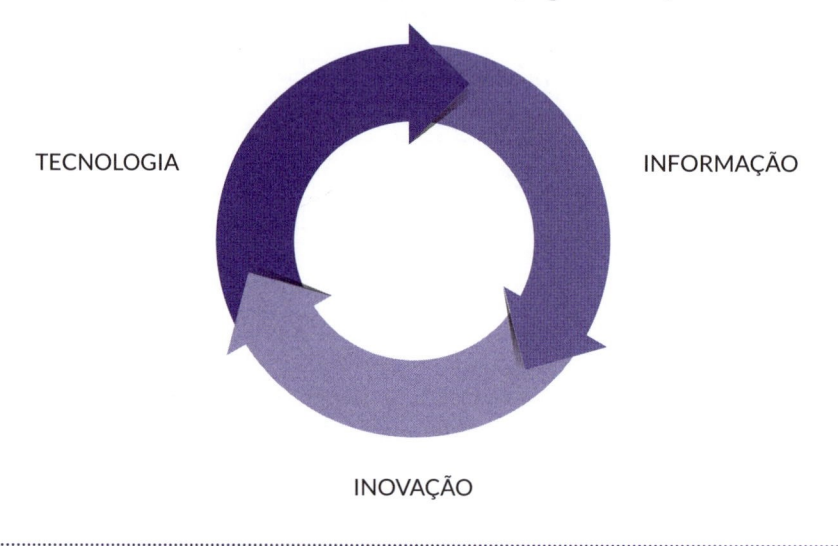

TECNOLOGIA

INFORMAÇÃO

INOVAÇÃO

Figura 10.4 – Ciclo virtuoso TECNOLOGIA-INFORMAÇÃO-INOVAÇÃO.
Fonte: elaborada pela autora.

⁄\ Era da Inovação

No século XX, esse ciclo era mais lento do que hoje, de forma que a mudança era menos perceptível e causava impacto menor na sociedade. A informação, então, era cara, escassa, de difícil acesso e demorava algumas décadas para mudar, e assim, consequentemente, permanecia útil e valiosa por toda a vida de um indivíduo. Quem tinha informação, tinha poder. Inteligência tinha a ver com obter informações estratégicas, pois elas duravam longos períodos e eram o combustível do diferencial competitivo. Vivíamos, portanto, a **Era da Informação**.

A velocidade do ciclo tecnologia-informação-inovação começa a acelerar rapidamente a partir do início do século XXI, principalmente devido à disseminação da internet (especialmente com a popularização da banda larga), acentuando o ritmo de mudança no mundo. A partir de então, o ritmo vertiginoso de transformação passa a reestruturar constantemente a sociedade e começa a ser **perceptível** na vida das pessoas. A **informação começa a se tornar gradativamente mais acessível, abundante, barata e rapidamente descartável**. Nesse contexto, apenas possuir informações não consiste mais em vantagem competitiva, pois elas mudam a cada momento e são disponíveis para todos. O diferencial passou a ser **a extração de resultados das informações que mudam o tempo todo**, para **solucionar os novos problemas** que se apresentam continuamente e para **criar, detectar e aproveitar as novas oportunidades** proporcionadas em cada novo contexto mutante.

Quais são as consequências dessa velocidade exponencial nas nossas vidas? Profundas, porque tudo o que aprendemos no passado fica obsoleto cada vez mais rapidamente e tudo o que estamos acostumados a fazer hoje tende a não dar mais resultados amanhã. No entanto, por mais que a tecnologia cresça exponencialmente, a percepção humana tende a ser linear, incremental (Figura 10.5).

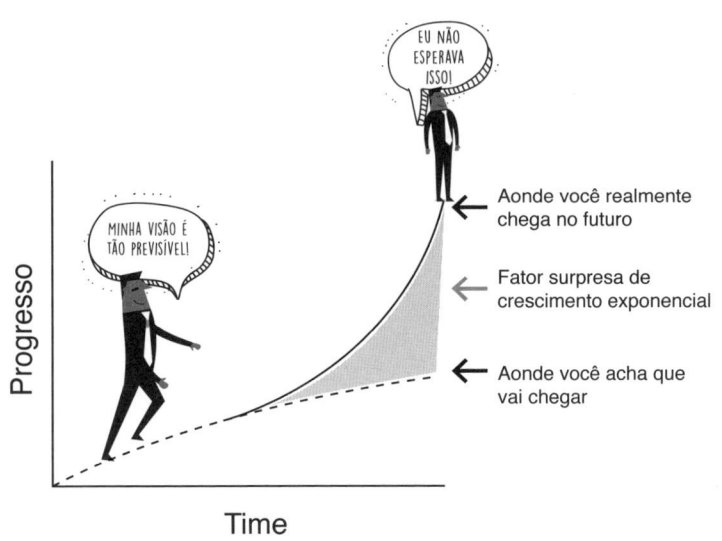

Figura 10.5 – Percepção linear *vs.* crescimento exponencial, gerando uma diferença entre o esperado e o acontecido. *Fonte:* https://singularityhub.com/2016/04/05/how-to-think-exponentially-and-better-predict-the-future/. Acesso em: 26 jan. 2021.

Nesse contexto, o poder no mundo hoje passou para aqueles (indivíduos e organizações) que desenvolvem um pensamento exponencial e têm a capacidade de fazer constantemente algo novo em situações inéditas para resolver problemas e criar oportunidades. Assim, o valor se deslocou daqueles que tinham informação para aqueles que têm **criatividade para criar soluções novas** e implementá-las em cada novo cenário que se apresenta. Esse processo de aplicar a criatividade para geração de valor é o que chamamos de inovação. Portanto, no contexto atual, apenas aqueles que têm a capacidade de inovar continuamente conseguem competir nesse mundo em constante transformação. Aqueles que não inovam tenderão a perecer e desaparecer, enquanto os que trilharem os caminhos da inovação deverão progredir e conquistar cada vez mais sucesso. Com isso, entramos em uma nova era na história da humanidade, regida por uma nova lógica de mundo fundamentada na criatividade, conectividade, flexibilidade, efemeridade e resiliência – a Era da Inovação.

Inovação e disrupção

Toda vez que uma inovação acontece, ela pode ser incremental ou disruptiva[5], em função do impacto que a sua introdução causa no mundo. Por exemplo, a invenção da televisão foi uma inovação disruptiva, pois transformou completamente a sociedade, tanto em hábitos das pessoas quanto em estruturas sociais e econômicas associadas ao ecossistema que a indústria da televisão inaugurou: emissoras, produtoras, agências de mídia, profissionais, produção de aparelhos e assessórios para televisão etc. No entanto, depois da sua invenção, durante décadas, até o aparecimento da TV a cabo, a televisão (e todo seu ecossistema) foram sofrendo apenas pequenas melhorias, que agregaram cada vez mais valor para a sociedade, mas sem causar grandes impactos estruturais no mundo: antenas, cores, controle remoto etc. Essas pequenas inovações são chamadas de incrementais, pois causam um "incremento" de valor ao sistema previamente estabelecido, sem resultar na ruína da sua estrutura.

Considerando-se que, conforme aumenta o ritmo de inovação, aumenta também a quantidade de inovações, tanto incrementais quanto disruptivas, temos como resultado uma aceleração de disrupções. A configuração e o ritmo tecnológicos que têm se estabelecido, especialmente na última década, têm catapultado a inovação disruptiva de forma tão intensa e rápida, que, como consequência, temos experimentado um processo de reestruturação da realidade em uma frequência inédita na história da humanidade.

Tecnologias como Internet, plataformas sociais, *mobile*, *cloud* e *big data* criaram uma fundação tecnológica que deu o embasamento estrutural necessário para que outras tecnologias pudessem acelerar o processo de disrupção. Essas tecnologias aceleradoras são: 3D *printing*, energia renovável, Internet das Coisas,

---

5. Disrupção é um termo criado por Clayton Christensen, professor de Harvard, e autor do livro *O Dilema da Inovação*, que trata do assunto.

computação cognitiva, nanotecnologia e robótica (ver imagem 1.3). Conforme essas tecnologias evoluem, dando origem a tantas outras mais que tendem a surgir e causar disrupções continuamente, o cenário resultante, disruptivo, vai se estabelecendo: fundação *smart*[6], carro conectado, casas inteligentes, novos modelos educacionais, cidades inteligentes, novos modelos de automação, saúde conectada, inteligência artificial (*narrow*, ANI[7]), economia compartilhada, veículos autônomos, movimento *maker* etc. Esses cenários disruptivos criam novos paradigmas econômicos no mundo, resultando em novas realidades disruptivas.

Esse contexto – aceleração da disrupção no mundo –, requer uma negociação ética e social constante entre tecnologia e cenários disruptivos para que consigamos criar e viver nas novas estruturas sociais e econômicas que se estabelecem, na busca de sermos seus autores e não vítimas. Ter consciência desse redemoinho de disrupção é o primeiro passo para nos prepararmos e lidarmos com isso.

Figura 10.6 – Cenários emergentes disruptivos.
Fonte: https://www.linkedin.com/pulse/digital-enterprises-disrupt-digitally-get-disrupted-rajiv-sondhi. Acesso em: 26 jan. 2021.

---

6. O termo *smart* é usado para se referir à aplicação de inteligência a uma coisa conectada por meio da Internet das Coisas. Chamamos de fundação *smart* (ou *smart grid*) essa estrutura que permite a conexão das coisas para tornar qualquer sistema em *smart*: *smart house* (casa inteligente), *smart city* (cidade inteligente), *smart car* (carro inteligente), *smart health* (saúde inteligente) etc.

7. A inteligência artificial é um termo amplo que se refere a graus de inteligência que vão desde sistemas hiperespecializados (*narrow*) até a superinteligência. Discutiremos essas questões no capítulo de inteligência artificial mais para frente, neste livro.

Tecnologia *vs.* plataformas tecnológicas

É importante observar que, para uma tecnologia ser disruptiva, ela não precisa ser necessariamente uma grande invenção tecnológica. Um exemplo disso é o Airbnb: para a sua criação foram usadas tecnologias já disponíveis há bastante tempo, e ele, em si, é mais um App (aplicativo móvel), algo já existente e consolidado no mercado quando ele foi lançado. A inovação incremental que o Airbnb trouxe foi articular essas tecnologias já existentes de uma nova maneira, criando uma plataforma de negócios que estabelece um novo mercado de ofertas de hospedagem ao redor do planeta e impacta profundamente o mercado de hospitalidade, causando reestruturações profundas subsequentes dessa indústria. Assim, uma pequena inovação pode causar um grande impacto.

Por outro lado, nem toda grande invenção tecnológica resulta em uma inovação disruptiva. Um exemplo recente disso é o Segway: veículos sobre duas rodas, que são dirigidos com o movimento do corpo e recarregados via eletricidade, de forma muito mais sustentável do os carros ou motocicletas que inundam as ruas das cidades no mundo. No entanto, quando colocado em uso, a sua adoção, e portanto, impacto no mundo, foi muito pequena – o Segway é lento demais para dividir espaço nas pistas com os carros e rápido demais para compartilhar as calçadas com os pedestres. Desse modo, ele acabou sendo absorvido por alguns nichos apenas: segurança de grandes espaços (como *shopping centers*) e turismo (passeios em grupo por regiões turísticas). Portanto, ao invés de causar disrupção, o Segway criou, na realidade, um incremento de valor nos transportes, uma inovação incremental.

Esse ecossistema tecnológico que se forma tem funcionado cada vez mais como um repositório de componentes para criarmos plataformas com as mais diferentes finalidades possíveis. Em vez de se começar toda vez do zero, as possibilidades de criar soluções por meio de estruturas existentes trazem um potencial exponencial para resolver problemas mais rapidamente e com mais eficiência em virtualmente qualquer área de atuação humana. É como se o mundo hoje tivesse ao nosso dispor, cada vez mais, peças de solução como se fossem blocos de Lego, nos dando o poder de construir, com elas, qualquer coisa que queiramos. Isso requer uma mudança de mentalidade e habilidades com relação ao modo com que produzimos no mundo – aumenta a necessidade de criatividade (para conectar as partes necessárias para a solução) e conexão (interação com as partes isoladas, negociação para integração com os *players* tecnológicos). Somente aqueles que enxergam essa nova estrutura tecnológica do mundo conseguem aproveitar essas oportunidades que as plataformas podem oferecer.

CAPÍTULO 11

MEGATENDÊNCIAS

*Viver é isso: ficar se equilibrando, o tempo todo, entre escolhas
e consequências.*

Jean Paul Sartre

Como nos ensinou Charles Darwin, a sobrevivência das espécies depende de sua adaptação ao ambiente em transformação ao seu redor. Simples assim: adaptação ou morte. Nesse processo, os indivíduos que não só se adaptam, mas que também têm mais domínio do seu ambiente, não apenas sobrevivem, mas também, e principalmente, vivem melhor. E é exatamente isso que a humanidade tem buscado e que impulsionou a sua evolução, e todo desenvolvimento tecnológico até aqui.

Assim, na tentativa de controlar o ambiente para obter melhores resultados, existem duas forças que nos dividem: 1) viver bem agora, usando todos os recursos que tenho no momento; e 2) abrir mão de alguns recursos agora para me preparar e garantir sobrevivência longa e uma vida futura melhor. Dessa forma, a continuidade da espécie se resume a como fazemos as nossas escolhas em relação aos recursos que temos, usando-os para viver o hoje ou usando-os para viver o amanhã.

O Experimento do Marshmallow[1] mostrou que indivíduos que conseguem abrir mão de prazeres atuais, sacrificando-se para obterem maiores prazeres futuros, realmente obtêm melhores resultados na vida. No entanto, enquanto no experimento do Marshmallow a gestão de recursos era apenas um doce, na vida real, as opções de caminho são muito maiores e mais complexas. Dessa maneira, mesmo que estejamos determinados a nos preparar para o futuro, como fazer as escolhas certas sobre a melhor forma de utilizar os recursos atuais para conseguirmos isso? Além disso, existe um ponto ideal entre como devo focar meus recursos no futuro e o que preciso para sobreviver hoje. Imagine que, no experimento do Marshmallow, em vez de o pesquisador retornar para a sala em 15 minutos, ele demorasse três dias – nessa situação, o crítico passa a ser sobreviver hoje e não mais viver melhor amanhã, e assim, a decisão ideal seria comer um marshmallow hoje e sobreviver, e não aguardar para receber dois doces daqui três dias e já estar doente ou morto. A decisão fica ainda mais difícil se não soubermos quando o pesquisador vai voltar – será que ele vai demorar apenas cinco minutos ou cinco dias? Ou será que ele não voltará mais? Assim é a vida, muito mais complexa porque não sabemos o futuro e temos uma quantidade muito maior de variáveis competindo pelos nossos recursos, e devemos tomar decisões a cada instante.

Portanto, a batalha diária na gestão dos recursos (indivíduos ou organizações) consiste em se equilibrar constantemente entre pendências e tendências, entre o feijão e o sonho, entre o hoje e o amanhã. Nesse sentido, na jornada das escolhas diárias, a melhor maneira de tomar decisões seria conhecendo o futuro, por isso, essa tem sido uma das maiores aspirações humanas ao longo da nossa história. Quando sabemos o que vai acontecer, nos preparamos melhor para isso, fazendo uma gestão mais adequada dos nossos recursos hoje – tempo, saúde, dinheiro etc. – de forma a tentar obter os melhores resultados, tanto agora quanto no futuro.

---

1. Nos anos 1960, o professor Walter Mischel de Stanford começou a conduzir uma série de importantes estudos psicológicos, chamados de Experimento Marshmallow, que testaram centenas de crianças (maioria com idade entre quatro a cinco anos). Nesses estudos, a criança era deixada em uma sala sozinha com um marshmallow em cima da mesa, e recebia a informação de que se ela não comesse o doce até que o pesquisador voltasse, ela receberia mais um marshmallow. No entanto, se ela comesse o doce antes de o pesquisador voltar, ela não receberia mais nada. A escolha era simples: um doce agora ou dois doces depois. Esse estudo revelou que crianças que conseguiram esperar para receber o segundo doce (gratificação retardada) obtiveram os melhores resultados posteriormente na vida, trabalho e saúde. Ver mais em: https://en.wikipedia.org/wiki/Stanford_marshmallow_experiment. Acesso em: 26 jan. 2021.

Nas civilizações antigas, os indivíduos que dominavam a astronomia eram poderosos, pois tinham conhecimentos sobre os padrões regulares do sol, da lua e das estrelas, permitindo que pudessem "prever" o clima e ser bem-sucedidos na agricultura, duas dimensões essenciais para sobrevivência e prosperidade. Note-se que, apesar de eles não serem capazes de saber exatamente em que dia choveria ou nevaria, conhecer o calendário astronômico dava uma boa noção para balizar a orquestração de recursos.

 ## Megatendências & microtendências

Hoje, ocorre o mesmo com a tecnologia – apesar de não ser possível prever o futuro, existem maneiras de se vislumbrar cenários de mudança e para onde elas estão nos levando. **Futurismo** é a ciência que se encarrega de detectar os sinais do futuro e analisar os futuros possíveis para que possamos escolher (e criar) a melhor opção de futuros. Uma heurística bastante utilizada para visualizar como as versões de futuro se desenvolvem com o tempo é o Cone de Futuros Plausíveis (*Cone of Plausibility*), desenvolvido por Charles Taylor em 1988, e que posteriormente foi adaptado por diversos futuristas, como na versão conhecida do Cone de Futuros, de Joseph Voros, mostrado na Figura 11.1. O cone apresenta o leque de cenários futuros possíveis, plausíveis, prováveis e preferenciais – quanto mais avançamos no tempo futuro, mais amplos e incertos se tornam essas variações de cenários. Por isso, o futurismo normalmente trabalha com análises para um período de dez anos.

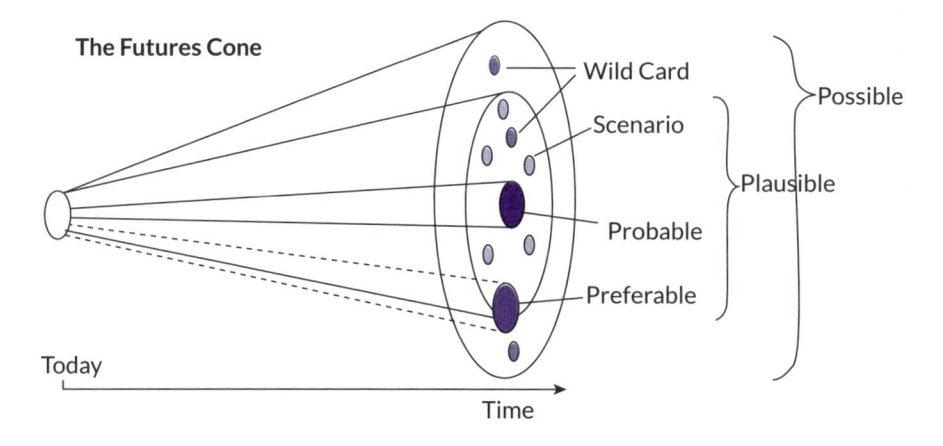

Figura 11.1 – Imagem do Cone de Futuros (*Futures Cone*) ilustrando seu conceito de futuros "P" (Possível, Plausível, Provável e Preferencial). Fonte: extraída de Voros (2001).

Dentre esses futuros possíveis, temos os prováveis que tendem a gerar grandes impactos na humanidade, e esses são as megatendências: mesmo que o ritmo de transformação tecnológica seja extremamente acelerado e exponencial, que muita coisa mude e que não saibamos exatamente a data em que acontecerá cada mudança, esses cenários tendem a durar décadas e nos ajudam a escolher a melhor direção a seguir. No entanto, para "navegar" nessas ondas de megatendências, precisamos de recursos tecnológicos adequados, da mesma forma que são necessárias ferramentas e acessórios diferentes para a agricultura em cada estação do ano. Essas ferramentas são as microtendências que, apesar de mudarem constantemente, nos auxiliam a pegar as grandes ondas de megatendências.

No ambiente tecnológico atual, complexo e repleto de plataformas e ferramentas tecnológicas, é muito fácil se perder no mar da tecnologia – todo dia surge uma nova opção para usarmos. No entanto, é importante lembrar que cada vez que optamos por usar alguma nova tecnologia, estamos empregando recursos valiosos das nossas vidas (tempo, atenção, dinheiro etc.). Assim, conseguir separar as microtendências das megatendências é essencial para dominarmos o ambiente e traçarmos uma estratégia, de forma que usemos as microtendências com desapego e foco, almejando as megatendências. Por exemplo, sabendo que inteligência artificial (IA) é uma megatendência, devemos planejar quais tecnologias devemos usar para dominar a IA e investir nossos esforços nisso – no entanto, se as tecnologias mudarem, devemos rapidamente abandonar (desapego) as que não funcionam mais para que continuemos focando na megatendência IA e em como alcançá-la. Essa fluidez entre micro e megatendência é o caminho do sucesso para otimizarmos nossos recursos e obtermos melhores resultados.

Normalmente, as microtendências são produtos e tecnologias, e as megatendências são uma grande "mudança de mentalidade ou comportamento". As micro refletem "como" chegaremos lá, e as macro apontam para "onde vamos chegar". Existe uma infinidade de produtos e tecnologias, e, portanto, de caminhos possíveis de se navegar essas grandes ondas – essas microtendências dependem de cada objetivo específico individual ou empresarial, e, assim, seria impossível abrangê-los no escopo deste livro.

Dessa forma, não trataremos aqui de microtendências. Nosso objetivo é discutir onde devemos chegar (mega), e não como chegaremos lá (micro), o que depende das particularidades de cada situação. Como vivemos um período de aceleração tecnológica e rápidas transformações no mundo, em todas as dimensões – social, política, econômica etc. – existem muitas megatendências acontecendo simultaneamente. Para efeito de organização e facilidade de discussão, organizei essas megatendências em cinco categorias principais: *mobile, data economy, real time*, social e sustentabilidade. Cada uma delas representa uma grande mudança de mentalidade, que alavanca consigo várias outras ondas de mudança. Observe-se que algumas tendências se encontram sobrepostas em *mobile* e *data economy*, já que são intimamente dependentes e, ao mesmo tempo, impulsionadoras dessas duas ondas.

A Figura 11.2 apresenta um esquema de como essas categorias se relacionam entre si, com as megatendências a elas associadas. Veremos, a seguir, cada uma delas.

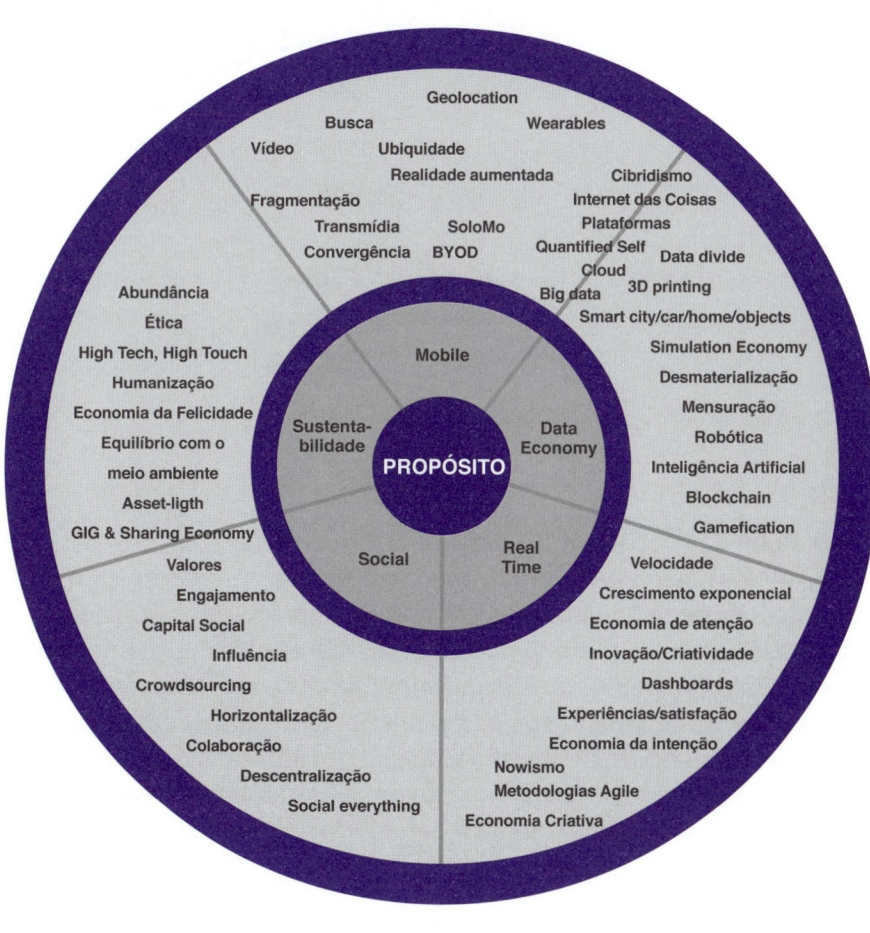

Figura 11.2 – Organização das megatendências em cinco categorias principais, agrupadas conforme o impacto que causam. *Fonte:* conceito e imagem por Martha Gabriel.

Todas as megatendências apresentadas na Figura 11.2 possuem grande potencial de disrupção – os seus impactos são tantos e em tantas áreas, que seria necessário um livro inteiro para discutir cada uma delas, fugindo do escopo desta obra. A intenção aqui é apresentar brevemente cada tendência, focando na inter-relação entre elas e no seu poder transformador dos paradigmas tradicionais da sociedade e economia, possibilitando uma análise macro das ondas de transformações globais. Vamos a elas.

Mobile

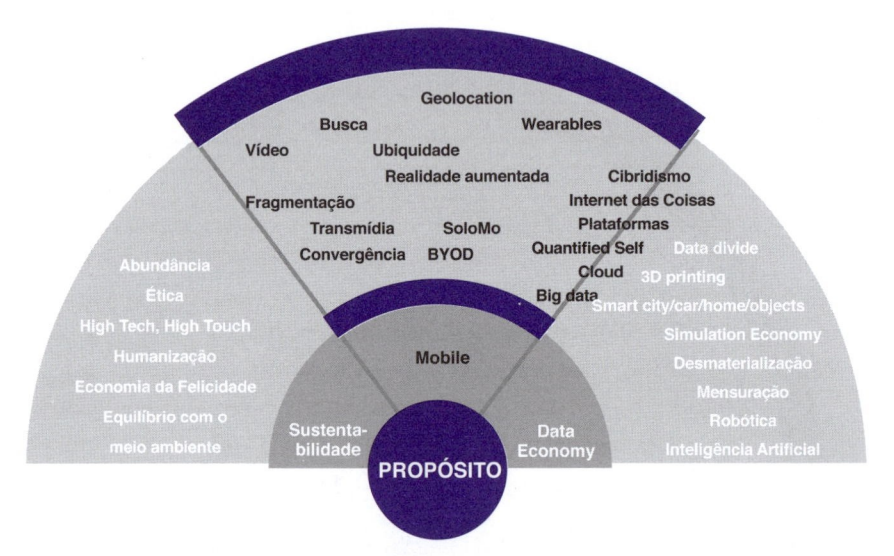

A mobilidade é parte intrínseca da natureza humana desde os nossos ancestrais primatas – nascemos com configuração corporal que não apenas favorece, mas necessita de movimento. As plantas são dependentes de onde suas raízes estão e seu organismo tem funcionalidades para extrair o que precisa do meio onde está. Nós, humanos, precisamos literalmente correr atrás para conseguir alimento e florescer. Assim, somos móveis por natureza, e com a evolução temos sempre desenvolvido tecnologias que ampliam a nossa movimentação no mundo: roda, bigas, carroças, barcos, trens, carros, aviões, foguetes, naves espaciais... e, talvez, teleportar-se seja a última fronteira da mobilidade humana.

A melhoria da mobilidade permite a conquista de novos territórios – físicos ou digitais – e, ao mesmo tempo, tem desbloqueado riquezas e gerado guerras. Como qualquer outro avanço tecnológico, as inovações em mobilidade trazem oportunidades e ameaças. Toda tecnologia nos transforma, como visto anteriormente. No entanto, aquelas que favorecem a mobilidade – especialmente as de transporte e comunicação – são, na minha opinião, as que mais transformam a sociedade e o ser humano. Ao longo da história, cada nova onda tecnológica que nos permitiu ir mais longe (transporte) e compartilhar conhecimento (comunicação) nos transformou proporcionalmente ao quão longe conseguiu nos levar ou quão mais distributivamente passamos a nos comunicar – fala, escrita, pergaminhos, telégrafo, internet etc.

Movimentos que vêm desde a antiguidade, como aqueles realizados pelos impérios Grego, Macedônio, Romano, Bizantino, as viagens de Marco Polo, os Vikings, as expansões Espanhola e Portuguesa, e assim por diante, passando pela corrida espacial norte-americana e russa no século passado, chegando à atual corrida espacial corporativa[2], refletem anseios do ser humano em conquistar mais recursos por meio da mobilidade: *veni, vidi, vici*[3]!

Assim, *mobile* sempre foi uma megatendência da humanidade. No entanto, nas duas últimas décadas, as tecnologias digitais funcionaram como esteroides para a mobilidade, transformando rápida e profundamente a sociedade. Nesse contexto, junto com a onda *mobile*, vêm alavancadas inúmeras outras megatendências:

Real time

A partir da disponibilidade de dispositivos móveis conectados à internet, passamos a viver em tempo real, ou seja, as distâncias e o tempo necessários para a propagação da informação estão tornando-se nulas. Esse fenômeno é tão importante que separei o *real time* em outra categoria, associado às megatendências que gravitam ao seu redor.

Vídeo

Mais de 80% da percepção humana vem da visão. Vídeos têm o poder de conciliar isso com a dimensão aural, tornando-se uma das mídias mais atrativas para o ser humano. Assim, desde a sua origem, vídeo sempre foi tendência. O problema para o vídeo decolar e dominar o cenário era a tecnologia, que não conseguia dar conta do processamento e transmissão por meio de dispositivos pequenos e portáteis. No entanto, a evolução das tecnologias móveis, especialmente na última década, passou a permitir qualidade e facilidade cada vez maiores para a visualização, gravação e transmissão de vídeos a partir de *smartphones*. Isso tem transformado completamente

---

2. Desde o início do século XXI, os bilionários Elon Musk (Tesla), Jeff Bezos (Amazon) e Richard Branson (Virgin Group) estão desenvolvendo naves espaciais para conquistar o espaço, por meio de suas empresas com essa finalidade: SpaceX, Blue Origin e Virgin Galactic, respectivamente. Ver mais detalhes em: http://money.cnn.com/2017/04/04/technology/billionaire-space-race/index.html. Acesso em: 26 jan. 2021.

3. Ver mais em: https://pt.wikipedia.org/wiki/Veni,_vidi,_vici. Acesso em: 26 jan. 2021.

a cultura e o comportamento social, tanto na comunicação como no entretenimento, na autoexpressão e nos relacionamentos. A possibilidade de vídeo *mobile* revolucionou a indústria, impulsionando o surgimento de novas soluções distribuídas, como Netflix e Skype, por exemplo. Além disso, ele tem causado uma reestruturação de diversas outras indústrias em função das novas possibilidades que traz às estratégias de conteúdo: educação, telecomunicações, comércio, comunicação etc. Com a contínua melhoria das conexões – com o 5G, por exemplo – e dos processadores dos dispositivos móveis pequenos, como *smartphones* e *smartwatches*, o vídeo pode alcançar patamares inimagináveis de soluções.

Busca

O sonho de ter qualquer informação a qualquer instante se viabiliza com a disponibilização dos sistemas de busca nos dispositivos móveis, especialmente nos *smartphones*. Podemos, cada vez mais, acessar virtualmente qualquer informação em qualquer lugar, tempo, situação, dispositivo. Com o avanço das tecnologias de voz e imagem e dos agentes e sistemas computacionais inteligentes, além de podermos fazer buscas por meio de texto, estamos cada vez mais "conversando" com os dispositivos e usando suas funcionalidades de captura de imagens para fazer buscas. Assim, busca e *mobile* formam um ciclo que é, ao mesmo tempo, virtuoso e vicioso, pois não apenas ampliamos nossas possibilidades de busca, mas passamos também a depender cada vez mais disso para sermos funcionais – buscamos cada vez mais porque podemos, e porque podemos, buscamos.

Ubiquidade

Enquanto o século XX foi o marco do início da onipotência humana[4], o século XXI está nos tornando oniscientes e onipresentes. A crescente disponibilização de dispositivos móveis e IoT no mundo – sensores, *smartphones*, câmeras etc. – torna a internet cada vez mais ubíqua e, consequentemente, nós também. Além disso, esses mesmos recursos têm nos permitido, cada vez mais, sabermos tudo o que acontece e aconteceu, em qualquer tempo e lugar. Quanto mais *mobile*, IoT e digitalização de tudo no planeta, maior a ubiquidade e a transformação potencial que ela tem nosso poder, cognição, relacionamentos (com as pessoas e com o ambiente), privacidade, segurança, ética e comportamento, entre outras dimensões da humanidade.

---

4. No século XX, o desenvolvimento tecnológico no mundo foi extraordinário, permitindo um domínio sobre o meio ambiente em graus imagináveis apenas em ficções científicas no passado.

Fragmentação: Transmídia & Convergência

Com as tecnologias móveis conectando e viabilizando inúmeras outras formas de mídia e canais de comunicação, passamos a ter um ambiente muito mais distribuído de informações fragmentadas. Assim, se por um lado a informação nunca esteve tão disponível, ela também nunca esteve tão fragmentada, dificultando o seu consumo e compreensão. O consumo multitelas traz possibilidades inéditas de concatenação e convergência do conteúdo, mas também dispersa a atenção. Nesse cenário, que oferece uma infinidade de plataformas de mídia fragmentadas, vemos o aumento da importância dos processos de transmídia[5] e convergência para conseguirmos nos comunicar.

BYOD & WYOD

Outra tendência importante relacionada com a mobilidade é o BYOD, que, em inglês, é a abreviação de *Bring Your Own Device*, ou, traduzindo, "traga o seu próprio dispositivo". Conforme passamos a transferir nossos bens digitais para nossos dispositivos móveis e para a *cloud*, o polo de valor passa do físico para o digital: ou seja, não quero usar o dispositivo de outra pessoa, que acessa dados que não são os meus. Assim, antes da *cloud* e da "filosofia fluida" do iPhone, os dispositivos eram parecidos e os dados ficavam neles. Com o *hardware* sem botões fixos, mesmo que várias pessoas tenham o mesmo dispositivo, eles são diferentes e personalizados. Além disso, os dados ficam na nuvem, como um "espírito" associado ao dispositivo, mas que não depende dele, e pode trocar de corpo a qualquer momento. Dessa forma, a evolução das tecnologias *mobile*, associada com o avanço da qualidade e velocidade da conexão móvel, favorece cada vez mais a nossa transferência de essência para a *cloud*, além da personalização que acentua o movimento BYOD.

Se, por um lado, BYOD significa independência e poder, por outro, ele traz inúmeros desafios para ambientes que precisam de controle e uniformização de recursos, pois, devido à sua natureza descentralizada e customizada, BYOD não favorece segurança e padronização.

---

5.   Convergência é o processo de se propagar o mesmo conteúdo ou tecnologia para diferentes mídias. Um exemplo disso é o *smartphone*, que converge inúmeras tecnologias, como telefone, relógio, câmera etc. Por outro lado, a transmídia é o processo de transcender uma única mídia para transmitir um conteúdo/tecnologia, de forma que cada mídia contribua com suas forças, como parte do conteúdo/tecnologia maior. Exemplo disso é a franquia Matrix, que é composta por histórias em quadrinhos, webséries, animações, filmes e *videogames*, de forma que as partes não são cópias idênticas de conteúdos (como acontece no caso da convergência), mas peças criadas especificamente para cada mídia e, que, no conjunto, formam um universo maior de conteúdo, que é Matrix. Ver mais em Gabriel (2013, cap. 18).

Com a evolução dos dispositivos móveis, passamos cada vez mais a "vesti-los" em vez de apenas "carregá-los", como é o caso dos *smart watches*, por exemplo. Deveremos cada vez incorporar os dispositivos em nossos corpos biológicos, trazendo, como consequência, uma modificação natural do movimento BYOD para WYOD – *Wear Your Own Device* –, ou "vista o seu próprio dispositivo".

Big Data

A partir do momento em que qualquer pessoa passa a ser produtor de conteúdo digital por meio da conexão contínua com a internet – *desktop* ou *mobile* –, associando-se com a conexão de todas as coisas com a internet (internet das coisas) – sensores, câmeras, eletrodomésticos, carros etc. –, a produção de dados digitais no mundo explodiu no fenômeno que chamamos de *big data*. Diferentemente dos dados com os quais estávamos acostumados a lidar antes da era digital, no caso do *big data*, eles não são estruturados, separados por campos, mas, ao contrário, possuem formato livre, em linguagem natural, e de toda variedade possível: banco de dados, informações de sensores (temperaturas, velocidade etc.), GPS, conversas nas mídias sociais, localizações, imagens, vídeos, enfim, toda forma possível de dados. Assim, além de um volume gigantesco, o *big data* é caracterizado também por uma variedade enorme. Some-se a isso a velocidade vertiginosa com que esses dados são produzidos ao redor do planeta. Assim, dizemos que o *big data* é caracterizado por três V: volume, velocidade e variedade.

Entretanto, se, por um lado, *big data* representa grandes oportunidades informacionais, como jamais ocorreu na história humana, por outro, traz também desafios, representados por mais dois V: veracidade e valor. Ou seja, não adianta ter acesso a todos os dados do mundo se eles não forem verídicos, pois pior do que não se ter informação, é ter informação errada. Além disso, mesmo que tenhamos acesso a todos os dados verídicos existentes, se eles não forem necessários em determinada situação, eles não têm valor para nós, e, assim, acessá-los não faz o menor sentido, pois consome recursos sem trazer retorno. A megatendência *big data* é uma das principais causadoras da categoria *data economy*, que veremos mais à frente.

Internet das coisas (IoT) & *Smart Everything*

Inicialmente, quando surgiu nos anos 1960, a internet conectava computadores e possibilitava a troca de documentos. Em um segundo momento, com o surgimento da *web* no final dos anos 1980, a internet passou a ser também uma rede de pessoas. No entanto, mais recentemente, com o barateamento das tecnologias móveis e sensores, além de computadores, documentos e pessoas, entramos em uma era em que virtualmente qualquer coisa – comida, roupas, acessórios, animais, carros, casas, eletrodomésticos, edifícios, ou qualquer outro objeto imaginável – pode se conectar com a internet, trocando informações de forma móvel. Essa nova configuração da internet é o que chamamos de **internet das coisas**, ou, em inglês, *Internet of Things* (IoT), ou ainda *Internet of Everything*. Esse contexto não apenas impulsiona o *big data*, como, principalmente, coloca uma camada digital sobre todas as coisas físicas do planeta, criando uma "alma digital" de tudo na *cloud* (que está por detrás dos movimentos BYOD e WYOD), que permite o processo de transformar qualquer coisa conectada em *smart*: *smart houses, smart cars, smart cities, smart anything & everything*! De acordo com um estudo da Statista[6], teremos 75 bilhões de dispositivos conectados no planeta até 2025, equivalendo a uma média de oito a dez dispositivos por pessoa até lá.

O processo de tornar qualquer coisa em "inteligente" acontece porque, uma vez conectados via *cloud*, todos os objetos podem ser controlados por sistemas que otimizam os seus funcionamentos, de forma isolada ou em conjunto. Esse processo de "smarterização" do planeta tem o potencial de impactá-lo profundamente, reestruturando totalmente não apenas a comunicação e os negócios, mas também economizando recursos[7]:

1. **Conservação de recursos naturais** – A mensuração do quanto é necessário gastar realmente faz com que se desperdice menos. Por exemplo, em vez de pulverizar uma plantação inteira uniformemente para matar pragas, podemos focar apenas onde é necessário – isso pode ajudar, inclusive, a melhorar o resultado final da colheita, evitando não só o desperdício químico, mas também a contaminação desnecessária. O mesmo acontece com a água, um dos recursos naturais mais valiosos, que poderia ser usada com muito menos desperdício, solucionando problemas crônicos em regiões onde é escassa.

2. **Menos poluição do ar** – O uso de IoT para otimização dos fluxos de recursos no planeta pode ajudar na diminuição de emissões de carbono no ar. Além disso, pombos conectados à internet permitem um monitoramento mais acurado da qualidade do ar nas diversas localidades, permitindo que ações específicas possam ser tomadas para solucionar problemas locais.

3. **Otimização de energia limpa** – O uso de sensores de IoT permite uma melhor previsão das condições climáticas, especialmente de ventos, para melhorar a *performance* das usinas eólicas, aumentando a sua eficiência.

4. **Maior e melhor produção agrícola** – O monitoramento da umidade do solo, saúde da plantação e provisão de água para plantações tem o

---

6. Ver mais em: https://www.statista.com/statistics/471264/iot-number-of-connected-devices-worldwide/. Acesso em: 12 mar. 2021.

7. Ver mais em: https://pt.slideshare.net/IBMIoT/5-ways-the-internet-of-things-is-impacting-the-planet. Acesso em: 26 jan. 2021.

potencial de aumentar a sua produtividade, especialmente em locais com menos recursos, como no Quênia.

5. **Menos tragédias naturais, especialmente relacionadas com tempestades e enchentes** – Da mesma forma que IoT pode melhorar consideravelmente a previsão do tempo para aproveitamento da energia eólica, também pode auxiliar na prevenção de desastres causados por tragédias naturais. Os sensores otimizam o conhecimento das condições climáticas com potencial para causar danos e prejuízos, permitindo antecipação preventiva, economizando vidas e recursos.

IoT, como qualquer outra transformação tecnológica, não traz apenas benefícios, mas também desafios, sendo que os principais estão relacionados à segurança e invasão da privacidade. A partir do momento que tudo está conectado, estabelecer fronteiras e limites para os fluxos de dados pessoais torna-se "não natural" na fluidez do processo, requerendo esforço para que aconteça. Além da questão do domínio e posse das informações, outro ponto que afeta a segurança e a privacidade é que tudo aquilo que está conectado passa a ser passível de ser hackeado: carros, casas, roupas, ou qualquer outra coisa.

Existe também uma dimensão bastante importante a ser considerada quando se pensa em IoT e em um mundo conectado: a inteligência do processo. Da mesma forma que em *big data*, os dados precisam ser relevantes para serem valiosos; no caso de IoT, por sua vez, as conexões precisam ser inteligentes para que realmente otimizem os processos: só porque está conectado, não significa que é *smart*. Para ser inteligente, é necessário conectar estrategicamente.

Cloud

Cloud Computing, ou "nuvem computacional" ou, ainda, "computação na nuvem", é o termo usado para representar o conjunto de computadores remotos, espalhados pelo planeta, como se fossem uma nuvem, e que são acessados pela internet de forma distribuída. É interessante observar que o conceito de *cloud*, de forma que terminais "burros" acessassem um "cérebro computacional" remoto, já existe desde os computadores de grande porte no século passado – no entanto, nessa época as conexões eram feitas via cabo, e dentro de um mesmo prédio: os terminais ficavam distribuídos no edifício e o computador central ficava em uma sala especial para ele. Com a melhoria das conexões e tecnologias móveis, passou a ser possível não apenas acessar qualquer computador de forma *wireless*, ou seja, sem cabos, mas também, e principalmente, acessar qualquer computador em qualquer lugar. Isso funcionou como esteroides para a formação da *cloud* computacional que se instaurou no planeta. Hoje, qualquer pessoa que utilize um *e-mail on-line*, tenha um perfil em uma rede social ou utilize um serviço de armazenamento *on-line* (como Dropbox, Google Drive ou qualquer outro) possui uma *cloud* pessoal, que se conecta com a *cloud* global.

Como a *cloud* computacional armazena tanto os sistemas que processam os dados para tornar as coisas mais inteligentes, como também os dados do *big data*, podemos comparar a *cloud* computacional global com um cérebro global conectado (ver Figura 11.3). Com o avanço da inteligência artificial, a *cloud* global passa a se tornar cada vez mais *smart*, possibilitando um *smart world* em todos os sentidos. Todo esse processo só é possível porque temos conexões móveis funcionando como sinapses e condutores de informações para, e dentro, desse cérebro global (Figura 11.3).

Cibridismo

Nas últimas décadas, passamos a usar o *smartphone* e suas conexões *on-line* como extensões dos nossos cérebros, começando a nos tornar híbridos, juntando nosso organismo biológico com nossas extensões digitais – esse processo é chamado de cibridismo, que discutiremos em detalhes em um capítulo mais à frente nesse livro.

Plataformas[8]

Conforme o mundo se torna mais digitalizado e, ao mesmo tempo, ubíquo em função das redes digitais *mobile*, cada parte conectada torna-se um recurso disponível para compor uma estrutura maior, funcionando como uma plataforma, cujo potencial transcende o de cada parte isolada. É como um lego, em que se constrói algo com as peças disponíveis, que se encaixam facilmente, formando um conjunto com propósito maior.

Em estruturas analógicas, antes das tecnologias digitais, era muito difícil conectar um recurso no outro – mídias, empresas, cidades, pessoas –, pois, além de possuírem naturezas físicas distintas, estavam desconectados, isolados física e geograficamente uns dos outros, não se juntando facilmente. Estruturas analógicas são feitas de átomos, que precisam ser transportados para se juntarem a outras estruturas – significando necessidade de tempo e custos para conseguir conexão.

No entanto, tudo aquilo que é digitalizado transforma-se em zeros e uns, fazendo com que todas as estruturas digitais compartilhem a mesma natureza, sendo parte da sua essência se misturarem facilmente. Além disso, estruturas digitais se conectam instantaneamente por meio de redes digitais *mobile*, requerendo muito menos recursos de tempo e custos para se juntarem. Por

---

8. Ver também Negroponte (1995) e Parker (2017).

exemplo, no analógico, não conseguimos misturar facilmente um disco de vinil com uma fita VHS, ou uma empresa analógica na África com outra na Ásia. No entanto, digitalmente, conseguimos juntar uma empresa no Japão com outra no Brasil, ou criar o Waze e o Pokémon GO sobre o Google Maps.

Assim, a digitalização somada às conexões de redes digitais, catalisadas pelo *mobile*, potencializam o mundo conectado em recursos para criação de plataformas, que ampliam o alcance, velocidade, eficiência e conveniência para as partes envolvidas. Quanto mais digitalizado e interconectado o mundo estiver, maior o potencial de plataformas que podem se formar, transformando cada vez mais a estrutura social, econômica, governamental, educacional, profissional e de negócios em geral.

Algumas tecnologias digitais transformaram o planeta em um grande cérebro global – as tecnologias *mobile* conectam as partes, como as sinapses que conectam os neurônios; a **internet das coisas (IoT)** capta as informações do ambiente, como os nossos sentidos que captam os dados ao nosso redor: visão, audição, tato, olfato e paladar; as informações captadas pela IoT, e que criam o *big data*, são como as informações captadas pelos nossos sentidos; a *cloud* equivale ao corpo cerebral, que abriga neurônios conectados gerando processamento, memória, emoções e todo tipo de funções necessárias para o pensamento; e a **inteligência artificial** (IA) é a inteligência global resultante desse processo, como a nossa inteligência biológica, que o fruto dessas atividades no nosso cérebro.

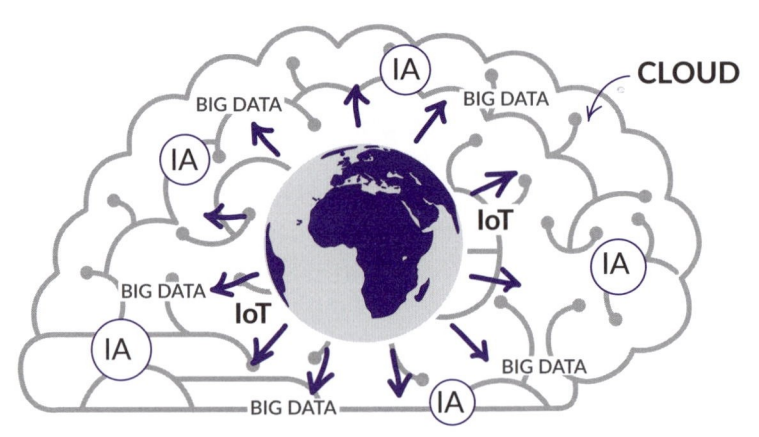

CÉREBRO GLOBAL CONECTADO, by Martha Gabriel

Figura 11.3 – Esquema do cérebro global conectado formado por [**IoT** + *big data* + *cloud* + **IA**] viabilizados pelas tecnologias *mobile*. *Fonte:* criada por Martha Gabriel.

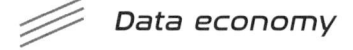 Data economy

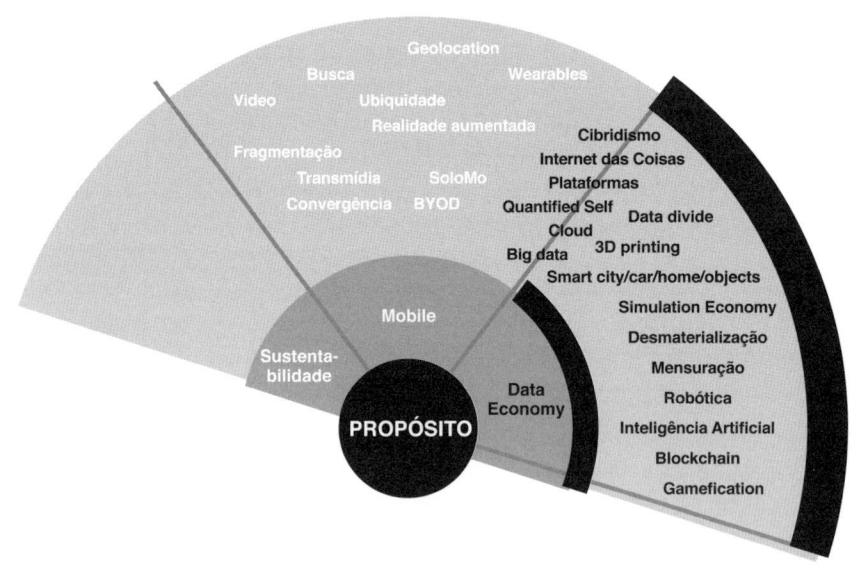

Economia é a ciência que busca otimizar recursos limitados onde existe uma demanda ilimitada. Durante quase toda a história da humanidade, o sal comandou a economia. Antes da invenção da eletricidade e da refrigeração, o melhor modo de se preservar carnes e outros alimentos era com sal. Além disso, ele era também um dos elementos principais para curar o couro, matéria-prima essencial para diversas manufaturas pré-industriais. A importância do sal era tanta, que a palavra salário se refere ao pagamento recebido em sal, bem como o termo soldado. O sal, portanto, era ingrediente base de tecnologias vitais para a humanidade, configurando-se, assim, em um dos negócios mais rentáveis da face da Terra. No entanto, a partir do início do século XX, novas tecnologias fazem de forma melhor e mais barata aquilo que o sal fazia, reduzindo-o ao seu papel atual, conhecido por muitos apenas como um condimento de cozinha. O mesmo aconteceu com o óleo de baleia, que era usado para iluminação de ruas antes da lâmpada elétrica, e tantas outras tecnologias que alavancavam negócios poderosíssimos, mas que, em função da transformação do mercado, perderam totalmente o seu valor[9]. Assim, a partir do momento em que a tecnologia muda, surgem novos modos de se resolver os problemas, afetando todas as dimensões da nossa existência, desde os modos de produção até a nossa cognição.

---

9. Filmes/séries que mostram de forma excelente algumas dessas transformações são: *Downton Abbey* (série), *Frontier* (série, Netflix), *No Coração do Mar* (filme, 2015).

Na Era Agrícola, os meios de produção dependiam da terra, assim, a terra tinha valor e era a matéria prima que fazia o mundo girar. Na Era Industrial, a produção passa a depender de ferro e aço, e eles passam a ser o centro da economia mundial. Na Era Digital, as formas de produção e valor passam a depender de dados: aqueles (indivíduos, empresas e países) que dominam os dados, passam a dominar o mundo. Assim, a era digital inaugura uma economia de dados, em que o valor se encontra em sua extração adequada, manipulação eficiente e transformação em algo relevante para a sociedade – chamamos isso de *data capital*, ou capital de dados.

Empresas digitais como Google, Facebook, Amazon, Netflix, Airbnb, Waze, entre outras inovadoras, e centros de inovação no mundo – como Vale do Silício, Israel e algumas regiões na Ásia, e em regiões em outros países, inclusive no Brasil – têm como diferencial saber utilizar dados para escalar resultados e valor. Enquanto no mundo analógico, para produzir o dobro, precisamos dobrar também nossos cursos, no mundo digital de dados, aqueles que sabem utilizá--los adequadamente conseguem obter resultados exponenciais acrescentando pequenos aumentos de recursos. Por exemplo, se eu tenho uma indústria de sapatos, para triplicar a minha produção, precisaria comprar o triplo de material, contratar mais pessoas, maquinário, construir mais fábricas – ou seja, a proporção de crescimento é linear em relação ao investimento. Já no caso do Airbnb, para aumentar centenas de vezes a quantidade de quartos disponíveis em um país, muitas vezes é preciso contratar muito poucos servidores ou pessoas para dar conta desse crescimento, que acontece baseado nos dados e nas plataformas digitais, e não nos recursos empregados. Dessa forma, aqueles que sabem utilizar a plataforma digital hiperconectada, criando soluções que extraem valor dos dados, são os que detém poder na economia hoje.

Várias das megatendências relacionadas com *data economy* são também alavancadas pelo *mobile*, e assim, portanto, já foram discutidas anteriormente: *cloud*, internet das coisas (IoT), *big data*, plataforma e cibridismo. Em razão da importância fundamental da Inteligência Artificial e Robótica no novo organismo global de inteligência coletiva que se delineia, apresentaremos esses dois assuntos em capítulos separados, mais à frente neste livro. Analisaremos, então, a seguir, algumas das demais principais tendências relacionadas com a economia de dados.

3D Printing

A impressão 3D, alimentada por *software* e dados, tem o potencial de transformar toda a cadeia produtiva hoje, de inúmeras indústrias. Hoje, já é possível "imprimir" em 3D desde objetos e alimentos, até casas e órgãos artificiais para substituírem órgãos humanos. A possibilidade de se imprimir o que se deseja e necessita (ao invés de comprar o produto pronto) muda não apenas a logística de distribuição de produtos no mundo, como também a produção. Por exemplo, se ao invés de comprar uma camisa pronta, eu compro/alugo o *software* para imprimi-la, a indústria têxtil que hoje produz roupas se tornará um negócio produtor de *software* para impressão 3D e insumos para a impressora. Inúmeras indústrias hoje, como a GE[10], por exemplo, têm imprimido partes de avião ou peças de manutenção de suas fábricas – isso permite o projeto e criação de produtos muito mais sofisticados, com formas que não poderiam ser desenvolvidas da maneira tradicional. Além disso, a impressão 3D produz muito menos resíduos do que a produção tradicional de objetos; e permite também a impressão *in loco*, minimizando o transporte de grandes peças e a emissão de rastros de carbono; essas mudanças contribuem para a sustentabilidade do meio ambiente.

Na área de construção civil, as impressoras 3D conseguem imprimir uma casa inteira a um custo de U$ 10 mil em apenas 24 horas[11], modificando totalmente não apenas o processo tradicional de construção, mas a cadeia de valor dessa indústria. Some-se a isso que algumas impressoras trabalham se utilizando apenas de lama e luz do sol, construindo casas quase sem custos[12], e outras conseguem construir edificações até mesmo em outros planetas[13]. Os impactos em sustentabilidade e inclusão social podem ser imensos com o uso dessas tecnologias. Na medicina, as aplicações vão desde a impressão de remédios a próteses customizadas, com outro nível de ajuste aos pacientes. Na educação, a criação de modelos em 3D para experimentos e testes dá vazão à imaginação e à criatividade, permitindo a simulação de possibilidades criadas em conjunto com *software* e dados que podem acelerar ainda mais os processos de inovação no mundo.

Quantified self

Os fenômenos *big data* associados com IoT, discutidos anteriormente, trazem consigo uma megatendência extremamente significativa para a área de saúde, bem-estar e desenvolvimento pessoal: o *quantified self*, ou, em outras palavras, "a quantificação do ser humano". Os *wearables* e aplicativos móveis conectados a sensores, câmeras e dispositivos de mensuração pessoal – como balanças e medidores de qualidade e características de alimentos, ar, água, enfim, tudo que nos cerca e consumimos –, têm permitido que conheçamos cada vez

---

10. Ver mais em: http://fsd.servicemax.com/2017/05/30/ge-new-dimension-3d-printing/. Acesso em: 26 jan. 2021.
11. Ver mais em: https://www.engadget.com/2017/03/07/apis-cor-3d-printed-house/. Acesso em: 26 jan. 2021.
12. Ver mais em: https://inhabitat.com/worlds-largest-delta-style-3d-printer-can-print-nearly-zero-cost-housing-out-of-mud/. Acesso em: 26 jan. 2021.
13. Ver mais em: https://inhabitat.com/mit-unveils-new-solar-3d-printer-that-can-build-houses-on-other-planets/. Acesso em: 26 jan. 2021.

melhor aquilo que afeta o nosso desempenho. Como dizia Peter Druker, "tudo o que pode ser medido, pode ser melhorado", assim, quanto mais conseguimos nos "medir", maior tende a ser o nosso poder de controle sobre nós mesmos. Existem três dimensões, portanto, em que se pode adquirir dados referentes à vida diária de uma pessoa:

- **Entradas** – comida consumida, qualidade do ar ao redor;
- **Estados** – humor, excitação, nível de oxigênio no sangue;
- *Performance* – física e mental.

Em função desses dados, inúmeros aplicativos podem nos auxiliar a otimizar o nosso desempenho, como Nike Running, Fat Secret, Fitbit, entre muitos outros. Monitoramento da saúde mental[14] é outra dimensão do *quantified self* que pode trazer grandes benefícios de prevenção de depressão. Conforme se conheçam os estados mentais em tempo real via medição *mobile*, torna-se possível a adoção de soluções também móveis para auxiliar no combate ao *stress*, por exemplo, por meio de *playlists*[15] que podem nos acalmar. As possibilidades são enormes – um grupo de cientistas do MIT criou um dispositivo capaz de ler emoções (mede frequência cardíaca e respiratória para determinar a emoção) remotamente, e a partir de um sistema de inteligência artificial instalado em sua casa, ele controla o ambiente para interagir com a pessoa, de forma que ela se sinta melhor[16].

Simulation economy

O contexto social atual, repleto de dados e sistemas baratos e acessíveis, traz possibilidades inusitadas aos processos de previsão de cenários e testes, ou seja, favorece a simulação antes da execução. Nos cenários analógicos, as simulações das ações eram, muitas vezes, mais caras do que as próprias ações. Além disso, o ritmo de mudança era bem mais lento, fazendo com que se tivesse tempo para planejar e implementar um projeto, que duraria também algum tempo. Como consequência da disponibilidade de dados e sistemas computacionais somada à aceleração do ambiente nas últimas décadas, temos que: 1) se gastarmos muito tempo planejando e implementando uma estratégia (pessoal, profissional ou empresarial), quando ela estiver pronta já não será mais útil, pois o ambiente (e as necessidades) mudaram, e; 2) a simulação ficou mais barata do que a execução e implementação. Dessa for-

---

14. Ver mais em: https://www.news-medical.net/news/20170421/Experimental-mobile-app-may-revolutionize-future-of-mental-health-monitoring-study-shows.aspx. Acesso em: 26 jan. 2021.
15. Ver: https://exame.abril.com.br/ciencia/neurocientistas-criam-playlist-capaz-de-diminuir-a-ansidade/. Acesso em: 26 jan. 2021.
16. Ver mais em: https://super.abril.com.br/tecnologia/sua-casa-vai-te-consolar-quando-voce-chegar-triste/. Acesso em: 26 jan. 2021.

ma, no cenário sociotecnológico atual, a simulação computacional tornou-se muito mais eficiente, barata e rápida para o desenvolvimento de estratégias. A Figura 11.4 dá acesso a um vídeo que apresenta dez jogos de simulação de gestão, lembrando que o jogo seminal nesse quesito, o *SimCity*, data de 1989. O sucesso e a popularização de SimCity popularizou e fomentou a indústria de desenvolvimento de jogos de simulações (inclusive econômicos e corporativos), com destaque para *Minecraft*, lançado comercialmente em 2011, que se tornou o **videogame mais vendido do mundo** em 2020.

Figura 11.4 – Imagem do vídeo *10 Best Management Simulation Games Where You're the Boss.* Disponível pelo QR Code ou em: https://youtu.be/Fih5ak69_t0. Acesso em: 19 fev. 2021.

A simulação permite rápidos testes e análises de inúmeros cenários para verificar qual a melhor opção, auxiliando a tomada de decisões.

Gamification

A partir do momento em que podemos associar informações e quantificações a qualquer coisa no mundo por meio das tecnologias digitais (e *mobile*) que o permeiam, temos um ambiente perfeito para criar jogos na vida real, com qualquer tipo de intenção: simulação econômica (como visto anteriormente), negócios, educação, entretenimento, sustentabilidade, ou qualquer outro objetivo. As quantidades de amigos, curtidas e medalhas nas plataformas sociais são estratégias de gamificação do mundo – mudamos nosso comportamento em função desses números, que criam, implicitamente, competição entre as pessoas, que é apontada por estudos científicos como uma das estratégias mais motivadoras[17] para ação.

---

17. Ver mais em: http://www.spring.org.uk/2017/02/how-to-get-motivated.php. Acesso em: 26 jan. 2021.

Jogos são extremamente atrativos para o cérebro humano, da mesma forma que estórias – por isso, essas duas estratégias milenares têm sido resgatadas intensamente na era digital, pois as estruturas digitais de mundo ampliam consideravelmente tanto as suas possibilidades de implementação quanto a necessidade de utilizá-las para causar impacto e ser eficiente. O TED Talk *Gaming can make a better world*, disponível na Figura 11.5, discute como o uso de milhões de horas gastas anualmente em jogos de entretenimento poderiam ser transformadas em horas de solução de problemas do mundo real, por meio de jogos que os abordassem.

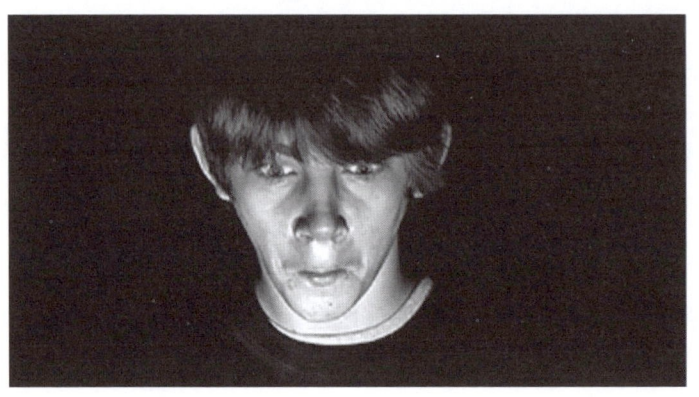  

Figura 11.5 – Imagem do TED Talk *Gaming can make a better world*, com Jane McGonigal. Disponível pelo QR Code ou em: http://youtu.be/dE1DuBesGYM. Acesso em: 26 jan. 2021.

Assim, o processo de utilizar estratégias de *games* em ambientes que não são de jogo, para causar engajamento na solução de problemas reais, é o que chamamos de "*gamification*", ou "gamificação", em português. Um exemplo de como as tecnologias digitais alavancam os processos de gamificação, criando poder transformador no mundo, é a ação *Unicef Kid Power*[18] – por meio de uma pulseira digital ou um aplicativo de celular, foi criada uma competição entre jovens nos Estados Unidos para que se movimentem mais fisicamente, praticando mais exercícios, cujos resultados beneficiam crianças desnutridas no mundo. Assim, em uma única ação, esse jogo alcança dois objetivos, simultaneamente, de melhoria de saúde e sustentabilidade no planeta: a diminuição da obesidade infantil nos Estados Unidos e a melhoria da nutrição de crianças em regiões pobres do planeta.

---

18. Ver: https://unicefkidpower.org/. Acesso em: 26 jan. 2021.

Desmaterialização

Como vimos anteriormente, conforme a qualidade e velocidade de conexão com a internet foram melhorando, associadas com a evolução das tecnologias de *cloud*, passamos a digitalizar e a transferir tudo aquilo que pode ser digitalizado e transferido para a nuvem – inclusive a memória e extensão de processamento cerebral humanos, nos tornando cíbridos[19]. Assim, quanto mais conexão e disponibilidade de espaço de armazenamento digitais, mais transferimos átomos para *bits* e colocamos na *cloud*, em um processo de desmaterialização do mundo. Inicialmente, começamos com documentos e dados – textos, imagens, cartas, mensagens, vídeos, filmes, *vouchers* etc. –, passamos, a seguir, a transferir funcionalidades tecnológicas – relógios, calculadoras, máquinas fotográficas, gravadores etc. –, e continuamos a avançar nessa tendência, sendo que a próxima fronteira é um dos conceitos mais estruturantes da humanidade: o dinheiro. Em função das possibilidades da desmaterialização associadas com o poder de descentralização das plataformas digitais, estamos experimentando o surgimento das *crypto currencies*, ou moedas digitais, como o Bitcoin.

Enquanto a digitalização das contas bancárias apenas transformava moedas físicas em números digitais, mas mantinha a mesma estrutura de lastro e controle centralizado e regionalizado em instituições financeiras – bancos e reguladores –, as *crypto currencies*, por sua vez, se descolam totalmente do modelo tradicional de dinheiro, pois são totalmente descentralizadas (não dependem de órgãos controladores), globalizadas (não são associadas a países ou governos, como o Real, Dólar e Euro, por exemplo) e possuem outro tipo de lastro: a mineração[20] computacional. Para se obter criptomoedas, como bitcoins, pode-se minerá-las ou comprá-las, utilizando as moedas tradicionais – da mesma forma que é feito, por exemplo, com as riquezas físicas tradicionais do mundo, como o ouro: para se conseguir o metal, ou se minera, ou se compra. A Figura 11.6 dá acesso a imagens do interior de uma das maiores usinas de mineração de bitcoins do mundo.

---

19. Discutiremos o processo de cibridismo em mais detalhes em capítulo na terceira parte deste livro.
20. A mineração de criptomoedas é o processo computacional em que um indivíduo oferece a capacidade de processamento do seu computador para ajudar a decifrar os códigos encriptografados do sistema: as transações descentralizadas de pagamentos de um usuário para o outro. Quanto maior a rede de pessoas que se utilizam de *bitcoins* (ou outra criptomoeda), maior a dificuldade de se processar esses pagamentos encriptados e verificação de controle distribuído, requerendo, portanto, cada vez mais trabalho computacional para isso, que é solucionado por meio de mineração. Aqueles que mineram recebem criptomoedas em pagamento. Mais detalhes em: https://www.bitcoin.com/bitcoin-mining. Acesso em: 24 nov. 2017.

Figura 11.6 – QR Code de acesso à matéria da Quartz, apresentando fotos do interior de uma das maiores minas de bitcoins no mundo. *Fonte:* https://qz.com/1055126/photos-china-has-one-of-worlds-largest-bitcoin-mines/. Acesso em: 28 jan. 2021.

O poder disruptivo das criptomoedas é enorme, pois tem potencial para revolucionar as dinâmicas e estruturas de transações financeiras no mundo, da mesma forma que o *e-mail* revolucionou a comunicação. Antes do *e-mail*, para se enviar uma carta para qualquer lugar, consumiam-se recursos de tempo e dinheiro – quanto maior a mensagem e mais longe estivesse o destinatário, mais caro e mais demorado era o seu recebimento. A partir da popularização do *e-mail*, o envio de mensagens passou a ser praticamente instantâneo e independente de distâncias geográficas, e seu custo é quase gratuito – isso não apenas mudou as estruturas de comunicação no planeta, como, principalmente, transformou totalmente o nosso comportamento e expectativas em relação à comunicação. Em vez de escrevermos longas mensagens para serem enviadas, escrevemos textos mais curtos com interações também mais rápidas entre as partes. A evolução de outras formas de mensagens rápidas, pavimentadas pela cultura fundada pelo *e-mail*, nos trouxe ao contexto atual em que usamos o WhatsApp de forma realmente instantânea e extremamente fragmentada, algo impossível na era das cartas e correios analógicos. É provável que essa ruptura que aconteceu com a comunicação ocorra com as transações financeiras, com a adoção e disseminação das criptomoedas no mundo. Além do Bitcoin – a mais popular entre elas –, existem inúmeras outras criptomoedas no mundo, relacionadas no *link* acessível pelo QR Code da Figura 11.7. O movimento de adoção mundial das criptomoedas é crescente, liderado pelo Bitcoin, despontando, entre outras, o Ethereum, além da iniciativa de países em lançar as suas próprias *crypto currencies*, como o Estcoin[21] na Estônia.

---

21. Ver mais em: https://www.cnbc.com/2017/08/23/estonia-cryptocurrency-called-estcoin.html. Acesso em: 26 jan. 2021.

Figura 11.7 – QR Code de acesso à lista de criptomoedas.
Fonte: https://en.wikipedia.org/wiki/List_of_cryptocurrencies. Acesso em: 26 jan. 2021.

O conceito de criptomoedas é relativamente novo e bastante disruptivo, e, para auxiliar na sua compreensão e impactos, o jornal *The Guardian* criou um vídeo curto, excelente, que explica o Bitcoin e pode ser acessado por meio da Figura 11.8.

Figura 11.8 – QR Code de acesso ao vídeo *Bitcoin made simple* (em inglês), criado pelo *The Guardian*.
Fonte: https://www.theguardian.com/news/video/2014/apr/30/bitcoin-made-simple-video-animation.
Acesso em: 26 jan. 2021.

Os documentários *Banking on Bitcoin* (2016) e *Deep Web* (2015), cujos *trailers* podem ser acessados por meio da Figura 11.9 e da Figura 11.10, respectivamente, abordam e discutem de forma mais ampla a revolução das *crypto currencies*.

Figura 11.9 – QR Code de acesso ao *trailer* do documentário *Banking on Bitcoin* (em inglês).
Fonte: https://www.youtube.com/watch?v=tmxqlSevtkQ. Acesso em: 26 jan. 2021.

Figura 11.10 – QR Code de acesso ao trailer do documentário *Deep Web* (em inglês).
Fonte: https://youtu.be/fGSG9_8g-DE. Acesso em: 26 jan. 2021.

Blockchain

Por detrás das *crypto currencies* existe uma tecnologia essencial que permite o controle distribuído das transações financeiras, garantindo o seu funcionamento: o *blockchain*. Essa tecnologia é ainda mais disruptiva do que as *crypto currencies*, pois permite o registro distribuído de qualquer tipo de transação, não apenas financeiras, tendo o potencial de transformar qualquer área que dependa de registros de transações: governos, empresas, hospitais, cartórios, seguros, contratos, prestação de serviços, e virtualmente tudo, já que viver é gerar e consumir dados que estão constantemente em movimento, ou seja, gerando transações.

Para explicar de forma simples como o *blockchain* funciona, podemos usar a metáfora criada por Fernando Americano sobre o registro de divisão de atividades de limpeza entre quatro amigos que moram juntos[22]:

> Imagine que quatro estudantes morem juntos e precisem dividir a tarefa de lavar pratos depois de cada refeição. Para garantir que ninguém pule a vez de ninguém (por esquecimento ou má intenção) e para facilitar o controle, cada estudante recebe um lote de fichas coloridas, com a mesma quantidade para cada um, sendo uma cor diferente para cada pessoa. Cada vez que alguém lavar os pratos deve depositar a sua ficha em um tubo transparente de controle [ver Figura 11.11] – com isso, fica registrado que ele cumpriu a sua parte no revezamento. No entanto, para evitar trapaças, só é possível colocar uma fichinha no tubo quando três dos quatro estudantes estiverem presentes, pois a tampa do tubo tem quatro cadeados e cada um deles tem uma das chaves. Ainda, cada fichinha só pode ser colocada no tubo com o consentimento de pelo menos mais dois estudantes, que só permitem que isso aconteça depois de checarem que a pessoa realmente lavou as vasilhas e deixou a cozinha limpa. Como o tubo é inviolável e indestrutível, cada fichinha vale como registro eterno de que aquela louça foi lavada naquele dia. E basta uma olhadinha no tubo para saber quem é o próximo a ter que lavar a louça. Infelizmente, o sistema só funciona se todos forem honestos, pois se dois dos estudantes resolverem agir de má-fé e se recusarem a abrir seus cadeados pro cara que acabou de lavar as vasilhas, o sistema deixa de funcionar. Agora, esse risco seria diminuído se morassem nessa república 1000 estudantes em vez de 4, pois as chances de que 50% estivessem agindo de má-fé cairiam consideravelmente. Um tubo com 1000 cadeados seria impraticável, mas existe uma tecnologia que faz exatamente isso, que é o *blockchain*.

---

22. Ver mais em: http://goo.gl/pXapJP. Acesso em: 26 jan. 2021.

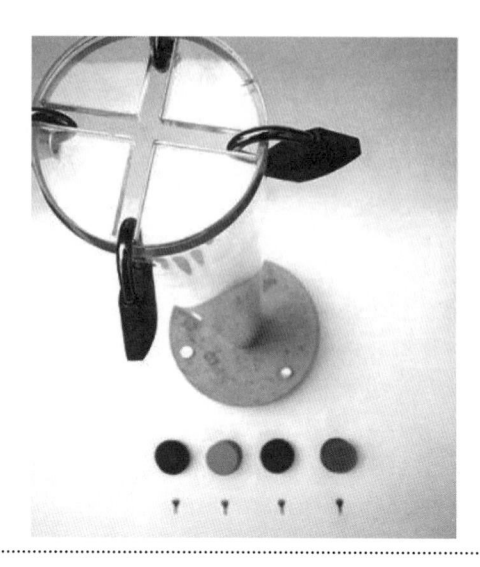

Figura 11.11 – Imagem representativa do processo de registro do *Blockchain*, por meio de um tubo transparente e os cadeados de validação das transações, analogia criada por Fernando Americano. Imagem e texto completo do artigo em: https://goo.gl/pXapJP. Acesso em: 26 jan. 2021.

Portanto, o *blockchain* é uma tecnologia que cria um grande **arquivo** consultável e transparente, que armazena **(registra) transações** – que chamamos de blocos, ou *blocks* – **empilhadas cronologicamente** – formando uma cadeia, ou *chain* – garantidas por meio de **validação distribuída** entre os seus usuários, minimizando, ou mesmo impossibilitando, fraudes e falsificações.

Existem dois custos que o *blockchain* ajuda a diminuir: o de verificação e o de rede[23]: 1) como o *blockchain* verifica a confiança da transação, não precisamos mais gastar com isso, e; 2) como o *blockchain* descentraliza as transações, ele desintermedeia ainda mais a rede entre as pontas, eliminando custos intermediários.

Algumas indústrias com usos potencialmente iminentes de *blockchain* são[24]:

1. **Contratos e registros patrimoniais** – As transações e registros de imóveis, por exemplo, possuem intermediários que, muitas vezes, são caros e suscetíveis a erros – esse é o tipo de contexto que se beneficia intensamente do *blockchain*.

---

23. Ver mais em: http://mitsloan.mit.edu/newsroom/articles/blockchain-explained/. Acesso em: 26 jan. 2021.
24. Ver mais em: https://www.techopedia.com/5-industries-that-will-be-using-blockchain-sooner-rather-than-later/2/32599. Acesso em: 26 jan. 2021.

2. **Energia (*smart grids*)** – Os processos de geração de energia renovável, como em usinas de painéis solares, por exemplo, nem sempre são eficientes, pois às vezes geram mais energia do que necessário, e outras vezes, geram quantidades insuficientes, dependendo da demanda existente. Nesse contexto, uma das soluções em uso é a contratação da energia excedente de painéis solares individuais para complementar a oferta quando a demanda é alta. No entanto, essas transações de energia geram uma enormidade de pequenos registros *on-demand* de transação de energia, que precisam ser controlados de forma automática, eficiente e segura, sendo outro campo propício para se beneficiar imediatamente do uso de *blockchain*.

3. **Transferências monetárias e microfinanças** – Além das criptomoedas, uma infinidade de microtransações são feitas diariamente no Planeta, como o caso de trabalhadores individuais na Ásia e África, que enviam seus pagamentos para suas famílias em outros países. Enquanto o processo tradicional de envio de dinheiro requer uma autoridade central, normalmente um banco, que cobra taxas e consome tempo para processar a transferência (verificar as identidades das pontas e executar a transação), o *blockchain*, por sua vez, permite a transação direta ponta a ponta, sem taxas intermediárias, economizando tempo e dinheiro para os usuários.

4. **Jogos e entretenimento** – Inúmeros jogos *on-line* lidam com dinheiro virtual e microtransações monetárias, o que os torna mais um ambiente propício para se beneficiar de *blockchain* para registro e controle dos processos, com mais segurança e eficiência.

5. **Governos e *smart cities*** – Comunidades estão se tornando mais inteligentes por meio de sistemas conectados para gerenciar suas infraestruturas físicas, sociais e de negócios, prestando melhores serviços à sua população. Para a criação desses processos de integração de inteligência em *smart communities* ou *smart cities* (comunidades inteligentes, governos inteligentes, cidades inteligentes) são gerados uma infinidade de registros, tornando-se um campo que se favorece enormemente na utilização de *blockchain*. Em 2016, o Global Blockchain Council[25] (Conselho Geral de *Blockchain*) identificou sete áreas essenciais em que o *blockchain* precisa ser incorporado: registros de saúde, certificados de diamantes, títulos de propriedades líquidas, verificação de identidades, contratos inteligentes (*smart contracts*), pontos de fidelidade para viajantes e *fintechs*.

---

25. Ver mais em: https://www.gbbcouncil.org/. Acesso em: 26 jan. 2021.

Qualquer contrato, especialmente, pode se tornar inteligente (*smart contract*[26]) por meio de implementação de *blockchain* para controlar automaticamente os cumprimentos de cláusulas e suas contrapartidas. Nesse sentido, não apenas é possível automatizar o processo, mas também, e principalmente, quebrar as condições contratuais em quantos itens se queira, fragmentando o processo – isso muitas vezes não é possível por meio de controle humano, pois aumenta muito a complexidade dos contratos e, portanto, encarece a sua verificação pelos processos tradicionais. No entanto, por meio de *blockchain*, a validação automática faz parte do sistema, ampliando as possibilidades de variações contratuais, com um grande potencial de transformar a cultura de contratos e transações conforme a sua adoção se dissemine nas instituições.

Real time

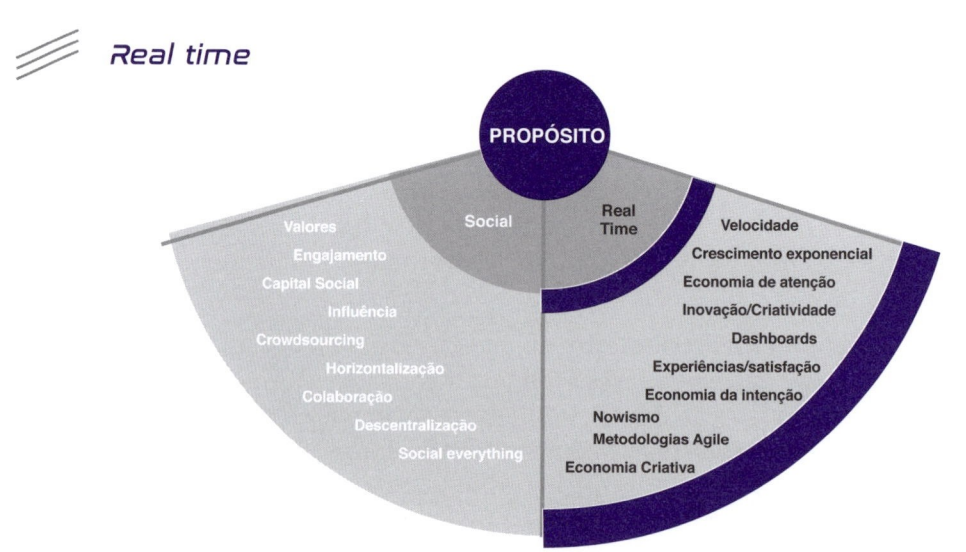

Como discutido anteriormente, uma das principais consequências das tecnologias móveis é o colapso de tempo e espaço no mundo, impulsionando de forma extraordinária a informação em tempo real. Por um lado, isso proporciona um cenário valioso, criando a megatendência do *big data*, de onde se consegue extrair *insights* com riqueza e precisão impossíveis anteriormente. Por outro lado, o tempo real traz consigo, também, várias outras megatendências importantes, sendo que várias delas já analisamos em algum grau ao longo deste livro: velocidade, inovação, crescimento exponencial e economia da atenção.

---

26.   Ver mais em: https://en.wikipedia.org/wiki/Smart_contract. Acesso em: 26 jan. 2021.

Economia da intenção – preparo *vs.* planejamento

O futuro é sempre incerto, mas uma das certezas que nos guiam durante a revolução tecnológica que estamos vivendo é que a incerteza sobre o futuro está aumentando: as coisas mudarão cada vez mais rapidamente e teremos cada vez menos tempo para reagir às mudanças.

Nesse contexto de aumento da incerteza, o planejamento para o futuro passa a ser muito menos importante do que a habilidade de estar preparado para qualquer tipo de desafio que a mudança possa trazer. Assim, em ambientes incertos, a principal habilidade para se ter sucesso não é o "planejamento", e sim, o "preparo": precisamos aprender a nos preparar, mais do que planejar para o futuro.

Essa mentalidade de "estar preparado para a incerteza e desenvolver as habilidades necessárias para lidar com isso" é uma transformação profunda na humanidade, pois não fomos educados para isso. Se analisarmos os currículos da maioria das escolas de negócios do mundo, conclui-se que são estruturados para ensinar a administrar negócios já existentes, e não situações inéditas e modelos de negócios desconhecidos – ou seja, não preparam para os negócios do futuro.

Fomos educados para aprender o que já existe e para responder o que nos foi ensinado; poucos foram educados para perguntar o que não existe e que não foi ensinado. Para formular questões diferentes, são necessárias habilidades distintas daquelas que necessitávamos ter para responder – antes, precisávamos ter boa memória para armazenar conteúdo e modelos ensinados, para repeti-los e obter resultados; agora, precisamos ter criatividade para questionar o que foi ensinado, desenvolver pensamento crítico e conceber novos modelos para conseguir formular novas perguntas – além disso, quando se lida com situações novas, que não vêm com manual de instruções, é essencial ter resiliência para vencer as tentativas frustradas até se alcançar o sucesso.

Dessa forma, isso muda totalmente o tipo de habilidades que precisamos desenvolver – aquilo que aprendemos sobre o cenário passado não resolve as questões trazidas pela mudança de hoje, que nos levará para o amanhã.

Metodologias Ágeis (*Agile*) & *Dashboards*

Outra tendência emergente como consequência da alta velocidade da mudança do cenário atual são as metodologias ágeis de desenvolvimento. Como discutimos anteriormente, o ritmo acelerado dificulta os processos de planejamento e execução de projetos no longo prazo, pois quando se vai executando o planejado, o cenário já mudou; e quando se termina a execução, corre-se o risco de o projeto já estar obsoleto, mesmo antes de ser colocado em funcionamento.

Originadas na área de desenvolvimento de *software*[27] com iniciativas que surgiram no século passado, as metodologias ágeis ganharam força e se disseminaram para novas áreas, como negócios e *marketing*, no século XXI, pois oferecem uma abordagem mais adequada para o desenvolvimento de projetos em cenários com alto grau de incerteza.

O *Agile*, ou metodologias ágeis, é um conjunto de princípios de desenvolvimento de projetos que envolve esforço colaborativo de auto-organização de equipes multidisciplinares. Os conceitos fundamentais são o **planejamento adaptativo, desenvolvimento evolutivo, entrega rápida e melhoria contínua**, promovendo uma **reação à mudança de forma rápida e flexível**. Essas características das metodologias ágeis beneficiam estratégias em ambientes que sofrem mudanças rápidas, fazendo com que sejam muito mais adequadas ao cenário da era digital do que as metodologias tradicionais de planejamento linear.

Outra tendência que emerge desse tipo de contexto veloz e ágil é a cultura de *dashboards* digitais: painéis que apresentam informações importantes em tempo real, de forma visual, facilitando a compreensão para tomada de decisões. Antes da aceleração acentuada da mudança, a forma tradicional de se avaliar informações para decidir qualquer ação estratégica era por meio de relatórios. No entanto, hoje, quando um relatório fica pronto, a probabilidade de que o cenário já tenha mudado é grande. Dessa forma, os relatórios se tornaram mais documentos de registro do que instrumentos estratégicos para decisões, que passaram a ser feitas cada vez mais por meio de visualização de *dashboards* digitais dinâmicos em tempo real.

Economia criativa

É um conceito desenvolvido por John Howkins (2012) em 2001 para descrever sistemas econômicos nos quais o valor é baseado em qualidades imaginativas dos indivíduos ou grupos em vez dos recursos tradicionais, como terra, trabalho e capital. Conforme as tecnologias evoluem tendendo a substituir os humanos em atividades repetitivas, em um cenário que muda constantemente, como o atual, a criatividade passa a ser um recurso valioso por dois motivos principais: 1) nos diferencia dos computadores, que são cada vez melhores em atividades repetitivas, mas ainda não dominam a criatividade; e 2) em cenários com alto de grau de mudança, as soluções passadas ficam

---

27. O termo *Agile* se popularizou no *Manifesto for agile development*, que define os valores e princípios que fundamentam suas metodologias, que evoluem constantemente, sendo que as duas mais populares e amplamente usadas são Scrum e Kanban. Mais em: https://en.wikipedia.org/wiki/Agile_software_development. Acesso em: 26 jan. 2021.

rapidamente obsoletas, requerendo criatividade para a solução de novos problemas e para aproveitar novas oportunidades.

A economia criativa tende a causar mudanças sociais e econômicas: aumento no grau da educação, mudança nos padrões de emprego, liberdade de mercado, maiores salários médios, mais tempo para lazer e aumento da urbanização[28]. Em vários sentidos, essas transformações se relacionam com o conceito do ócio criativo, do sociólogo italiano Domenico De Masi (2000), que no início do século XXI apontava que, com o avanço das tecnologias em nosso cotidiano, o futuro do trabalho seria sua fusão com os outros momentos da vida, e que o ócio – essencial para a criatividade –, deveria ter um papel importante em nosso futuro.

Discutimos anteriormente outras características do cenário atual que impulsionam a economia criativa: 1) a digitalização do mundo, favorecendo a transferência do polo de valor de bens tangíveis para intangíveis, armazenados na *cloud*; e 2) a desmaterialização consequente da digitalização, adicionando uma camada digital sobre o mundo físico. Essas duas tendências associadas beneficiam e alavancam a prestação de serviços, por meio da utilização criativa dos bens digitais altamente disponíveis e acessíveis na *cloud*. Todos esses fatores contribuem para a ascensão dos serviços na economia – a servicilização econômica –, no século XXI.

Social

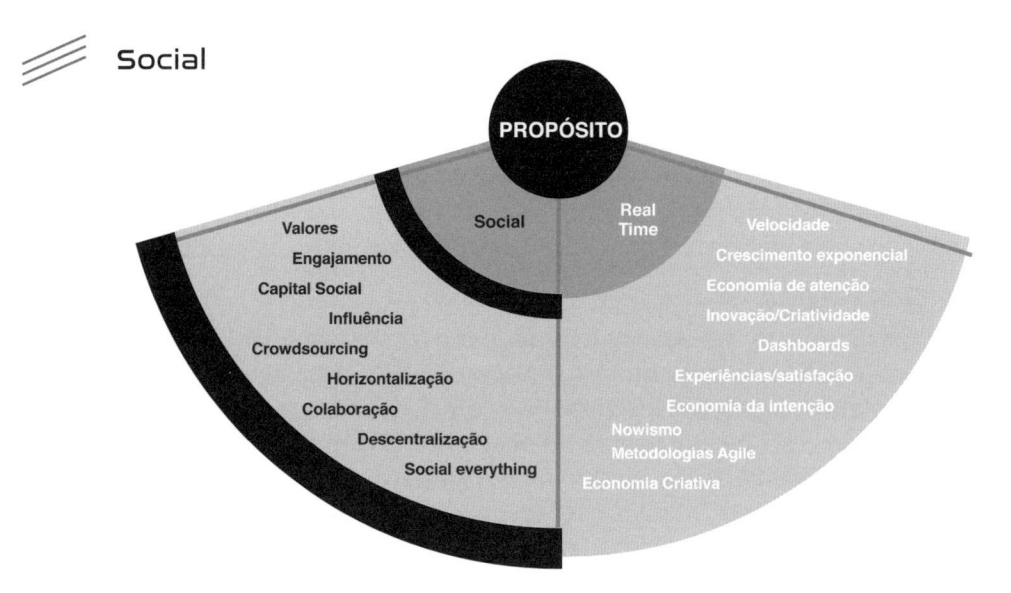

---

28. Ver mais em: https://en.wikipedia.org/wiki/Creative_economy_(economic_system). Acesso em: 26 jan. 2021.

O homem é, por natureza, um animal político;
um indivíduo que é antissocial naturalmente, não acidentalmente,
ou é desprezado pela sociedade ou está acima dela.

Aristóteles, em Política[29]

O ser humano é um ser social por natureza – sobrevivemos e evoluímos em sociedade, pois o grupo nos fortalece e garante a propagação da espécie. Indivíduos isolados não se reproduzem e perecem. Assim, a megatendência "social", na realidade, sempre foi uma característica da humanidade. A diferença que a coloca hoje no patamar, realmente, de tendência na era digital, é o aumento da sua participação no cotidiano das pessoas a partir das tecnologias atuais. Apesar de sermos sociais desde a nossa origem pré-histórica, o nível, o tipo e a qualidade das interações sociais entre os indivíduos não foram sempre os mesmos, muito pelo contrário – a evolução das tecnologias de comunicação e transporte, como visto anteriormente na primeira parte desse livro, foi transformando a natureza das relações sociais, e, particularmente depois da disseminação da internet em banda larga, nos elevou a um outro patamar de atividade e estrutura social.

Por exemplo, antes das redes sociais digitais, as pessoas possuíam mais contatos entre amigos e família (laços fortes) do que com conhecidos (laços fracos) – hoje, a situação é inversa, e, somando-se a isso, nos relacionamos cada vez mais com desconhecidos, que, por sua vez, passaram a nos influenciar, muitas vezes, mais do que os nossos contatos próximos.

Essa transformação da natureza social foi o assunto principal discutido amplamente na primeira parte desse livro – como a tecnologia transforma o ser humano e a sociedade. Assim, trataremos, a seguir, apenas de duas megatendências que ainda não foram abordadas anteriormente, e que são consequências das transformações causadas pela ascensão da tendência "social".

Crowdsourcing

Apesar de o termo ser relativamente novo, *crowdsourcing* é uma dinâmica provavelmente tão antiga quanto a humanidade. Em qualquer grupo de pessoas, a colaboração de vários indivíduos em torno de uma causa comum, com o objetivo de resolver um problema específico de um de seus membros, é um processo de *crowdsourcing*. Assim, mutirões para construção de uma creche, vaquinhas para comprar um presente, caixas de sugestões para melhorias de uma empresa, são todos exemplos tradicionais de ações de *crowdsourcing*. No entanto, antes da era digital, as nossas redes de relacionamento para solicitar

---

29. Ver mais em: http://www.perseus.tufts.edu/hopper/text?doc=Perseus:abo:tlg,0086,035:1:1253a. Acesso em: 26 jan. 2021.

qualquer tipo de ajuda atingiam um número limitado de indivíduos por proxi-midade geográfica e possibilidades de interação. Com as redes sociais *on-line*, o alcance para uma chamada de *crowdsourcing* ampliou-se consideravelmente, impulsionando essa prática.

Dessa forma, em outras palavras, pedir e conseguir ajuda ficou mais fácil, porque as redes sociais digitais propagam informação muito mais rapidamente e para muito mais gente do que as redes de comunicação tradicionais. No entan-to, por outro lado, para que dê resultados, uma ação de *crowdsourcing* precisa ser implementada efetivamente, e, nesse sentido, quanto maior a quantidade de contribuições, maior a complexidade e dificuldade em se fazer a gestão e execução das ações. Por exemplo, analisar e decidir qual é a melhor ideia a ser implementada entre 20 sugestões consome muito menos tempo e recursos do que seriam necessários em um processo que envolvesse duas mil contribuições. Assim, para que um processo de *crowdsourcing* seja bem-sucedido, é essencial que sejam pensadas *a priori* as estratégias metodológicas para torná-lo em ações implementáveis, pois, caso contrário, o efeito tende a ser o contrário do esperado, não trazendo resultados e desperdiçando recursos.

Crowdsourcing está intimamente relacionado com a economia colaborativa estruturada pelas tecnologias digitais, que emerge do aumento da complexidade do mundo, em função da densa interconexão. Nesse sentido, a utilização da colaboração para alavancar a inovação é a base de inúmeras soluções disrup-tivas da era digital, como Wikipedia, Waze, TripAdvisor, Kickstarter[30], entre outras. Essas plataformas funcionam por meio da colaboração das pessoas em alguma forma de *crowdsourcing* mediada tecnologicamente, com mecanismos, em alguns casos, de atribuição de pesos distintos a colaboradores que contri-buem com melhores participações. Por exemplo, no Waze e no TripAdvisor, os usuários que têm suas dicas mais curtidas, e, portanto, valorizadas, sobem de categoria, de forma que as suas próximas contribuições serão consideradas de forma mais preponderante em relação às demais, menos curtidas.

O termo *crowdsourcing* é uma contração das palavras *crowd* (multidão, em inglês) e *outsourcing* (terceirização, em inglês), significando terceirização da multidão para colaborar na solução de problemas. Existem várias formas de *crowdsourcing*, em função do tipo de solução que ela busca: *crowdvoting* (votos, curtidas), *crowdwisdom* (conhecimento, ideias), *crowdfunding* (recursos financeiros), *crowdsolving* (solução de problemas), *crowdsearching* (busca), por exemplo.

---

30. Kickstarter é o maior *site* de financiamento coletivo do mundo e que busca apoiar projetos inovadores. O *site* foi fundado em 2008 por Perry Chen, Yancey Strickler e Charles Adler. Mais informações em: https://pt.wikipedia.org/wiki/Kickstarter. Acesso em: 26 jan. 2021.

A colaboração na criação de novas soluções é a força motriz dos processos de **inovação aberta**[31], que têm se tornado uma forma de inovação cada vez mais importante no contexto acelerado e competitivo que vivemos. A inovação aberta acontece de forma mais rápida, com mais recursos humanos, e que são mais variados (e, portanto, com ideias distintas) e submetidos a estímulos mais diferenciados do que a inovação tradicional (equipes fixas, dentro de um ambiente limitante). Assim, a disseminação de processos de *crowdsourcing* favorece a inovação aberta, aumentando a sua importância.

Influência

Influência social é uma característica inerente a sociedades (grupos de indivíduos, sejam eles humanos ou não), e se constitui em uma das principais forças determinantes das decisões, e consequentemente, dos resultados, alcançados pelo grupo, podendo afetar todos que a ele pertencem. Por isso, influência social sempre foi importante, em qualquer civilização, desde os primórdios da humanidade – ela está intrinsecamente relacionada a decisões e resultados, que por sua vez, impactam a qualidade das nossas vidas, tanto no âmbito individual quanto coletivo.

No entanto, a disseminação das tecnologias digitais na vida das pessoas na última década, conectando virtualmente todas as pessoas do planeta, dissipa cada vez mais as fronteiras entre os grupos sociais isolados e tem nos transformado em uma única grande comunidade global. Nesse contexto, a **influência social** ganha cada vez mais importância, pois o seu alcance se amplifica gradativamente com a expansão tecnológica.

Por outro lado, a complexidade do ambiente também tem crescido proporcionalmente à aceleração tecnológica no mundo, que amplia a multiplicidade de tecnologias, conexões, informações, objetos, e toda a diversidade de opções a que estamos submetidos diariamente. As possibilidades são infindáveis, o que dificulta a tomada de decisões, além de nos trazer angústia para conseguir decidir, conforme mostrado por Berry Schwartz (2007) no fenômeno que ele denominou de "paradoxo da escolha". Junte-se a isso a **horizontalização** que as tecnologias causam nas relações, mudando a predominância de estruturas de redes hierárquicas centralizadas para distribuídas descentralizadas, contribuindo para o aumento da complexidade do tecido social. Outra consequência importante dos sistemas complexos na tomada de decisão é a dificuldade em se mapear a correlação entre seus processos para determinar causalidade. Em outras palavras, em ambientes mais complexos fica mais difícil de ver como uma ação em uma parte afeta as demais.

---

31. Inovação aberta (*open innovation*) é um termo criado por Henry Chesbrough, professor e diretor executivo no Centro de Inovação Aberta da Universidade de Berkeley. Mais detalhes em: https://pt.wikipedia.org/wiki/Inova%C3%A7%C3%A3o_aberta. Acesso em: 26 jan. 2021.

Somando-se o paradoxo da escolha com a **desierarquização** social e a dificuldade de correlacionar causas/efeitos de forma visível e direta nos sistemas complexos, uma das soluções mais eficientes para a tomada de decisões nesses contextos passa a ser a observação e "imitação" da solução de outros sistemas/pessoas – em outras palavras, conforme a decisão se torna mais complexa, passamos a ser mais influenciados do que quando estamos em sistemas mais simples. Um exemplo disso é quando vamos comprar um carro novo – no passado, existiam poucos modelos e marcas para analisarmos e compararmos para escolher. Hoje, a quantidade de variações é tão grande que o processo exige muito mais tempo, conhecimento e dedicação, fazendo com que, na maior parte das vezes, quando o assunto não é da nossa *expertise*, consultemos algum sistema (pessoas ou programas computacionais) que tenha maior conhecimento para nos ajudar. Assim, a influência – tanto social quanto computacional – para a tomada de decisão aumenta em ambientes mais complexos, crescendo também, consequentemente, a sua importância.

É interessante notar que não é apenas a **influência externa** (social ou computacional) que cresce com o aumento da complexidade dos ambientes, mas também a **interna**, cerebral, pois passamos a usar mais atalhos mentais para facilitar a tomada de decisões. Por exemplo, quando o mundo tinha menos opções e variáveis para soluções, era bem mais fácil analisar a relação entre qualidade e preço. Conforme o volume de escolhas cresce, usamos o atalho mental de que preço maior significa qualidade maior para otimizar as decisões. Apesar de isso não ser sempre verdade, mostra-se correto na maioria dos casos, minimizando o tempo de recursos para decidir e maximizando o resultado em média.

Sabemos, portanto, que o ambiente social se expandiu e que a complexidade favorece decisões por influência social, computacional e biológica (atalhos mentais). Assim, esses três tipos de influência são tendências na era digital e importantes instrumentos de poder para quem os controla.

Outra dimensão da influência que é impulsionada pelo processo digital de comunicação distribuída, descentralizada e desierarquizada é a **microinfluência**. Vimos, na primeira parte deste livro, que as conexões digitais podem ampliar as expressões individuais, dando voz a quem não tinha possibilidades de ser ouvido nas estruturas de comunicação de massa tradicionais. Um estudo da Airstrip Group[32] mostra que os perfis de redes sociais com base de até 20 mil seguidores são os que mais geram conteúdo, sendo responsáveis por 66% do volume total, enquanto os influenciadores que possuem mais de 1 milhão de seguidores contribuem com apenas 2% dos *posts*. Esse fenômeno amplia a importância da microinfluência, fazendo com que emerja como tendência importante associada à megatendência social.

---

32. Ver mais em: https://adnews.com.br/microinfluenciadores-sao-responsaveis-por-66-do-conteudo-das-redes/. Acesso em: 26 jan. 2021.

Sustentabilidade

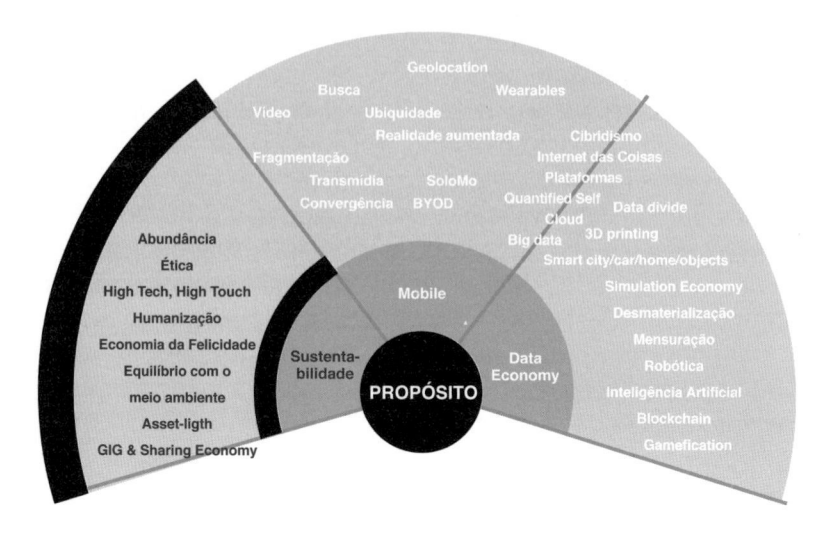

Sustentabilidade é assunto recorrente e uma grande tendência já há algumas décadas. No entanto, ao longo do tempo, o seu foco tem se transformado em função dos desequilíbrios que vão se modificando com a evolução sociotecnológica.

Originariamente, a questão da sustentabilidade ganhou relevância devido ao uso dos recursos naturais, que passou a ameaçar a capacidade do planeta de regenerá-los, comprometendo o futuro do meio ambiente. A seguir, o conceito foi incorporado nas discussões sobre empresas, cidades e comunidades, elevando a consciência social sobre a importância de todo e qualquer sistema ser sustentável – seja ele um empreendimento ou o planeta todo – para garantir que seja equilibrado em todas as suas dimensões: **correto ecologicamente**, **viável economicamente** e **justo socialmente**.

Penso que o termo que melhor resume o conceito de sustentabilidade é a palavra que a define em francês: *durabilité*[33] – ou seja, para ser sustentável, tem que ser **durável**, e, para que contribuamos para que qualquer sistema seja sustentável, temos que **contribuir para a sua durabilidade** e jamais ameaçá-la ou comprometê-la em função do modo como o usamos. A durabilidade requer equilíbrio ecológico (ambiente), social e econômico (Figura 11.12).

---

33. Ver mais em: https://fr.wikipedia.org/wiki/Durabilit%C3%A9. Acesso em: 26 jan. 2021.

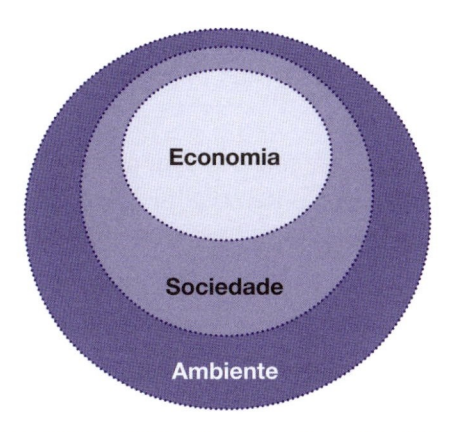

Figura 11.12 – As três dimensões da sustentabilidade.
Fonte: https://en.wikipedia.org/wiki/Sustainability. Acesso em: 26 jan. 2021.

No entanto, a evolução e disseminação das tecnologias digitais, especialmente na última década, têm solucionado algumas das questões antigas da sustentabilidade, enquanto, ao mesmo tempo, causa novos desequilíbrios que precisam ser solucionados. Nesse sentido, a última fronteira da sustentabilidade, ou talvez a primeira, é o ser humano. Vejamos.

Por um lado, o avanço tecnológico atual tende a resolver os problemas de sustentabilidade do meio ambiente no curto a médio prazo – toda escassez é contextual, e a tecnologia é uma força liberadora de recursos que pode transformar escassez em abundância. O TED Talk disponível pelo QR Code da Figura 11.13, apresentado por Peter Diamandis, argumenta que abundância é o futuro da humanidade em função do progresso tecnológico.

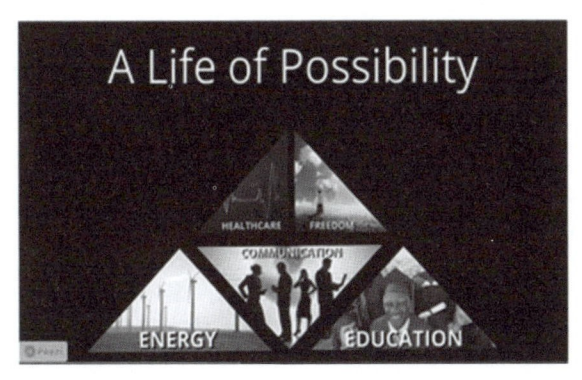

Figura 11.13 – Imagem do vídeo TED Talk, apresentado por Peter Diamandis, sobre a abundância resultante da evolução tecnológica. Disponível por meio do QR Code ou em: https://www.ted.com/talks/peter_diamandis_abundance_is_our_future?language=pt-br. Acesso em: 26 jan. 2021.

O bilionário filantropo Bill Gates, fundador da Microsoft, também defende que a tecnologia solucionará os problemas do meio ambiente e trará abundância[34].

Por outro lado, no entanto, estudos têm mostrado que o ambiente sociotecnológico (incluindo tecnologias não digitais) em que vivemos hoje está comprometendo a sustentabilidade do ser humano – note-se, especialmente, alguns:

- O uso de mais de sete redes sociais diferentes triplica o risco de depressão[35].

- Aumento de tecnologia (*social media*) e quantidade informação gera *stress* em meninas, que, por comparação, se sentem pressionadas em serem boas, além de causar perda de foco, dificulta alcançar sucesso[36].

- O aumento da poluição do ar nas áreas urbanas está ligado ao crescimento da quantidade de diagnósticos de Síndromes de Deficiência de Atenção (ADHD)[37] – some-se a isso que, atualmente, pela primeira vez na história da humanidade, mais de 50% da população mundial vive em cidades[38].

- Apesar do progresso com algumas doenças, como o câncer, as doenças mentais quadruplicaram nos últimos 21 anos devido às mudanças do ambiente e comportamento das pessoas: poluição, sedentarismo, emissão de ondas de rádio etc.[39].

- A depressão cresceu 18% no mundo em 10 anos (de 2005 a 2015), e o Brasil é o campeão mundial de ansiedade[40].

Nesse contexto, conforme a tecnologia vai transformando o ambiente e a humanidade, precisamos perguntar até que ponto ela contribui para a nossa sustentabilidade e quando ela passa a prejudicá-la, para que possamos analisar o seu real impacto no ecossistema humano.

---

34. Ver programa *Looking Forward* da rede CNN, com Bill Gates discutindo o futuro. Disponível em: http://edition.cnn.com/2017/02/09/health/looking-forward-with-bill-gates/index.html. Acesso em: 14 jan. 2021.

35. Ver mais em: http://www.spring.org.uk/2017/09/social-media-depression.php. Acesso em: 26 jan. 2021.

36. Ver mais em: http://www.npr.org/sections/health-shots/2017/02/13/514353285/depression-strikes-to-days-teen-girls-especially-hard. Acesso em: 26 jan. 2021.

37. Ver mais em: http://www.spring.org.uk/2014/11/the-environmental-factor-linked-to-huge-rise-in-adhd.php. Acesso em: 26 jan. 2021.

38. Ver mais em: https://www.yahoo.com/katiecouric/urbanization-explained-211051229.html. Acesso em: 26 jan. 2021.

39. Ver mais em: http://www.spring.org.uk/2015/08/the-reason-brain-diseases-have-quadrupled-in-21-years.php. Acesso em: 26 jan. 2021.

40. Ver mais em: https://g1.globo.com/bemestar/noticia/depressao-cresce-no-mundo-segundo-oms-brasil-tem-maior-prevalencia-da-america-latina.ghtml. Acesso em: 26 jan. 2021.

Comparando as necessidades essenciais do ser humano elencadas na Pirâmide de Maslow[41], com as dimensões fundamentais requeridas para que um sistema qualquer seja sustentável (equilíbrio ecológico + econômico + social), podemos ver na Figura 11.14 que a pirâmide as contempla, mas que elas não são suficientes para garantir a sustentabilidade humana. O ser humano possui dimensões adicionais, que transcendem qualquer outro tipo de sistema e que precisam, também, ser consideradas para atingir o seu equilíbrio sustentável. Assim, as dimensões do equilíbrio humano são: física, mental, espiritual e ética, e se relacionam com os níveis das necessidades da pirâmide de Maslow, como mostrado na Figura 11.14.

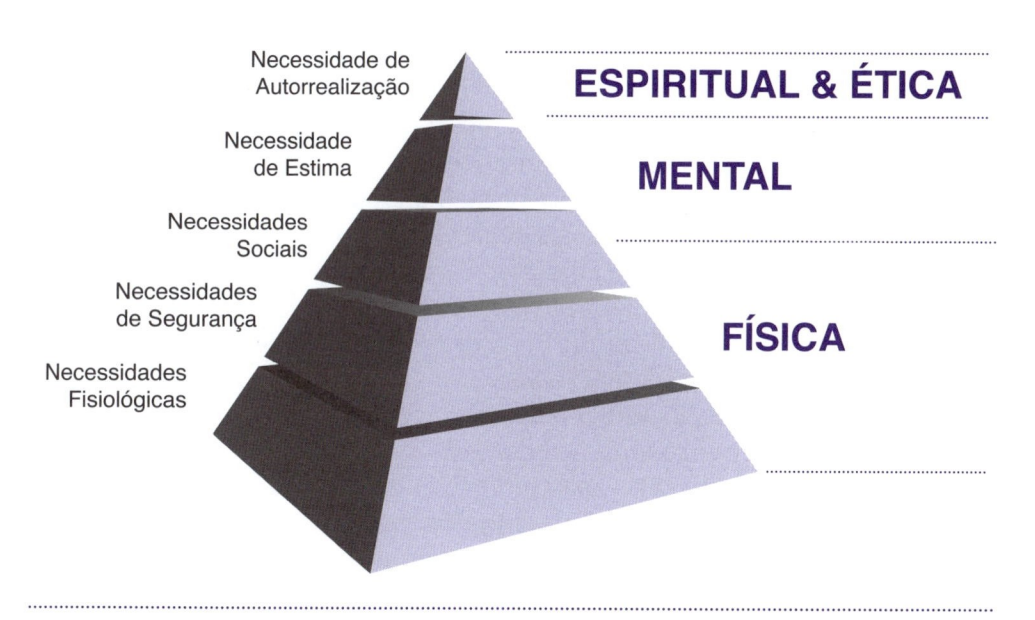

Figura 11.14 – Pirâmide apresentando, do lado esquerdo, a hierarquia das necessidades de Maslow[42], fazendo a correlação com os pilares de sustentabilidade humana, do lado direito da imagem, propostos por Martha Gabriel.

41. A pirâmide de Maslow representa a hierarquia das necessidades humanas, de forma que, conforme satisfazemos cada nível, avançamos para o imediatamente superior até alcançarmos a autorrealização no topo da pirâmide. Apesar das críticas em relação à hierarquia em si, a segmentação apresentada na pirâmide elenca as necessidades do ser humano. Mais informações em: https://pt.wikipedia.org/wiki/Hierarquia_de_necessidades_de_Maslow. Acesso: 26 jan. 2021.

42. A teoria da hierarquia das necessidades de Maslow foi apresentada em 1954, em seu livro *Motivation and Personality*. Mais informações em: https://en.wikipedia.org/wiki/Maslow%27s_hierarchy_of_needs. Acesso em: 26 jan. 2021.

Os avanços tecnológicos têm um grande potencial para conseguir atender as necessidades dos níveis mais baixos da pirâmide de forma cada vez mais eficiente e barata: questões fisiológicas, de segurança e de provimento de estrutura, para que possamos articular nossas necessidades sociais. As dimensões essenciais dos sistemas inanimados sustentáveis também se encaixam nesses níveis inferiores da pirâmide. Esses níveis tendem apenas à dimensão física da sustentabilidade humana. Conforme subimos para os níveis mais altos da pirâmide (necessidades sociais, de estima e de autorrealização), a sua satisfação depende das demais dimensões sustentáveis que estão presentes no ser humano: mental, espiritual e ética. Essas dimensões da sustentabilidade humana não conseguem ser solucionadas simplesmente pela existência da tecnologia e, ao contrário, podem eventualmente ser agravadas pelo ambiente tecnológico.

Por resolver de forma cada vez melhor as questões das necessidades humanas na dimensão física da sustentabilidade, a tecnologia tem se tornado cada vez mais essencial para a sustentabilidade humana; no entanto, não é suficiente. Para solucionar as demais dimensões da sustentabilidade humana, é preciso muito mais do que tecnologia, e essa questão se torna cada vez mais urgente, pois estudos e indicadores têm mostrado que estamos vivendo uma crise neste campo. Um índice que reforça a conclusão de que a tecnologia sozinha não é suficiente para resolver essa crise é o Happy Planet Index[43] (índice de felicidade do planeta) medido em cada país ao redor do mundo[44] – o índice mostra que países que são líderes mundiais de produção e aplicação de tecnologia de ponta, como os Estados Unidos, por exemplo, apresentam baixo grau de sustentabilidade feliz, enquanto existem países mais pobres e menos desenvolvidos tecnologicamente, que apresentam índices melhores de sustentabilidade e felicidade.

A questão da sustentabilidade humana, portanto, é uma das megatendências emergentes no cenário tecnológico atual, e, sob a perspectiva do ser humano, é a mais importante. O movimento vem crescendo na última década,

---

43. Mais informações sobre o Happy Planet Index estão disponíveis em: http://happyplanetindex.org/. Acesso em: 26 jan. 2021.
44. Mapeamento do Happy Planet Index no Globo. Disponível em: http://happyplanetindex.org/. Acesso em: 26 jan. 2021.

despertando interesse da ONU[45], das empresas[46] e dos países[47] e impulsionando várias outras tendências que se relacionam com as dimensões sustentáveis humanas, que veremos brevemente a seguir.

Economia da felicidade

A ideia de que a felicidade é importante para uma sociedade remonta à antiguidade, constando da obra e discussão de importantes intelectuais e filósofos como Aristóteles, Platão e Confúcio. No entanto, apenas em 1972, pela primeira vez na história, um país decidiu formalmente criar um estatuto governamental que colocasse a felicidade e o bem-estar como os principais critérios para tomada de decisão de políticas públicas: o Butão. O rei Jigme Singye Wangchuck introduziu no país, a partir de então, a filosofia do GNP (*Gross National Happiness*), ou, em português, o FIB (Felicidade Interna Bruta) e seus quatro pilares.

Surge, assim, a Economia da Felicidade[48], que é o estudo quantitativo e teórico da felicidade, efeitos positivos e negativos, bem-estar, qualidade de vida, satisfação e conceitos correlatos, tipicamente combinando economia com outros campos, como psicologia, saúde e sociologia. O foco é na maximização dos índices relacionados com a felicidade ao invés dos que medem de riquezas, renda ou lucro, e essa tendência tem crescido substancialmente desde o final do século passado.

Asset-light lifestyle

A concomitância de alguns fatores da era digital tem alancado uma cultura de **estilo de vida mais leve**, buscando o **consumo mais consciente** e equilibrado por parte das pessoas. São eles: 1) ascensão da conscientização sobre **sustentabilidade** ambiental; 2) tendência da **desmaterialização** causada pela digitalização e mobilidade; 3) disponibilidade de tecnologias digitais sociais estruturantes para **colaboração** distribuída; 4) ascensão da cultura da **produtividade** como símbolo de *status*, e não mais o consumo conspícuo[49].

---

45. Ver mais em: https://www.huffingtonpost.com/2012/06/11/united-nations-calls-for-_n_1582289.html. Acesso em: 26 jan. 2021.
46. Ver mais em: https://www.gsb.stanford.edu/faculty-research/case-studies/how-cultivate-happiness-companies-five-caselets. Acesso em: 26 jan. 2021.
47. Ver mais em: https://www.theguardian.com/business/2014/oct/28/gross-national-happiness-can-we-measure-a-uk-feelgood-factor. Acesso em: 26 jan. 2021.
48. Ver mais em: https://en.wikipedia.org/wiki/Happiness_economics. Acesso em: 26 jan. 2021.
49. Ver mais em: https://www.theguardian.com/technology/2017/apr/24/new-status-symbol-hard-work-spending-ceos. Acesso em: 26 jan. 2021.

O TED Talk *Menos coisas, mais felicidade*[50], apresentado por Graham Hill em 2011 (disponível por meio da Figura 11.15), traz uma argumentação interessante que sumariza o emblema do *asset-light lifestyle*, questionando o quanto realmente precisamos possuir para sermos felizes.

Figura 11.15 – Imagem do TED Talk *Menos coisas, mais felicidade*, acessível por meio do QR Code ou em https://www.ted.com/talks/graham_hill_less_stuff_more_happiness?language=pt-br. Acesso em: 26 jan. 2021.

Humanização, ética & *high tech, high touch*

Na primeira parte deste livro, discutimos a transformação humana em função das tecnologias digitais – uma das consequências do ambiente amplamente conectado e *mobile* é o aumento do grau de transparência da sociedade e diminuição dos graus de privacidade, ampliando a visibilidade de tudo e todos, além da exposição de todo tipo de comportamento, bom e ruim, ético e antiético. Nesse contexto panóptico, estruturado pela digitalização, emerge como megatendência a valorização de tudo aquilo que represente "humanidade".

Conforme as máquinas automatizam tarefas, o ser humano pode se liberar para praticar o ócio criativo e a imaginação, expressando cada vez mais a sua essência. No entanto, infelizmente, a intoxicação tecnológica muitas vezes nos anestesia e passamos a sofrer de falta de sentido. As discussões de John Naisbitt, no seu livro *High Tech, High Touch*, de 2001, trazem inúmeras percepções que apontavam para o impulsionamento da humanização como

---

50. Ver mais em: https://www.ted.com/talks/graham_hill_less_stuff_more_happiness?language=pt-br. Acesso em: 26 jan. 2021.

megatendência – ele argumenta que quanto mais tecnologia temos em nossas vidas (*high tech*), mais humanos precisamos ser (*high touch*) para conseguirmos encontrar sentido na vida.

Assim, é irônico e, ao mesmo tempo, paradoxal, que quanto mais dominamos a tecnologia, mais precisamos encontrar nossa humanidade para conseguirmos ser sustentáveis.

Consumo colaborativo, GIG & *sharing economy*

O casamento da ampliação do alcance e interação social com a conscientização sustentável possibilitaram, estruturaram e alavancaram a colaboração entre os indivíduos ao redor do planeta, fazendo com que novos modelos de negócios e de consumo surgissem e modificassem profundamente a economia.

Assim, inúmeros conceitos associados com a economia baseada em colaboração passaram a ser usados para expressar o fenômeno e a tendência crescente que se delineava: *GIG economy*, *sharing economy*, consumo colaborativo[51], economia de acesso etc. Surgem em seu rastro empresas que se tornaram estrelas do mercado como Uber, Airbnb, Zipcar, BlaBlaCar, KickStarter, entre muitas outras, atestando o poder desses novos modelos de negócios baseados em algum tipo de colaboração escalável por meio das tecnologias digitais.

---

51. Ver mais em: https://www.fastcompany.com/3046119/defining-the-sharing-economy-what-is-collaborative-consumption-and-what-isnt. Acesso em: 26 jan. 2021.

12

INTELIGÊNCIA ARTIFICIAL

Desde o momento em que o ser humano começou a projetar computadores, a inteligência artificial (IA) tem sido a última fronteira: conseguir construir um ser artificial com as mesmas habilidades humanas.

Apesar de a inteligência artificial e a robótica popularizarem o imaginário da humanidade há milênios e seu desenvolvimento remontar ao século passado, o ritmo exponencial do crescimento tecnológico na última década impulsionou seu avanço de forma espetacular, nos conduzindo para um cenário em que ambas as coisas estão se tornando realidade. Muitos dos serviços e aplicativos computacionais que utilizamos atualmente já incluem alguma forma de uso de IA, como as buscas do Google, processamento de imagens, reconhecimento facial nas mídias sociais, Waze etc. Além disso, estamos também cada vez mais cercados por assistentes pessoais computacionais[1], como Siri (Apple), Google, Cortana (Microsoft), Echo (Amazon), entre tantos outros, e eles estão transformando nossas vidas e o modo como nos relacionamos, não apenas com outros humanos,

---

1. Assistentes digitais: https://en.wikipedia.org/wiki/Virtual_assistant. Acesso em: 15 jan. 2021.

mas também com a tecnologia. Seres digitais inteligentes começam a permear nossas vidas em todas as dimensões: finanças, educação, *design*, pesquisa, *marketing*, relacionamentos etc.

No entanto, por ser um assunto novo para a maioria das pessoas, é muito comum acontecerem confusões ao se referir a robôs, inteligência artificial, *bots*, superinteligência etc., como se fossem sinônimos. Esse desentendimento é um problema crítico na sociedade, porque limita e prejudica as discussões sobre IA, que são essenciais para o desenvolvimento da área que definirá a direção em que a humanidade evoluirá. Estamos todos no mesmo barco, e IA são as águas em que estamos navegando, extremamente decisivas para o nosso futuro. Assim, acredito que seja um direito e ao mesmo tempo um dever de todo ser humano compreender e atuar nesse caminho de evolução. Além disso, as incertezas sobre os impactos que as máquinas inteligentes terão na humanidade representam um imenso desafio – como eles afetarão a sociedade? Quais serão os impactos positivos e negativos no ser humano? Devemos escolher e criar os futuros que desejamos – não podemos ficar à deriva ou remarmos para direções distintas, sob o risco de encontrarmos um futuro que não queremos.

Ao mesmo tempo em que a evolução da inteligência artificial é celebrada pela humanidade em razão de seu potencial de melhorar a vida das pessoas, ela é também temida em face do desconhecimento sobre o assunto e das incertezas sobre seu futuro. Alguns estudos que focam na análise de riscos para a humanidade[2] listam como ameaças emergentes a biologia sintética, a nanotecnologia e a inteligência artificial (IA), e, entre elas, a IA é considerada a menos compreendida. O estudo *Global Catastrophic Risks 2016* concluía que "essas inteligências extremas podem não ser fáceis de controlar, e poderiam agir de forma a aumentar suas próprias inteligências e a maximizar a aquisição de recursos para suas motivações iniciais. E se essas motivações não reconhecerem o valor da humanidade em detalhes exaustivos, a IA pode ser levada a construir um mundo sem humanos". No Encontro Anual do Fórum Econômico Mundial 2020, Yuval Harari alerta para os riscos tecnológicos para os quais a humanidade precisa se preparar (Figura 12.1).

---

2. Ver mais em: https://www.openphilanthropy.org/research/cause-reports/ai-risk; e http://globalprioritiesproject. org/wp-content/uploads/2016/04/Global-Catastrophic-Risk-Annual-Report-2016-FINAL.pdf. Acesso em: 26 jan. 2021.

Figura 12.1 – Imagem do discurso de Yuval Harari no Encontro Anual do Fórum Econômico Mundial 2020: Como sobreviver no século XXI. *Fonte:* https://www.ynharari.com/yuval-noah-harari-how-to-survive-the-21st-century/. Acesso em: 15 jan. 2021.

Assim, as possibilidades tecnológicas são infinitas, mas seus desafios também. Nesse sentido, acredito que o primeiro passo para se poder lidar de forma lúcida, estratégica e inteligente com qualquer coisa – situação, ideias, problemas, oportunidades, doenças, pessoas, mercado, inteligência artificial etc. – é definir e compreender essa coisa, para depois, em função disso, formar opinião e traçar cursos de ação. Portanto, visando contribuir para a melhor compreensão sobre a inteligência artificial, de modo a fomentar essa discussão, este capítulo se propõe exclusivamente a apresentar os principais conceitos sobre o tema, da forma mais simples possível. Vamos a eles.

 ## Brevíssimo histórico da inteligência artificial (IA)

Apesar de a história da inteligência artificial como disciplina acadêmica começar oficialmente apenas em 1956, na Conferência de Dartmouth[3], a presença de homens mecânicos e seres artificiais faz parte do imaginário mitológico humano pelo menos desde a Grécia Antiga – Hefesto, deus grego da tecnologia, teria criado autômatos de metal para servi-lo, como os tripés[4] que conseguiam se mover sozinhos, além do robô Talos[5] para defender a ilha de Creta.

---

3.   Ver mais em: https://en.wikipedia.org/wiki/History_of_artificial_intelligence. Acesso em: 26 jan. 2021.
4.   Ver mais em: https://en.wikipedia.org/wiki/History_of_robots. Acesso em: 26 jan. 2021.
5.   Ver mais em: https://en.wikipedia.org/wiki/Talos. Acesso em: 26 jan. 2021.

No cinema, a primeira grande obra de ficção científica sobre o tema foi o filme *Metropolis*, de Fritz Lang, em 1927, apresentando um robô sósia de uma camponesa, Maria, que gera caos na cidade de Berlim de 2026. Esse foi o primeiro robô retratado em um filme, inspirando, meio século depois, o look *Art Deco* de C-3PO em Star Wars[6] (Figura 12.2).

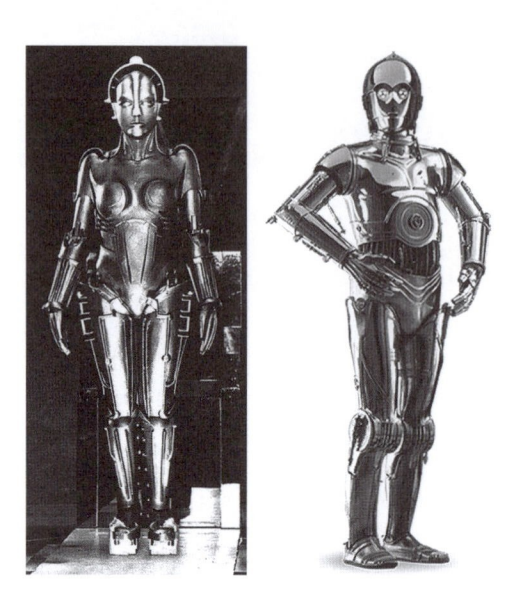

Figura 12.2 – Imagem do robô do filme *Metropolis* (à esquerda) e do robô C-3PO de *Star Wars* (à direita). *Fonte:* http://www.jeffbots.com/maria.html e https://en.wikipedia.org/wiki/C-3PO. Acesso em: 26 jan. 2021.

As primeiras pesquisas sobre máquinas pensantes foram resultado da confluência de ideias que começaram a se delinear principalmente na década de 1940 – cibernética, neurologia, computação, teoria da informação etc. Em 1950, Alan Turing publicou o seu artigo sobre máquinas que pensam, *Computing Machinery and Intelligence*, no qual propõe "o jogo da imitação" (*the imitation game*), que ficou posteriormente conhecido como o Teste de Turing[7] (Figura

6. Ver mais em: https://www.forbes.com/sites/gilpress/2016/12/30/a-very-short-history-of-artificial-intelligence-ai/#54f57f2d6fba. Acesso em: 26 jan. 2021

7. O Teste de Turing avalia a capacidade de uma máquina em exibir comportamento inteligente equivalente ao de um ser humano, ou indistinguível deste. No exemplo ilustrativo original, um jogador humano entra em uma conversa, em linguagem natural, com outro humano, e uma máquina projetada para produzir respostas indistinguíveis de outro ser humano. Todos os participantes estão separados um dos outros. Se o juiz não for capaz de distinguir com segurança a máquina do humano, diz-se que a máquina passou no teste. O teste não verifica a capacidade de dar respostas corretas para as perguntas; mas sim o quão próximas as respostas

12.3)– que se tornou a primeira proposta séria de filosofia da inteligência artificial.

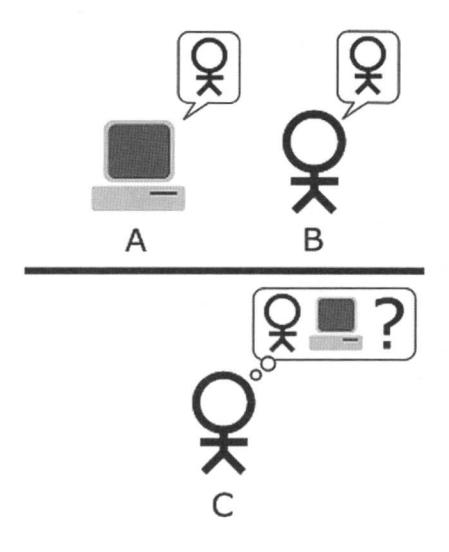

Figura 12.3 – Representação mais comum do Teste de Turing, em que um interrogador humano (C) fica incumbido de tentar determinar qual dos respondentes – (A) ou (B) – é um computador e qual é um humano. O interrogador não vê os respondentes e limita-se a usar as respostas a perguntas escritas a fim de tomar a decisão. Se o interrogador não conseguir identificar o computador, a máquina passa no teste.
Fonte: https://pt.wikipedia.org/wiki/Teste_de_Turing. Acesso em: 26 jan. 2021.

Considerando-se que inteligência artificial é uma disciplina complexa, que envolve e depende de inúmeras outras, sua evolução aconteceu em função do desenvolvimento tecnológico e avanço de diversas áreas do conhecimento humano que se sucedeu desde os anos 1950, nos trazendo para o cenário atual, em que IA está verdadeiramente emergindo em nosso cotidiano. Mais recentemente, o acesso a grandes volumes de dados (*big data*), computadores mais rápidos e o avanço nas técnicas de *machine learning*, *deep learning*, redes neurais computacionais, tecnologias de processamento de vídeo e imagem e reconhecimento de fala alavancaram a evolução da IA, que passou a ser utilizada em diversos produtos de mercado.

---

são daquelas dadas por um ser humano típico. A conversa é restrita a um canal de texto, como um teclado e uma tela, para que o resultado não dependa da capacidade da máquina de renderizar áudio. Fonte: https://pt.wikipedia.org/wiki/Teste_de_Turing. Acesso em: 26 jan. 2021.

O que é inteligência artificial

Inteligência artificial (IA) é a área da Ciência da Computação que lida com o desenvolvimento de máquinas/computadores com capacidade de imitar a inteligência humana.

No entanto, a inteligência é um campo extremamente complexo, tanto que não existe uma única definição que possa explicá-la. Há, porém, uma ampla concordância entre os pesquisadores sobre as habilidades que a inteligência precisa ter para ser considerada de nível humano, como: **raciocinar** (estratégia, solução de problemas, compreensão de ideias complexas e capacidade de tirar conclusões em ambientes com incerteza), **representar o conhecimento** (incluindo conhecimento de senso comum), **planejar, aprender, comunicar em linguagem natural, integrar todas essas habilidades para uma meta comum**, além de **sentir** (ver, ouvir etc.) e **ter a habilidade de agir** (exemplo: se movimentar e manipular objetos) no mundo de forma inteligente, inclusive detectando e respondendo a ameaças. Somam-se a essas outras características, como **imaginação** (habilidade de criar imagens e conceitos mentais que não foram programados) e **autonomia**, que também são essenciais para um comportamento "inteligente".

Assim, de forma geral, "o termo **inteligência artificial** é utilizado quando máquinas imitam as funções 'cognitivas' que os humanos associam com 'mentes humanas', como 'aprendizagem' e 'solução de problemas'"[8]. Os problemas principais de IA, consequentemente, incluem dotar os computadores de características como:

- Conhecimento.
- Criatividade.
- Raciocínio.
- Solução de problemas complexos.
- Percepção.
- Aprendizagem.
- Planejamento.

---

8. Russel (2009).

- Comunicação em linguagem natural.
- Habilidade de manipular e mover objetos.
- Outras habilidades que consideramos comportamento "inteligente".

Portanto, Inteligência Artificial é um termo amplo, que abriga debaixo de seu guarda-chuva as inúmeras disciplinas envolvidas com o desenvolvimento de máquinas pensantes. Como o objetivo de IA é o desenvolvimento da inteligência, ela se relaciona com todas as áreas do conhecimento que são usadas no estudo da inteligência, além de métodos, algoritmos e técnicas que possam tornar um *software/hardware* inteligente no sentido humano da palavra. Inclui, por exemplo, visão computacional, processamento de linguagem natural, robótica e tópicos relacionados. Além das disciplinas relacionadas com o desenvolvimento de IA em si, existem ainda sobreposições e diálogos com outros campos essenciais para balizar o seu direcionamento e convivência com outras formas de inteligência, como a humana, por exemplo, mostrados na Figura 12.4.

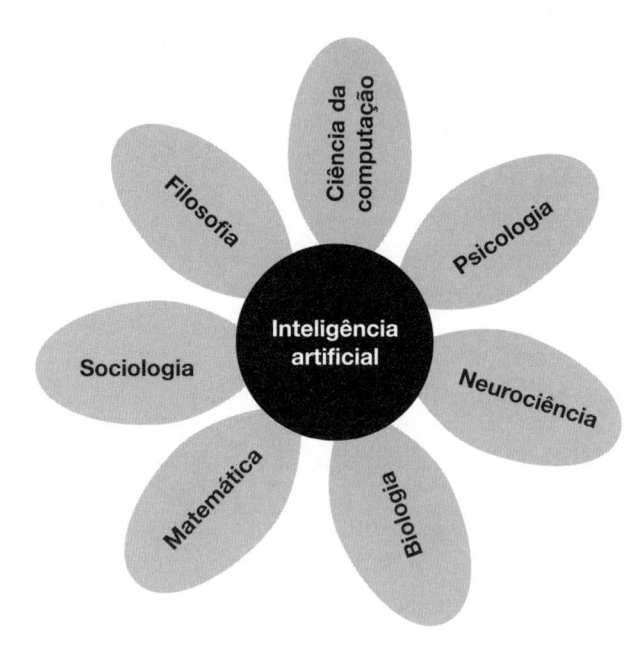

Figura 12.4 – Áreas relacionadas com o desenvolvimento de IA. Imagem inspirada em: http://www.geeksforgeeks.org/artificial-intelligence-an-introduction/. Acesso em: 26 jan. 2021.

Nesse sentido, IA – tal como a inteligência humana –, é um assunto complexo e multi-inter-trans-disciplinar, que dialoga potencialmente com todas as áreas do conhecimento, como filosofia, sociologia, psicologia, educação, economia, direito etc., que vão muito além do escopo deste livro. Nossa intenção, aqui, é focar mais especificamente nas áreas relacionadas com o desenvolvimento de aplicações de inteligência artificial, discutindo o seu *big picture*, em que inúmeros campos das Ciências da Informação e Computação se sobrepõem, como mostrado na Figura 12.5. Para tanto, usaremos a linguagem menos técnica e mais simples possível, mas sem ser simplória, para apresentar como essas partes principais se encaixam.

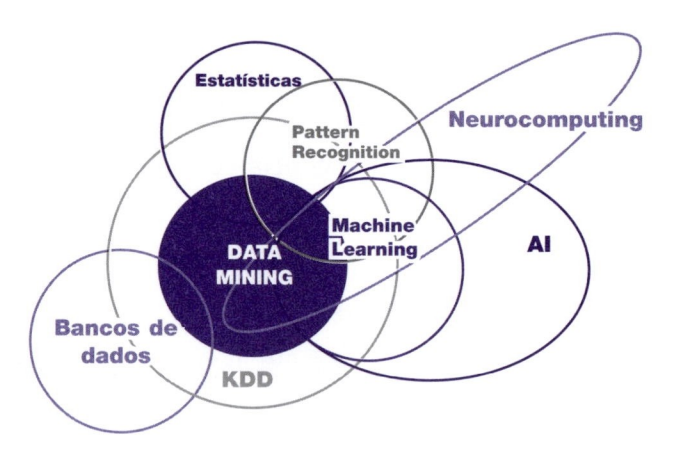

Figura 12.5 – Áreas relacionadas com o desenvolvimento de IA. Imagem inspirada em: http://www.geeksforgeeks.org/artificial-intelligence-an-introduction/. Acesso em: 26 jan. 2021.

Discutiremos, portanto, a seguir:

- **Níveis de inteligência de artificial** – classificação dos produtos de IA em função do tipo de inteligência que possuem: **Inteligência Artificial Limitada** (*Artificial Narrow Intelligence* – ANI), **Inteligência Artificial Geral** (*Artificial General Intelligence* – AGI) e **Superinteligência Artificial** (*Artificial Super Intelligence* – ASI).

- **Métodos de IA** – metodologias e algoritmos para o desenvolvimento e aplicação de IA: *Machine Learning*, *Deep Learning*, *Data Mining*, **Redes Neurais Artificiais** etc.

- **Robótica & IA** – relação da IA e suas manifestações física (ou não): *bots*, robôs, *androids* & *gynoids*, *cyborgs*.

Níveis de inteligência artificial

As categorizações da inteligência artificial nos auxiliam a compreender o grau de inteligência de uma IA, que vai desde o mais restrito e específico até a superinteligência. Assim, de forma geral, qualquer produto de IA pode ser classificado em alguma das categorias a seguir:

- **Inteligência Artificial Limitada (ANI)**[9] – conhecida também como "IA Fraca"[10] (*Weak AI*), é o tipo mais básico de IA, que se **especializa em apenas uma área**. Esses sistemas inteligentes são capazes de lidar com uma quantidade imensa de dados e fazer cálculos complexos muito rapidamente, mas somente com um único objetivo – é o tipo de inteligência artificial que consegue vencer um campeão de xadrez, mas é a única coisa que ela faz. Se você pedir para ela fazer qualquer outra coisa, como por exemplo, filtrar *spam* ou jogar damas, ela não saberá. O mesmo acontece com sistemas de IA em carros autônomos, IA de reconhecimento facial etc. – são aplicações extremamente focadas, direcionadas para terem o máximo de *performance* com apenas um objetivo. **Esse é o tipo de inteligência artificial que temos disponível hoje** (que se utiliza de diversos métodos e algoritmos, como Redes Neurais, *Deep Learning* etc., como veremos mais à frente). No entanto, ainda dentro dessa categoria (ANI), temos uma subdivisão importante, referente ao nível de consciência que a IA pode ter:

  - **Máquinas reativas** – essa é a classe mais simples de sistemas de IA: são puramente reativos, e não têm habilidades para criar memórias e nem utilizar experiências passadas para fundamentar a decisão atual. Um exemplo disso é o Deep Blue da IBM, supercomputador de xadrez que derrotou um dos maiores campeões de todos os tempos, Garry Kasparov, em 1997, ou o AlphaGO da DeepMind Google, que derrotou, em 2015, os campeões europeus de GO, o jogo mais complexo já inventado[11].

---

9. Em inglês: *Artificial Narrow Intelligence* – ANI.
10. A classificação da Inteligência Artificial como forte ou fraca foi apresentada pela primeira vez nos anos 1980 pelo filósofo e escritor norte-americano John Searle. Fonte: *Human-Level Artificial Intelligence? Be Serious!*, por Nils Nilsson. Disponível em: http://ai.stanford.edu/~nilsson/OnlinePubs-Nils/General%20Essays/AIMag26-04-HLAI.pdf. Acesso em: 26 jan. 2021.
11. Ver mais em: http://www.nature.com/nature/journal/v529/n7587/full/nature16961.html; e https://en.wikipedia.org/wiki/AlphaGo. Acesso em: 26 jan. 2021.

- **Memória limitada** – essa classe contém máquinas que conseguem olhar para o passado (memória) para fundamentar a decisão atual. Os carros autônomos já fazem um pouco disso atualmente: eles observam a velocidade e a direção dos outros carros para decidir o que fazer, e isso não pode ser feito em apenas um momento, pois requer identificação de objetos específicos e seu monitoramento ao longo do tempo.

- **Inteligência Artificial Geral (AGI)** – conhecida também como "IA forte" (*Strong AI*) ou "IA nível humano" (*Human Level AI*), refere-se a um computador que é **tão inteligente quanto um humano**, em um leque enorme de habilidades (e não apenas em uma) – é uma máquina com a mesma capacidade intelectual de um ser humano, podendo realizar qualquer atividade inteligente que o homem domine. Esse é o tipo de IA que passaria facilmente no Teste de Turing, mas é muito mais difícil de criar do que as IA do tipo ANI (inteligência artificial limitada) – **ainda não chegamos lá**. Já existem computadores que exibem muitas dessas capacidades (criatividade computacional, razão automatizada, sistema de suporte a decisões, robôs, computação evolucionária, agentes inteligentes), mas **não ainda nos níveis humanos**. Em termos de consciência, as AGI são máquinas que se relacionam com a Teoria da Mente, que é a habilidade de atribuir estados mentais (crenças, intenções, desejos, fingimento, conhecimento etc.) para si mesmo e para os outros, e compreender que os outros têm crenças, desejos, intenções e perspectivas que são diferentes das nossas[12]:

  - **Máquinas cientes** – classe de mentes computacionais que não apenas "enxergam" o mundo (criam representações), mas também conseguem "perceber" outros agentes ou entidades – elas compreendem que as pessoas, criaturas e objetos no mundo podem ter pensamentos e emoções que precisam ser consideradas para ajustar o seu próprio comportamento (ciência). Essas habilidades são essenciais para permitirem interações sociais, e é a partir delas que os humanos formaram sociedades – seria muito difícil, ou mesmo impossível, trabalharmos juntos sem compreender as motivações

---

12. Por estar relacionado com a Teoria da Mente, esse tipo de IA, além de ser chamado de IA nível humano e IA forte, é também chamado de *Sentient Computer*, ou Máquina Consciente. Ver em: https://en.wikipedia.org/wiki/Sentient_computer. Acesso em: 26 jan. 2021.

e intenções uns dos outros, e sem considerar o que o outro sabe sobre si e o ambiente[13].

– **Máquinas autoconscientes**[14] – essa classe de sistemas de IA vai além na Teoria da Mente e possui "autoconsciência". Em outras palavras, elas têm consciência não só sobre o seu exterior, mas também sobre si mesmas. Essa é uma diferença grande em relação a ter ciência apenas do que está do lado de fora – seres autoconscientes conhecem os seus estados internos, e são capazes de prever os sentimentos dos outros. Por exemplo, nós pressupomos que alguém que está chorando está triste porque, quando estamos tristes, nós choramos. Da mesma forma que a inteligência, a consciência é algo difícil de se definir, mas que conseguimos facilmente reconhecer.

Quão longe estamos de ter uma IA no nível humano convivendo conosco? Bem, previsões são complicadas, pois, normalmente, não se tem a visão do topo da escada até que se suba degrau por degrau – mas os indícios do ritmo de evolução nos ajudam a ver de modo vago, mas com bastante importância, para onde estamos indo. O cientista Ray Kurzweil previu que um computador venceria um humano no xadrez até o ano 2000, e isso aconteceu em 1997. Ele prevê que um computador passará o teste de Turing até 2029. Independentemente de quando isso acontecerá, daqui 10 ou 50 anos, penso que o mais importante é sabermos que isso acontecerá, e pavimentarmos o nosso caminho, subindo a escada da evolução com isso em mente.

● **Superinteligência (ASI)** – o termo "superinteligência" foi definido pelo filósofo sueco Nick Bostrom[15] como "um intelecto que é muito mais inteligente do que o melhor cérebro humano em praticamente todas as áreas, incluindo criatividade científica, conhecimentos gerais e habilidades sociais". A superinteligência artificial abrange um leque que varia desde um computador que é um pouco mais inteligente que um humano até o computador que é milhões de vezes mais inteligente em todas as capacidades intelectuais do que um humano. É sobre esse tipo hipotético de inteligência artificial que se concentram as principais discussões hoje, pois é dessa área que vêm as promessas mais promissoras e assustadoras para o futuro da humanidade: a imortalidade ou a extinção humanas.

---

13. Ver mais em: https://theconversation.com/understanding-the-four-types-of-ai-from-reactive-robots-to-self-aware-beings-67616. Acesso em: 26 jan. 2021.

14. Também chamadas de Máquinas Conscientes ou, em inglês, *Sentient Machines*.

15. Bostrom (2003, p. 12-17).

Métodos de IA

Para se materializar e ser aplicada na prática, a IA utiliza diversos métodos e algoritmos, como, por exemplo, o de redes neurais aplicado à visão computacional. Assim, da mesma forma que o olho humano processa a visão como parte da inteligência humana, cada método de IA executa uma função de inteligência artificial – portanto, para desenvolver IA, precisamos nos utilizar de seus métodos.

As principais áreas de aplicação de IA hoje estão representadas na Figura 12.6.

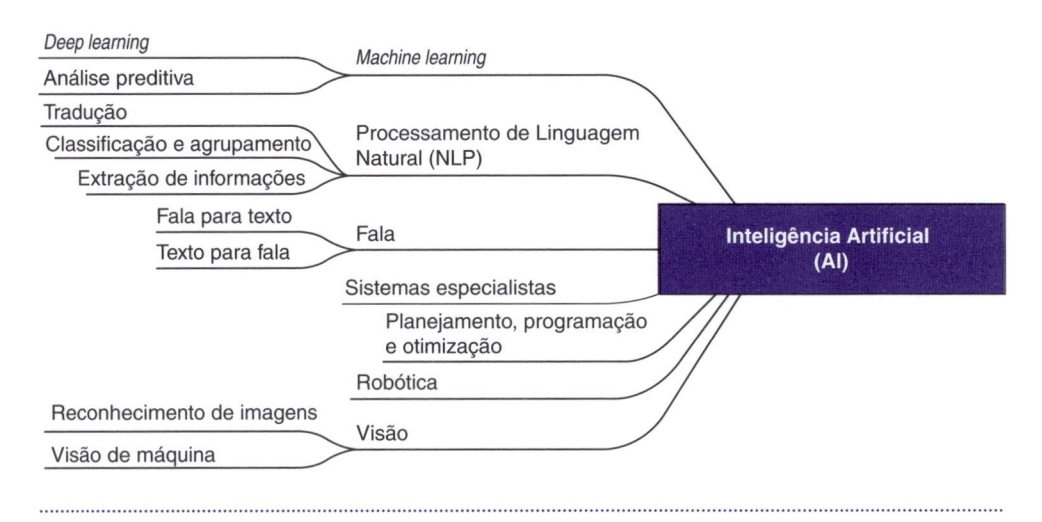

Figura 12.6 – Métodos e algoritmos de inteligência artificial. Imagem inspirada em: https://en.fabernovel.com/insights/tech-en/ai-for-dummies; e http://www.geeksforgeeks.org/artificial-intelligence-an-introduction/. Acesso em: 15 jan. 2021.

Note-se que a conexão da IA com a robótica tem o mesmo tipo de relação entre a mente e o corpo humano: nossa mente precisa do corpo (incluindo o cérebro físico) para "sentir" (visão, olfato, paladar, tato e audição), "processar" (pensamento) e "atuar" no mundo, e todas essas funções acontecem em conjunto entre corpo e mente para: perceber, agir, receber *feedback* e ajustar a próxima ação; no caso da IA, ocorre o mesmo processo entre *software* (mente) e *hardware* (corpo), de forma que são interdependentes e acionados em diferentes graus de intensidade, de acordo com a função que se exerce em cada momento.

Atualmente, o ramo de IA que tem se mostrado mais promissor *é machine learning* (ML), fornecendo ferramentas que podem ser usadas com grande potencial transformador no mercado e na sociedade. Entre as áreas populares de aplicação de ML, podemos citar: reconhecimento de texto em linguagem natural (Processamento de Linguagem Natural – PLN), análise de texto (extrair conhecimento de grandes volumes de dados), reconhecimento de voz e síntese de fala, visão computacional, carros autônomos, busca *on-line*, sistemas de recomendação (por exemplo: Netflix), detecção de fraudes, segurança de rede e de dados. Vejamos, então, como funcionam os algoritmos de ML.

Machine learning (ML)

O termo *machine learning* (ML) foi cunhado em 1959 por Arthur Samuel, um pioneiro no campo de games computacionais e inteligência artificial. Ele define ML como um "**campo de estudo que dá aos computadores a habilidade de aprender sem serem explicitamente programados**".

Para explicar como ML funciona, podemos utilizar uma analogia com o método que nós, humanos, usamos para aprender a comprar frutas[16]. Imagine que você deseje comprar mangas doces. Como você faz? Você se lembra que sua mãe disse que as mangas mais amarelas são mais doces do que as pálidas. Então, vai na quitanda e escolhe as mangas mais amarelas, paga e leva para casa. No entanto, depois de comer, você percebe que nem todas as mangas amarelas são realmente doces. Assim, as informações que sua mãe forneceu ainda são insuficientes. Analisando as mangas que experimentou do lote, você percebe que as grandes e amarelas são doces sempre, mas as pequenas não. Então, da próxima vez que comprar mangas, comprará apenas as grandes e amarelas, não mais as pequenas. No entanto, quando você vai à quitanda, nota que o vendedor se mudou, e passa a comprar de outro fornecedor. Nesse caso, depois de consumir as mangas, percebe que as menores e pálidas são as mais doces, e não mais as maiores e amarelas. Algum tempo depois, você recebe um primo para passar uns dias com você e o que ele valoriza não é a doçura das mangas, mas o quanto são suculentas. Novamente, você repete o experimento para determinar as melhores mangas para o seu propósito. Imagine, agora, que você se mude para outra parte do mundo: terá de praticar o experimento mais uma vez. E se você se casar com alguém que gosta de maçãs e detesta mangas? Provavelmente, fará

---

16. Analogia apresentada por Pararth Shah em: http://bigdata-madesimple.com/how-do-you-explain-machine-learning-and-data-mining-to-a-layman/. Acesso em: 15 jan. 2021.

todos os experimentos novamente para conseguir comprar maçãs melhores. E assim por diante. No mundo de *machine learning*, o processo é similar, só que feito por meio de algoritmos, que, conforme realizam uma experiência, registram seus resultados para tomar decisão posteriormente. Esse exemplo das frutas usa o método que chamamos de Aprendizagem Supervisionada, como veremos mais à frente.

Assim, *machine learning*, ou "aprendizagem de máquinas" em português, é um campo de IA que lida com algoritmos que permitem a um programa "**aprender**" – ou seja, os **programadores humanos não precisam especificar um código que determina as ações ou previsões** que o programa vai realizar em determinada situação. Em vez disso, **o código reconhece padrões e similaridades de suas experiências anteriores e assume a ação apropriada baseado nesses dados.** Isso permite uma melhor automação, na qual o programa não para quando encontra algo novo, mas trará dados de suas experiências para lidar suavemente com a tarefa que precisa fazer[17]. Assim, ML refere-se a uma vasta gama de algoritmos e metodologias que permitem que *softwares* melhorem seu desempenho (**aprendizagem**) à medida que obtêm mais dados.

Alguns algoritmos de ML que são inspirados na biologia[18] têm se tornado bastante populares, como:

- Algoritmos de Redes Neurais (*Neural Networks*) – algoritmo que modela a aprendizagem do cérebro biológico por meio de exemplos: a partir de um conjunto de respostas corretas, ele aprende padrões gerais. Redes neurais são, atualmente, a grande estrela das aplicações de IA, utilizadas, por exemplo, em *deep learning* e aplicadas em inúmeras áreas, como processamento de linguagem natural, visão computacional, detecção de fraudes etc.

- Metodologias de Aprendizagem por Reforço (*Reinforcement Learning*) – método que modela a aprendizagem do cérebro biológico por meio da experiência (psicologia comportamental): a partir de um conjunto de ações e uma eventual recompensa ou punição (reforço), ele aprende

---

17. Ver mais em: https://futurism.com/?post_type=glossary&p=53162?post_type=glossary&p=53162. Acesso em: 26 jan. 2021.
18. Baseado em: http://theory.stanford.edu/~amitp/GameProgramming/AITechniques.html. Acesso em: 15 jan. 2021.

quais ações são boas ou ruins. Esse método permite que seus agentes aprendam durante a vida e, também, compartilhem conhecimento com outros agentes.

- Algoritmos Genéticos – método que modela a evolução por meio da seleção natural: a partir de um conjunto de agentes, deixa viver os melhores e morrer os piores. Normalmente, algoritmos genéticos não permitem que os agentes aprendam durante suas vidas.

Uma dimensão bastante importante em ML são os dados: se voltarmos ao exemplo anterior das mangas, se não houvesse frutas para aprender sobre doçura, suculência, regiões de origem, fornecedores etc., ficaria muito difícil, senão impossível, adquirir conhecimento e aprender. Portanto, os sistemas de ML ficam melhores conforme "mineram" grandes volumes de dados.

Deep learning (DL)

Como visto anteriormente, *machine learning* é uma disciplina ampla da IA, que engloba inúmeras metodologias com o objetivo de desenvolver aprendizagem de máquina. No entanto, apesar de ML ser um subcampo da IA, muitos de seus algoritmos não chegam nem próximos ao nível de IA fraca (*Narrow* IA), sendo mais uma inteligência humana automatizada de forma programada do que uma inteligência artificial.

Dentro das abordagens de ML, *deep learning* é que mais se aproxima do "pensamento humano", utilizando algoritmos de redes neurais artificiais, aprofundando o processamento em camadas de neurônios artificiais para resolver problemas mais complexos. No entanto, quanto mais camadas de processamento de redes neurais artificiais, maior a demanda de capacidades computacionais (*hardware* + *software* + dados).

No entanto, a recente aceleração da evolução de *hardware* (especialmente processamento visual, como GPU)[19], *software* (redes neurais) e disponibilidade

---

19. Principalmente a partir de 2015, passou a existir uma disponibilidade ampla de processadores gráficos (*Graphical Processing Unit* – GPU) que tornam o processamento paralelo mais rápido, barato e poderoso. Junto com isso, começou a se tornar disponível uma capacidade quase infinita para armazenamento de dados, além do fluxo de dados de todo tipo (*big data*): imagens, textos, transações, mapeamentos etc. Essa nova estrutura de mundo é responsável pelo estouro da IA moderna, especialmente os algoritmos de *deep learning*. Mais sobre GPUs em: http://www.nvidia.com/object/what-is-gpu-computing.html. Acesso em: 26 jan. 2021.

de dados (*big data*) a partir de 2010 (e principalmente de 2015), convergindo em *deep learning*, pode significar o *big bang*[20] da inteligência artificial moderna. A Figura 12.7 mostra a evolução das aplicações de ML até o florescimento do DL.

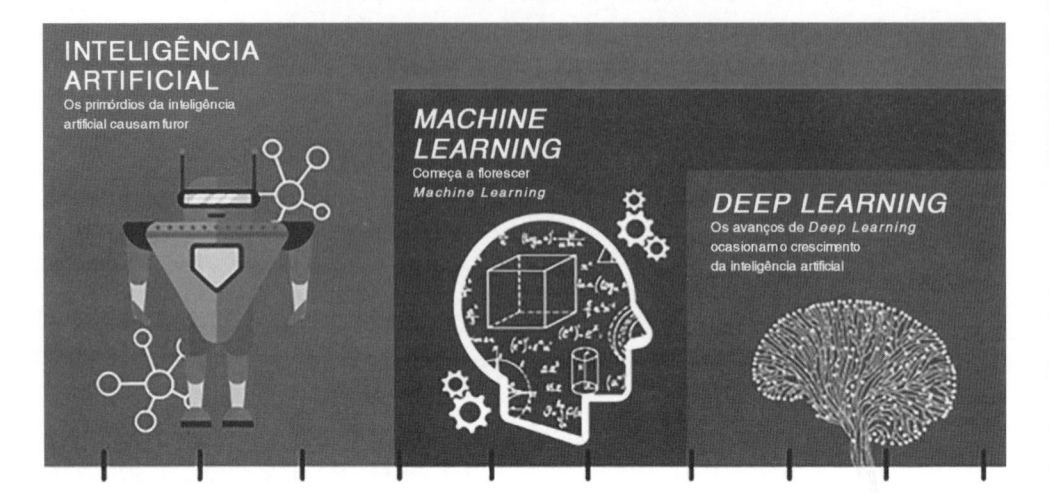

A partir de uma onda de otimismo inicial na década de 1950, subconjuntos menores de inteligência artificial – primeiramente a *Machine Learning*, seguida de *Deep Learning* (subconjunto da *Machine Learning*) – geraram transformações ainda maiores.

Figura 12.7 – Evolução da IA desde o seu início como disciplina do conhecimento, passando pelo surgimento de metodologias e algoritmos de *machine learning*, até o florescimento do *deep learning*.
Fonte: https://www.linkedin.com/pulse/ai-machine-learning-evolution-differences-connections-kapil-tandon/. Acesso em: 26 jan. 2021.

Em virtude de sua capacidade de resolver problemas mais complexos, o *deep learning* parece tornar possível a criação de todo tipo de assistentes computacionais, alavancando a adoção de IA e algumas aspirações futuras de *deep learning*, tais como:

– colorir imagens em preto e branco;

– sonorizar filmes mudos;

– tradução automática de linguagem (falada e escrita);

– classificação de objetos em fotos;

---

20. Ver mais em: https://blogs.nvidia.com/blog/2016/01/12/accelerating-ai-artificial-intelligence-gpus/. Acesso em: 26 jan. 2021.

- geração automática de escrita à mão;

- geração de texto de personagens;

- geração de legendas em imagens;

- jogos automáticos.

Dessa forma, o *deep learning* está pavimentando o caminho para um futuro de IA mais próximo daquilo que vemos na ficção, para alcançar o nível humano de inteligência, AGI (*Artificial General Intelligence*).

13

CORPOS ARTIFICIAIS: ROBÓTICA

Se, por um lado, a inteligência artificial se refere a "mentes" artificiais, a robótica, por sua vez, relaciona-se com "corpos" artificiais. Ambas, IA e robótica, são interdisciplinares, complexas, e se sobrepõem da mesma forma que acontece entre a mente e o corpo humanos, *hardware* e *software*. No entanto, os corpos dos seres humanos seguem um padrão estrutural físico constante e bastante homogêneo, enquanto no caso da IA ocorre o oposto: ela pode ocupar uma gama enorme de variações de tipos de corpos, e, inclusive, não ter corpo definido.

A palavra "robô" foi introduzida pelo escritor checo Karel Čapek em 1921, na sua peça R.U.R.[1] (*Rossum's Universal Robots*). O termo deriva de

---

1. A peça começa com uma fábrica que produz pessoas artificiais, chamadas de *roboti* (*robots*), feitas de material sintético. Eles não são exatamente robôs conforme a definição atual da palavra, pois são criaturas de carne e osso no lugar de máquinas, estando, assim, mais próximos da ideia moderna de clones. Eles podiam ser confundidos com humanos e podiam pensar por si mesmos. Inicialmente, eles parecem felizes em trabalhar para os humanos, mas uma rebelião de robôs causa a extinção da raça humana. Na obra *War in the Newts*, posterior, o autor escolheu outra abordagem, na qual os não humanos se tornam uma classe de servidores da sociedade humana. Ver mais em: https://en.wikipedia. org/wiki/R.U.R. Acesso em: 26 jan. 2021.

"robota" em checo, que significa trabalho[2], e é a denominação que o autor dá a seres artificiais criados em fábricas para servir os humanos. De lá para cá, robôs passaram a significar qualquer entidade – física ou virtual – que possua vida artificial, independentemente do seu nível de inteligência. No entanto, no sentido estrito da palavra, o termo "robô" é mais utilizado para corpos físicos totalmente artificiais e existem outras categorias mais específicas para cada tipo de robô, em função da sua aparência.

Dessa forma, quanto à aparência, as inteligências artificias podem ser: robôs, *bots*, *androids* e *cyborgs* (híbridos). Vejamos.

Robôs – corpos físicos totalmente artificiais: o que principalmente diferencia os robôs das demais categorias de corpos para IA é que eles têm forma, mas não humana. A maioria dos robôs são máquinas projetadas para executar uma tarefa sem nenhuma preocupação sobre a sua aparência, como, por exemplo, os robôs (industrial e militar) mostrados na Figura 13.1. Um exemplo famoso da ficção científica é o robô B9 da série de televisão dos anos 1960, *Perdidos no Espaço*, também apresentado na mesma figura.

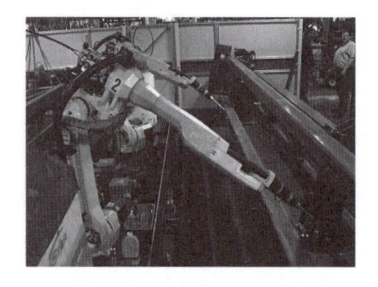  

Figura 13.1 – Exemplos de robôs, da esquerda para a direita: 1) Bras robot industriel 6 axes de soudure, ARC Mate 120iC/10L de FANUC, foto de Phasmatisnox (*fonte:* https://en.wikipedia.org/wiki/Robotics); 2) BigDog (*fonte:* https://en.wikipedia.org/wiki/Robotics); e 3) B9, robô da série dos anos 1960, *Perdidos no Espaço* (*fonte:* https://www.pinterest.co.uk/estebanviotti/lost-in-space). Acesso em: 26 jan. 2021.

Bots – *bot* é o apelido para "*software robot*"[3], ou seja, um robô que não tem corpo físico. Os *bots* são programas computacionais que realizam tarefas automáticas. Teoricamente, um *bot* pode ser um agente que faz desde simples

---

2. Ver mais em: https://www.forbes.com/sites/gilpress/2016/12/30/a-very-short-history-of-artificial-intelligence-ai/. Acesso em: 26 jan. 2021 .

3. Ver mais em: https://en.wikipedia.org/wiki/Bot. Acesso em: 26 jan. 2021.

ações repetitivas e programadas, até um agente inteligente, como o computador HALL 9000, da ficção *2001, uma odisseia no espaço*. O que principalmente diferencia os *bots* das demais categorias de robôs é que eles não têm corpos, são apenas agentes de *software*, sendo que uma grande parte deles atua sem serem vistos. No entanto, os *bots* podem ter avatares que os representem, como o *chatbot* A.L.I.C.E., de 1995 (Figura 13.2).

Figura 13.2 – Imagem do avatar do *chatbot* A.L.I.C.E. (*Artificial Linguistic Internet Computer Entity*), criado originariamente por Richard Wallace em 1995 e que continuou a evoluir desde então.
Fonte: https://www.chatbots.org/chatbot/. Acesso em: 26 jan. 2021.

Conforme o ambiente em que atuam e os seus objetivos, os *bots* podem ser divididos em categorias distintas, como as seguintes, mais comuns:

- **Internet *bot*** – programas que desempenham alguma finalidade específica na internet. Por exemplo, os **web crawlers** são um tipo de internet *bot* usados pelos buscadores, como o Google, que navegam na *web* colhendo informações para gerar o banco de dados e índices de busca. Existem também internet *bots* com **fins maliciosos**, cujo objetivo é atacar ou causar danos. Alguns exemplos incluem: *spambots* (colhem endereços de *e-mail* na internet para gerar *spam*), *downloaders* (programas que copiam *websites* inteiros), *site scrapers* (programas que copiam sites inteiros para gerar automaticamente páginas de entrada), **vírus**, **cavalos de troia**, ataques de **DDoS**, *bots* **zumbis** (se apropriam de computadores para enviar *spam* ou gerar ataques de DDoS), entre outros.

- **Chatbot**[4] – são *bots* que conversam em linguagem natural, como o A.L.I.C.E., apresentado na Figura 13.2. De todas as categorias de *bots*, o *chatbot* é provavelmente a mais antiga – Eliza[5], normalmente reconhecida como o primeiro *chatbot* do mundo, foi criada em 1966 por Joseph Weinzenbaum, funcionando como imitação de sessões de terapia. Outro *chatbot* famoso foi o IBM Watson[6], que venceu dois humanos na competição do Jeopardy, em 2006.

No entanto, os *chatbots* começaram a se popularizar a partir de 2011, após o lançamento da Siri (assistente pessoal de IA dos dispositivos da plataforma iOS da Apple), que pavimentou a cultura para inúmeros outros assistentes de voz pessoais que foram aparecendo gradativamente no mercado, como o Google Now (2012), o Alexa (Amazon, 2015), o Cortana (Microsoft, 2015) e *bots* para Facebook Messenger (2016), por exemplo. Nas empresas, os *chatbots* são cada vez mais comuns para automatização e filtragem de atendimento a clientes. Conforme as tecnologias de reconhecimento e síntese de fala evoluem[7], a tendência é a adoção cada vez maior desse tipo de *bot* em todo tipo de interface computacional. Com o crescente interesse nas interfaces de voz inteligentes, surgem cada vez mais soluções que variam de simples aplicações gratuitas a sofisticados agentes complexos, com todo tipo de finalidade. Inúmeras grandes empresas desenvolvedoras de tecnologia oferecem plataformas de criação e testes de *chatbots*, como IBM, Microsoft e o Facebook[8], que podem ser acessadas gratuitamente por qualquer pessoa.

Chatbots são uma das categorias mais importante de robôs, pois permitem interação e acesso a funções computacionais por meio da linguagem natural, que é uma das maneiras mais simples e rápidas para os seres humanos se comunicarem, especialmente na dimensão oral. Por isso, é provável que em um futuro próximo, todo tipo de *software*

---

4. Ver mais em: https://en.wikipedia.org/wiki/Chatbot. Acesso em: 26 jan. 2021.
5. Ver mais em: https://www.chatbots.org/chatbot/eliza/. Acesso em: 26 jan. 2021.
6. Watson é a plataforma de inteligência artificial da IBM, que apresenta soluções cognitivas que vão de *chatbots* a sistemas de apoio à decisão em medicina. Mais informações em: https://en.wikipedia.org/wiki/Watson_(computer). Acesso em: 26 jan. 2021.
7. Ver mais em: https://futurism.com/googles-new-ai-can-mimic-human-speech-almost-perfectly/; e https://www.tecmundo.com.br/software/121122-reconhecimento-voz-microsoft-tem-menor-margem-erro-sempre.htm. Acesso em: 26 jan. 2021.
8. Ver mais em: https://developers.facebook.com/docs/messenger-platform. Acesso em: 26 jan. 2021.

inclua uma interface aural inteligente[9]. Considerando que a internet das coisas conectará virtualmente tudo o que existe com a internet (e, portanto, *software*), isso significa que, em breve, "conversaremos" com absolutamente tudo. Isso tem o potencial de nos levar para um novo patamar de relações sociais, em que talvez conversemos mais com "coisas" do que com outras pessoas.

- **Botnets** – refere-se a uma rede de *bots* (*bot network*): um conjunto de dispositivos de internet conectados, cada um rodando um ou mais *bots*. Apesar de, tecnicamente, *botnets* não serem entidades boas ou ruins (são apenas redes de *software* para processos de computação distribuída), eles normalmente possuem uma conotação negativa, pois são frequentemente usados em atividades maliciosas como ataques de DDoS, roubo de dados, envio de *spam* e para permitir acesso a *hackers* por meio da sua conexão.

- **RPA** (*Robotic Process Automation*) ou "Automação Robotizada de Processos" – essa categoria de *bots*, juntamente com a de *chatbots*, é a que mais cresce em adoção nas organizações no mundo. RPA são *bots* de execução de processos, que permitem automatizar todo tipo de atividades repetitivas. É o mesmo processo que aconteceu na manufatura no século passado com a introdução dos robôs que passaram a executar e automatizar atividades físicas – só que, agora, a automação que a RPA traz executa e automatiza tarefas intelectuais.

A automação RPA age como uma pessoa utilizando um computador ou máquina virtual. Ele interage diretamente na interface dos sistemas (como se fosse um humano), movendo *mouses*, clicando em elementos, simulando a digitação de textos. Diferentemente das automações tradicionais de *software*, que funcionavam como um programa, com uma lista de atividades a serem executadas, a RPA possibilita a configuração de ações mais sofisticadas, que não precisam estar restritas a um único programa, além de permitir o aprendizado e melhoria contínua dos processos por meio de *machine learning*. O *bot* aprende e aprimora sua interação com a interface e pode, inclusive, tomar algumas decisões objetivas.

---

9. Se, por um lado, isso traz inúmeros benefícios para nossa produtividade, por outro, as interfaces ativadas por voz aumentam a preocupação sobre segurança e privacidade dos ambientes, pois somos cada vez mais cercados por interfaces que não vemos, mas que podem nos ouvir.

Isso significa uma profunda transformação no trabalho intelectual, pois com RPA passamos a ter cada vez mais times mistos de trabalhadores, em que os *bots* RPA fazem a parte operacional e os humanos aplicam sua inteligência para fazer a melhoria nesses processos e executar outras operações que exigem análises mais complexas. Um exemplo de uso popular de RPA é em *call centers*, em que o *bot* é responsável por registrar atualizações, verificar pedidos, abrir históricos de dados etc., enquanto os humanos podem se dedicar a analisar a *performance* e otimizá-la.

- **Androids** – são robôs que possuem formas humanas (humanoides) ou organismos sintéticos projetados para se parecer e agir como humanos, especialmente aqueles cujo revestimento se assemelha com a pele humana. Normalmente, são considerados mais inteligentes do que os robôs. Os *androids* possuem gênero: os masculinos são *androids* e os femininos *gynoids*. Até recentemente, eles existiam apenas na ficção científica, mas os recentes avanços da tecnologia robótica permitiram projetar robôs humanoides funcionais no mundo real, como a Erica ou a Sophia, que podem ser vistas, respectivamente, por meio das Figuras 13.3 e 13.4.

Figura 13.3 – *Gynoid* Erica e seu criador, Hiroshi Ishiguro, que podem ser vistos no vídeo via QR Code ou em: https://youtu.be/oRlwvLubFxg. Acesso em: 26 jan. 2021.

Figura 13.4 – *Gynoid* Sophia, disponível no vídeo via QR Code ou em: https://www.hansonrobotics.com/sophia-2020/. Acesso em: 24 jan. 2021.

A criação de *androids* está cada vez mais se relacionando com as tecnologias e questões de clonagem humana – ao invés de construir e desenvolver cérebros e corpos artificiais, a partir do zero, existe uma linha de pesquisadores que investe na duplicação tanto de corpos (tecidos, órgãos, seres completos) humanos, quanto de mentes (*mind clones*) para uso em *androids*. Um exemplo de *Mind Clone* é o caso de Bina48 (Figura 13.5), que é uma cabeça *gynoid* com olhos e ouvidos digitais que veem e ouvem, e uma mente digital que permite conversação – ela foi criada pela Hanson's Robotics para Martine Rothbblats a partir da compilação de memórias, sentimentos e crenças da sua esposa, projetada para testar hipóteses referentes à habilidade de se transferir a consciência de um ser humano para um ser não biológico para ser usada em um *software* consciente no futuro.

Figura 13.5 – Imagem de *frame* do vídeo *Bloomberg*, mostrando Bina48 (esquerda) e sua proprietária, Martina Rothbblats com sua esposa (direita), disponível via QR Code ou em: https://youtu.be/4bqZp9TPYVk. Acesso em: 26 jan. 2021.

Outro exemplo de *androids* clonados a partir de imagens de seres humanos é o caso do concurso *Geminoid Summit* da Advanced Telecommunications Research Institute (ATR) em 2011 no Japão, em que o Prof. Hiroshi Ishiguro (o inventor dos *Geminoids*) e mais duas pessoas tiveram sua aparência clonada em *androids*, que se tornaram, assim, seus gêmeos (ver Figura 13.6).

Figura 13.6 – Imagem de *frame* do vídeo em que o Prof. Hiroshi Ishiguro (inventor dos *Geminoids*), o Prof. Henrik Scharfe e uma modelo se reúnem com as suas duplicatas sintéticas para uma foto em 2011. Disponível via QR Code ou em: https://youtu.be/dPScYhrwrgw. Acesso em: 26 jan. 2021.

Existem inúmeras questões relacionadas com o desenvolvimento de *androids* a partir de processos de clonagem, que vão desde filosóficas, éticas e religiosas, até discussões sobre sustentabilidade e riscos sociais, mas que não cabem no escopo desse livro. No entanto, é importante ressaltar a sua importância e, assim, necessidade de atenção e aprofundamento tanto por parte da comunidade científica/acadêmica quanto da sociedade.

Cyborgs[10] – são seres híbridos, formados tanto de partes orgânicas quanto biomecatrônicas. O termo é uma junção de **cybernetic**[11] **organism** e foi cunhado em 1960 por Manfred Clynes e Nathan S. Kline. Apesar de *androids* também poderem ter partes orgânicas, existem duas diferenças principais entre um *cyborg* e um *android*: 1) *cyborgs* são organismos que têm alguma função restau-

---

10. *Cyborg* não é o mesmo que organismos **biônicos** – esses últimos são corpos criados por engenharia que é inspirada na natureza (*bio* + *electronics*). Ver mais em: https://en.wikipedia.org/wiki/Bionics. Acesso em: 26 jan. 2021.

11. O termo cibernética, criado por Norbert em 1948, é "o estudo científico do controle e comunicação em animais e máquinas". No século XXI, o termo é usado no sentido mais amplo, significando o "controle de qualquer sistema usando tecnologia". Em outras palavras, é o estudo científico de como humanos, animais e máquinas **controlam e se comunicam entre si**.

rada ou habilidade modificada (normalmente ampliada[12]) devido à integração de algum componente artificial ou tecnologia que se baseia em algum tipo de *feedback* (controle); 2) *cyborgs* seriam uma nova fronteira para os organismos, mais profunda do que a relação entre partes: uma ponte entre mente e matéria (HALACY, D. S., 1965). Assim, no caso de robôs, *bots* e *androids*, o controle do corpo é feito por meio de um único centro, ou seja, são controlados por apenas um tipo de inteligência (humanos ou IA). Já nos *cyborgs*, o controle do organismo é integrado entre duas ou mais inteligências funcionando em conjunto com as suas partes artificiais. Exemplos de *cyborgs* na ficção são o famoso Darth Vader, de *Star Wars*, e Motoko Kusanag, do mangá *Ghost in the Shell*, que virou filme em 2017.

Cyborgs normalmente remetem à ideia de organismos humanos, mas, na realidade, o conceito pode ser aplicado a qualquer tipo de organismo. Em 2013, no TED Global Edinburg, o pesquisador Greg Gage apresentou o RoboRoach[13] (barata robô, em inglês), primeiro *kit* comercial para criação de animais *cyborgs*, no caso, uma barata (ver vídeo de demonstração na Figura 14.8). Apesar de esse não ser o primeiro *cyborg* inseto do mundo, é o primeiro caso de disponibilização comercial para o público geral utilizar esse tipo de experimento. O *kit* completo[14] é vendido por pouco mais de 100 dólares e tem como finalidade ensinar e promover o interesse em neurociência (já que o *kit* permite que uma criança consiga fazer a cirurgia em uma barata e controlar seu cérebro por meio do experimento em apenas 15 minutos). No entanto, vários grupos de proteção animal se manifestaram[15] expressando preocupação sobre esse projeto.

---

12. Algumas vezes, como nesse sentido de expandir e ampliar as habilidades humanas, os termos *cyborgs* e trans-humanos se sobrepõem. No entanto, não são sinônimos e se diferenciam em termos de abrangência. Por exemplo, Trans-humanismo é focado em ampliar as habilidades do ser humano, e não de qualquer animal, como ocorre com *cyborgs*. Além disso, no caso do trans-humanismo, a ampliação do ser humano por meio da tecnologia não implica a substituição de partes, e pode ser feita apenas com expansão cerebral remota. Assim, portanto, nem todo trans-humano é um *cyborg*, e nem todo *cyborg* é um trans-humano. Alguns *cyborgs* são trans-humanos e alguns trans-humanos são *cyborgs*.

13. Sobre o *RoboRoach*, ver: https://blog.ted.com/introducing-the-roboroach-greg-gage-at-tedglobal-2013/; e https://www.forbes.com/sites/bruceupbin/2013/06/12/science-democracy-roboroaches/. Acesso em: 26 jan. 2021.

14. *Kit RoboRoach* disponível no *site* da empresa que o produz, BackyardBrains, em: https://backyardbrains.com/products/roboroach. Acesso em: 26 jan. 2021.

15. WAKEFIELD, J. TEDGlobal welcomes robot cockroaches. *BBC News Technology*, 10 jun. 2013. HAMILTON, A. *Resistance is futile*: PETA attempts to halt the sale of remote-controlled cyborg cockroaches, 1º nov. 2013.

Figura 13.7 – Imagem do vídeo de demonstração do funcionamento do RoboRoach (barata *cyborg*),
em que uma barata "chipada" é controlada por meio de um *smartphone*.
O vídeo pode ser visto via QR Code ou em: https://youtu.be/L0jBzi-gKco. Acesso em: 26 jan. 2021.

Experimentos com sucessos parciais usando tecnologias em humanos, visando restaurar suas funcionalidades perdidas, existem desde pelo menos a década de 1970[16]. No entanto, o primeiro *cyborg* humano bem-sucedido foi criado pelo cientista médico Philip Kennedy em 1997, a partir de um veterano de guerra que tinha sofrido um derrame, Johnny Ray (BAKER, S., 2008, p. 50). Desde então, com a melhoria das interfaces entre tecnologias e o corpo humano – como as BCI (*Brain Computer Interface*) –, a evolução das possibilidades é cada vez maior, com aplicações em inúmeras áreas, como medicina, arte, militar, transumanismo, esportes, entre outros[17]. Em 2016, além das Paraolimpíadas do Rio – que apresentaram, em sua abertura, a belíssima dança da bailarina Amy Purdy com um robô (Figura 13.8) –, ocorreu também em Zurique, na Suíça, a primeira olimpíada de *cyborgs*, a Cybathlon 2016, que foi também a primeira celebração oficial do esporte *cyborg*.

---

16. Vision quest. *Wired Magazine*, set. 2002.
17. Ver inúmeros exemplos em: https://en.wikipedia.org/wiki/Cyborg. Acesso em: 26 jan. 2021.

Figura 13.8 – Imagem da bailarina Amy Purdy (*fonte:* Tomaz Silva/Agência Brasil, disponível na Wikipedia) dançando com um robô na abertura dos Jogos Paraolímpicos do Rio em 2016. Um trecho de sua *performance* pode ser visto por meio do QR Code ou em: https://youtu.be/BdIaDxthLz0. Acesso em: 26 jan. 2021.

Hugh Herr, líder do grupo de biomecatrônica do MIT Media Lab, mostrou como funciona um corpo *cyborg*, membros biônicos[18] e próteses robóticas em seu Ted Talk, disponível pelo *link* da Figura 13.9.

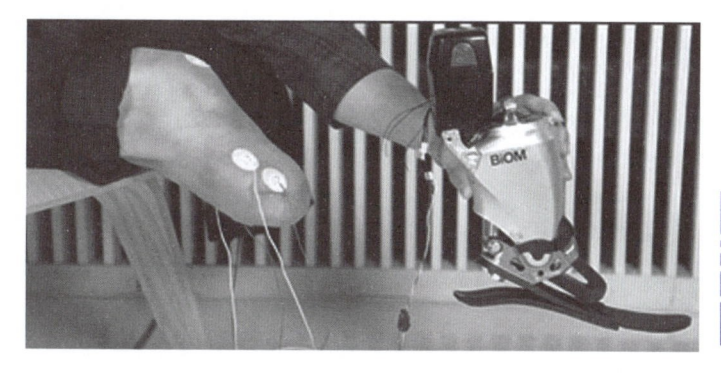

Figura 13.9 – Imagem do TED Talk de Hugh Herr mostrando o funcionamento de organismos cibernéticos (*cyborgs*). O vídeo também apresenta a *performance* da dançarina Adrianne Haslet-Davis, que perdeu a sua perna esquerda no bombardeio da Maratona de Boston em 2013, e pode ser visto por meio do QR Code ou em: https://youtu.be/CDsNZJTWw0w. Acesso em: 26 jan. 2021.

---

18. Biônico refere-se a objetos artificiais projetados com inspiração nas funcionalidades existentes na natureza.

Atualmente, as aplicações mais avançadas em organismos humanos cibernéticos estão relacionadas com restauração de visão e movimento – o QR Code da Figura 13.10 dá acesso a seis exemplos atuais de *cyborgs*, inclusive o do artista Neil Harbisson – ele nasceu sem a habilidade de ver cores e, para resolver o problema, instalou uma antena eletrônica na sua nuca. A antena transforma frequências de luz em vibrações que o seu cérebro interpreta como um som, permitindo que ele "ouça as cores". Essas frequências são capazes de ir além do espectro visual, permitindo que ele "ouça" frequências invisíveis, como o infravermelho e o ultravioleta.

Figura 13.10 – Imagem do artista *cyborg* Neil Harbisson e QR Code de acesso à matéria que apresenta seis casos atuais. Disponível também em: https://futurism.com/six-of-todays-most-advanced-real-life-cyborgs/. Acesso em: 26 jan. 2021.

PARTE 3

NÓS: O FUTURO HÍBRIDO [HUMANOS + SERES DIGITAIS]

CAPÍTULO

14

AMPLIAÇÃO EXPONENCIAL DA HUMANIDADE

Uma pessoa mediana empoderada com tecnologia torna-se melhor do que o maior expert humano trabalhando sem tecnologia.

Martha Gabriel

Vimos, na Parte 1 deste livro, que a tecnologia e a humanidade evoluem juntas, transformando-se mutuamente desde o início de nossa história. Inúmeras tecnologias que passam a integrar esse processo de interdependência tecno-humana foram discutidas na Parte 2. O resultado dessa evolução simbiótica entre humanidade e tecnologia tem nos oferecido uma ampliação contínua, exponencial, de nossas capacidades biológicas, nos tornando mais velozes (rodas, motores, asas), potentes e eficientes (relógio, microscópio, telescópio, robôs, computadores etc.) e, também, mais perigosos (armas, dejetos, exploração invasiva etc.). Este é o assunto da Parte 3 do livro: o futuro da tecno-humanidade.

Considerando a evolução das tecnologias em nossa história, pro-vavelmente a dimensão mais importante que elas afetam no mundo é a nossa percepção, inteligência, cognição e, consequentemente, o modo como agimos no mundo. Friedrich Nietzsche dizia que a máquina de escrever influenciou profundamente seu modo de pensar e escrever[1]; a experiência da leitura (que é possível devido à introdução e disseminação de tecnologias relacionadas com a escrita) tem nos tornado mais inteligentes e empáticos[2]. Marshal McLuhan também refletiu sobre o impacto das tecnologias no ser humano, afirmando que "nós moldamos as nossas ferramentas, e depois nossas ferramentas nos remoldam"[3].

Steve Johnson (2001) defende o mesmo ponto de vista com relação às interfaces de computadores e chama a atenção para o fato de que elas transformam o modo como criamos e nos comunicamos – se a metáfora da interface do computador fosse outra que não uma escrivaninha, provavelmente pensaríamos de outra maneira. Também Pierre Lévy (1993, p. 152) refere-se à grande influência que as tecnologias exercem sobre nosso modo de agir e pensar ao afirmar que

> [...] diversos trabalhos desenvolvidos em Psicologia Cognitiva a partir dos anos 1960 mostraram que a dedução ou a indução formais estão longe de serem praticadas espontaneamente e corretamente por sujeitos reduzidos apenas aos recursos de seus sistemas nervosos (sem papel, nem lápis, nem possibilidade de discussão coletiva).

Ampliando essa discussão, Pierre Lévy chega a definir o termo "tecnologias intelectuais", aquelas que desenvolveriam "raciocínios abstratos utilizando recursos cognitivos exteriores ao sistema nervoso" (LÉVY, 1993). Dessa forma, escritas simbólicas, o uso de diagramas, processos mentais controlados e automatizados, cálculos produzidos por intermédio do uso de papel e lápis etc., são tecnologias intelectuais – sem elas, não seríamos capazes de realizar processos complexos de dedução e indução formais, pois estes não são recursos cognitivos espontâneos do ser humano.

---

1. Mais em: https://thesocietypages.org/cyborgology/2012/07/26/nietzsches-transformative-typewriter/. Acesso em: 28 jan. 2021.
2. Ver discussão em: http://bigthink.com/21st-century-spirituality/reading-rewires-your-brain-for-more-intelligence-and-empathy. Acesso: 28 jan. 2021.
3. Frase original em inglês: *We shape our tools and thereafter our tools shape us* (McLUHAN, 1964).

Tecnologia & o cérebro humano

Além de controlar fisicamente todos os órgãos do corpo, o cérebro humano é a estrutura física que psicologicamente gera a mente, a fonte do nosso pensamento e consciência. As transformações no cérebro ao longo da evolução da humanidade são responsáveis pelas mudanças no mundo para chegarmos à civilização atual. Hipócrates, considerado o pai da medicina ocidental, dizia que o cérebro é a fonte de toda alegria, prazer e riso, e também de toda tristeza, desânimo, pesar e lamentações. Dessa forma, as transformações no cérebro transformam nossa vida.

Com a crescente disseminação tecnológica, as plataformas e tecnologias digitais têm se tornado não apenas extensões da mecânica do nosso corpo, mas também do nosso cérebro: estamos nos "esparramando" cada vez mais para fora do nosso ser biológico. A capacidade de processamento e memória dos computadores expande nosso cérebro: guardamos números de telefones e informações nos celulares, nos *notebooks*, na *web*. O nosso ser se amplia para nossos perfis *on-line* em mídias sociais, sistemas, aplicativos etc. Quanto mais conexão temos, mais incorporamos as funcionalidades do ambiente digital, expandindo nosso ser: **o corpo cria o cérebro, e este recria o corpo**.

Nesse processo gradativo em que os cérebros humanos se expandem para as plataformas digitais, passamos a nos tornar seres tecnodigitais, e se, por um lado, isso amplia nosso poder cerebral, por outro, esse contexto nos traz novos desafios evolutivos. Estudos sobre o tema proliferam, apresentando essas transformações.

Do lado negativo desses impactos, podemos citar, por exemplo, o *multitasking* – fazer várias coisas ao mesmo tempo: em função da explosão de possibilidades que o digital apresenta, a pressão social para que consigamos dar conta de tudo é cada vez maior. No entanto, o nosso cérebro não foi configurado para fazer mais do que uma atividade intelectual ao mesmo tempo. Além dos estudos sobre *multitasking* que vimos na Parte 1 do livro, no artigo *Attached to Technology and Paying a Price*[4], do *The New York Times*, um neurocientista da Universidade da Califórnia diz que "A interatividade ininterrupta é uma das mais significantes mudanças de todos os tempos no ambiente humano. Estamos expondo nossos cérebros a um ambiente

---

4. O artigo completo está disponível em: http://www.nytimes.com/2010/06/07/technology/07brain.html. Acesso em: 28 jan. 2021.

e pedindo que façam coisas que não estamos necessariamente evoluídos para fazer. Sabemos que há consequências".

Em 2010, a Frontline produziu o documentário *Digital Nation: Life On The Virtual Frontier*[5], sobre os impactos do digital em nossas vidas, no cérebro e na educação, mostrando que o *multitasking* afeta nosso cérebro, diminuindo nossa capacidade de concentração e produtividade.

Outros estudos mostram como a busca digital tem afetado nossa memória e, consequentemente, nosso cérebro, como apresentado no infográfico *Google and Memory*[6] (Figura 14.1). Uma das consequências mais conhecidas desse processo é o fato de que não lembrarmos mais de informações, mas sim de onde encontrá-las, dando origem ao viés cognitivo batizado de *Google Effect*[7].

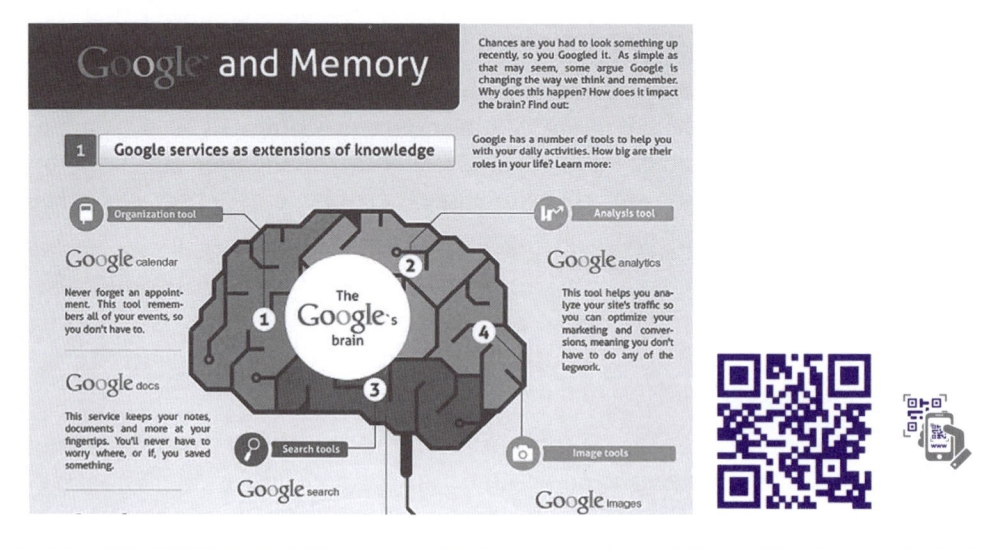

Figura 14.1 – Trecho do infográfico *Google and Memory*. *Fonte:* http://www.dailymail.co.uk/sciencetech/article-2091127/Google-boggling-brains-Study-says-humans-use-internet-main-memory.html. Acessível pelo QR Code ao lado da imagem. Acesso em: 28 jan. 2021.

---

5. O documentário foi produzido em nove capítulos de dez minutos: 1) *Distracted by Everything*; 2) *What's It Doing To Their Brains?*; 3) *South Korea's Gaming Craze*; 4) *Teaching With Technology*; 5) *The Dumbest Generation?*; 6) *Relationships*; 7) *Virtual Worlds*; 8) *Virtual Experiences Changes Us?*; 9) *Where Are We Headed?*. Disponível em: http://video.pbs.org/video/1402987791. Acesso: 28 jan. 2021.

6. *Google and Memory*. Disponível em: http://www.dailymail.co.uk/sciencetech/article-2091127/Google-boggling-brains-Study-says-humans-use-internet-main-memory.html. Acesso em: 28 jan. 2021.

7. *Google Effect*. Disponível em: http://www.psychologytoday.com/blog/therapy-matters/201107/the-google-effect. Acesso em: 28 jan. 2021.

Somem-se aos argumentos sobre os malefícios do digital no cérebro humano o artigo *Is the web making us crazy?*[8], da revista *Newsweek*, que traz inúmeros estudos que mostram impactos negativos da internet no nosso cérebro e no nosso comportamento; o artigo da Digital Trends[9], que sugere que o Facebook pode destruir seu cérebro; ou, ainda, estudos[10] que mostram que o uso excessivo de mídias sociais pode causar depressão.

Por outro lado, diversas outras pesquisas comprovam benefícios cerebrais decorrentes do uso das tecnologias digitais, como no caso em que empreendedores que usam redes sociais têm mais confiança (Brandfrof)[11], ou no estudo que mostra que usar computador faz bem à saúde mental dos idosos[12], por exemplo. O artigo *Internet Makes Us Smarter & Dumber*[13] (*A internet está nos tornando mais inteligentes e mais estúpidos*) argumenta tanto sobre os impactos positivos quanto os negativos em nosso cérebro.

Assim, como qualquer outra tecnologia, o digital traz tanto impactos positivos quanto negativos no cérebro humano, e nossa única certeza nesse processo é que estamos nos tornando em algo diferente. Um exemplo disso é a constatação de que o uso da internet está estimulando novas emoções no cérebro humano, como apresentado no infográfico[14] da Figura 14.2.

8. Disponível em: https://www.newsweek.com/internet-making-us-crazy-what-new-research-says-65593. Acesso em: 19 fev. 2021.

9. Disponível em: http://www.digitaltrends.com/social-media/five-ways-facebook-can-be-bad-for-your--mental-health. Acesso em: 28 jan. 2021.

10. *This Social Media Behaviour Triples Depression Risk*. Disponível em: http://www.spring.org.uk/2017/09/social-media-depression.php. Acesso em: 15 jan. 2021.

11. *Estudo 2012 CEO, Social Media & Leadership Survey*. Disponível em: http://www.brandfog.com/CEOSocialMediaSurvey/BRANDfog_2012_CEO_Survey.pdf. Acesso em: 28 jan. 2021.

12. Ver mais em: http://veja.abril.com.br/noticia/saude/usar-computador-faz-bem-a-saude-mental-dos-idosos. Acesso em: 28 jan. 2021.

13. Artigo disponível em: https://www.nbcnews.com/id/wbna46576868. Acesso em: 19 fev. 2021.

14. O artigo *Internet Psychology: 5 emotions invented by the internet* (cinco emoções inventadas pela internet) está disponível em: http://www.bitrebels.com/technology/internet-psychology-emotions-invented/. Acesso em: 28 jan. 2021.

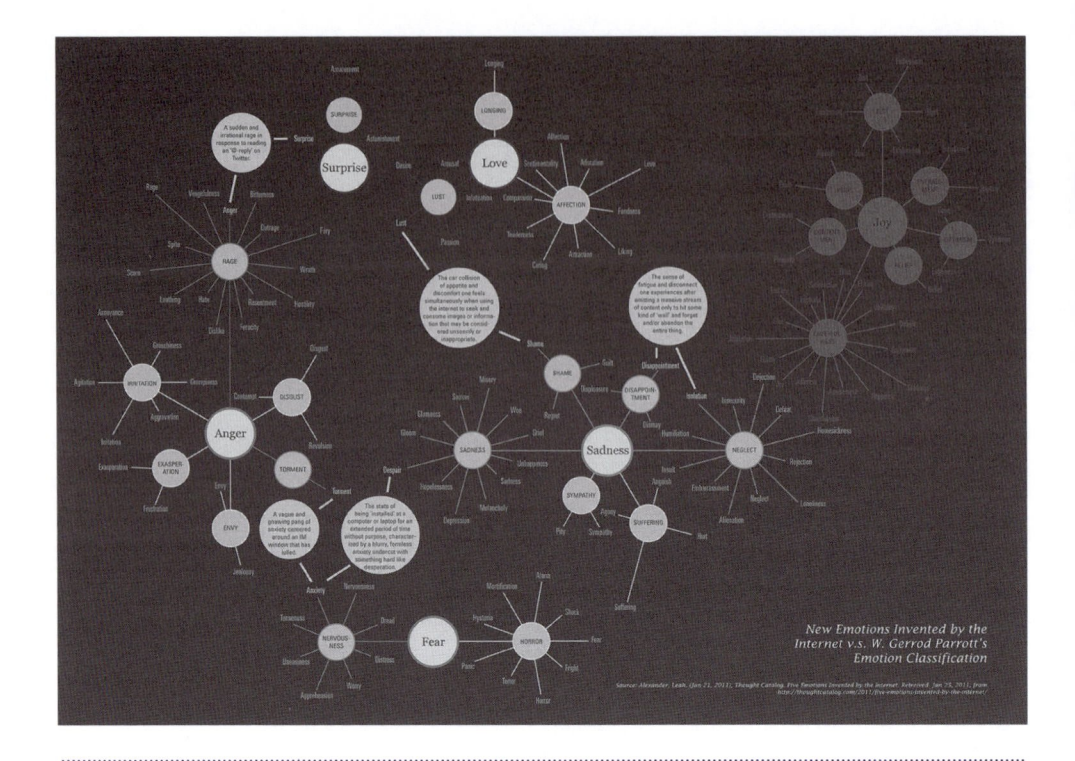

Figura 14.2 – Infográfico que apresenta novas emoções inventadas pela internet. *Fonte:* http://www.bitrebels. com/technology/internet-psychology-emotions-invented/. Acesso em: 15 jan. 2021.

Portanto, como as tecnologias mudam continuamente, nunca foi tão importante e crítico refletir sobre seus impactos em nosso cérebro, e observar o quanto estamos sendo afetados positiva ou negativamente, diante de nossa permanente transformação.

 ## Ampliação tecnológica do ser humano

Nesse processo de transformação humana causado pela tecnologia, apesar dos efeitos colaterais e impactos indesejáveis, é indiscutível que a meta maior do desenvolvimento tecnológico é sempre pelo empoderamento humano, ampliando nossas capacidades, que vem acontecendo ao longo da nossa evolução. Desde o primeiro dos nossos ancestrais que usou um galho para alcançar uma fruta ou atirou uma pedra para caçar, temos experimentado um empoderamento tecnológico que amplia as nossas capacidades biológicas inatas. No entanto, até recentemente, as tecnologias no mundo afetavam primeiramente o exterior do corpo humano, ampliando as suas capacidades fisiológicas, aumentando força, velocidade e alcance, para depois causar transformações de cerebrais (físicas e mentais). As tecnologias digitais, por sua vez, mudam essa lógica, pois têm afetado simultaneamente tanto as habilidades físicas humanas como também, e principalmente, as cognitivas.

A colaboração homem-computador tem ampliado consideravelmente, de forma inédita, o impacto das tecnologias intelectuais na humanidade. No vídeo *A ascensão da colaboração homem-computador* (Figura 14.3), o cientista Shyam Sankar mostra como o relacionamento simbiótico adequado entre computação e criatividade humana pode resolver grandes problemas (captura de terroristas, determinação de tendências etc.) de forma muito mais eficiente do que o ser humano sozinho ou o computador sozinho. Além disso, grupos de indivíduos de inteligência mediana com um computador e bons processos conseguem vencer o indivíduo mais inteligente do grupo (atuando sozinho) com um computador e processos ruins.

Figura 14.3 – Imagem do vídeo *A ascensão da colaboração homem-computador*, apresentado por Shyam Sankar no TED. *Fonte:* http://www.ted.com/talks/lang/pt-br/shyam_sankar_the_rise_of_human_computer_cooperation.html. Acesso: 28 jan. 2021.

Assim, a tecnologia pode ampliar nossas capacidades cognitivas, aumentando nossa inteligência, mas, para que isso aconteça, precisamos primeiro incorporar essas tecnologias amplificadoras em nossas vidas. O simples fato de uma tecnologia existir no mundo não nos torna automaticamente mais rápidos ou inteligentes. É o seu uso que nos transforma. Por exemplo, o lápis e papel não me dão nenhum poder, a menos que eu saiba como usá-los; um carro não nos torna mais rápido, a menos que o usemos. Assim, o poder da tecnologia em nossas vidas individuais reside no seu uso.

Considerando-se a proliferação tecnológica em que vivemos hoje e o ritmo vertiginoso com que isso ocorre, podemos afirmar que **o empoderamento humano depende intrinsecamente de quão rápido e bem cada indivíduo compreende e se apropria dessas tecnologias.** Por isso, quanto mais acelerada se torna a velocidade de mudança no mundo, mais veloz deve ser a nossa **adaptabilidade.** Conforme sistemas computacionais, robôs e assistentes computacionais pessoais passam a popular o planeta, coexistindo com humanos, a nossa habilidade de interagir com eles tende a determinar o nosso sucesso e evolução. Nesse sentido, o pensador Kevin Kelly preconiza que, no futuro, você será pago de acordo com o quão bem você trabalha com robôs[15].

Ampliação das ciências cognitivas[16]

Existem três abordagens distintas em relação ao uso da computação para melhorar a inteligência humana, em função dos seus objetivos. São elas: simulação, ampliação e compreensão da cognição humana. Nesse sentido, o computador introduz dois elementos importantes ao estudo da inteligência: 1) permite testar teorias com grandes volumes de dados; e 2) favorece a precisão, já que nenhum programa digital consegue ser vago ou ambíguo. Apesar desses elementos não garantirem verdade, relevância ou utilidade das teorias, eles são bastante úteis para a sua formulação e teste, acelerando a evolução na área.

Dessa forma, dando nomes aos objetivos da computação em relação à melhoria da inteligência, temos:

1. **Inteligência artificial** (simulação) – busca criar cérebros artificiais que imitem a inteligência humana e talvez a ultrapassem (superinteligência).

2. **Inteligência ampliada** (ampliação) – as capacidades computacionais são bastante diferentes e complementares às habilidades humanas. Essa diferença tem nos conduzido a uma vasta gama de ferramentas que suplementam a cognição humana, ampliando a nossa inteligência: armazenamento, gestão, busca e recuperação de informação; edição,

---

15. Do original, inglês: *You'll be paid in the future based on how well you work with robots* (KELLY, 2016, p. 60).
16. A seção *Ampliação das ciências cognitivas* é baseada em Cohen (2005). Disponível também em: http://www.jfsowa.com/pubs/cogcat.htm. Acesso em: 24 nov. 2017.

análise, tradução, formatação e distribuição de texto; cálculo em gráficos, planilhas, pacotes estatísticos e manipulação de fórmulas, e auxílio computacional em comunicação e colaboração humana.

3. **Teste de hipóteses sobre a inteligência** (compreensão) – as áreas de psicologia, linguística e filosofia lidam com fenômenos complexos que não podem ser descritos pela matemática elegante usada na física. Sem computadores, os teóricos estão frequentemente limitados a estudar amostras não representativas de exemplos supersimplificados ou a coletar estatísticas que mostram tendências, mas não conexões causais. Um computador, por sua vez, consegue analisar grandes volumes de dados reais e testar hipóteses sobre mecanismos causais, que poderiam gerar ou interpretar tais dados.

Dessa forma, a influência da tecnologia no empoderamento humano vai além do seu impacto direto em nosso comportamento ou modificação estrutural ou biológica para executarmos tarefas com melhor *performance*. Ela também nos auxilia no estudo e na compreensão de nós mesmos, acelerando nossa própria evolução. Um exemplo disso é o *Human Connectome Project*[17], que identificou 100 novas áreas do cérebro humano usando *scanners* avançados e computadores rodando inteligência artificial, que "aprenderam" a identificar regiões escondidas do cérebro usando uma quantidade enorme de dados coletados de centenas de pessoas. Anteriormente, para o mapeamento do córtex, os cientistas normalmente tinham que observar apenas um tipo de evidência por vez. Assim, esse processo tornou possível o estudo do cérebro em detalhes muito maiores e de forma mais rápida.

Ampliação exponencial da tecno-humanidade

Analisando o crescimento da humanidade ao longo do tempo desde sua origem, e a sua interseção com momentos de invenções, descobertas e eventos tecnológicos, vemos no gráfico da Figura 14.4 que o ponto crítico de aceleração desse processo acontece a partir de meados do século XVIII, com uma explosão literal da população mundial.

---

17. Ver mais em: http://www.nytimes.com/2016/07/21/science/human-connectome-brain-map.html. Acesso em: 29 jan. 2021.

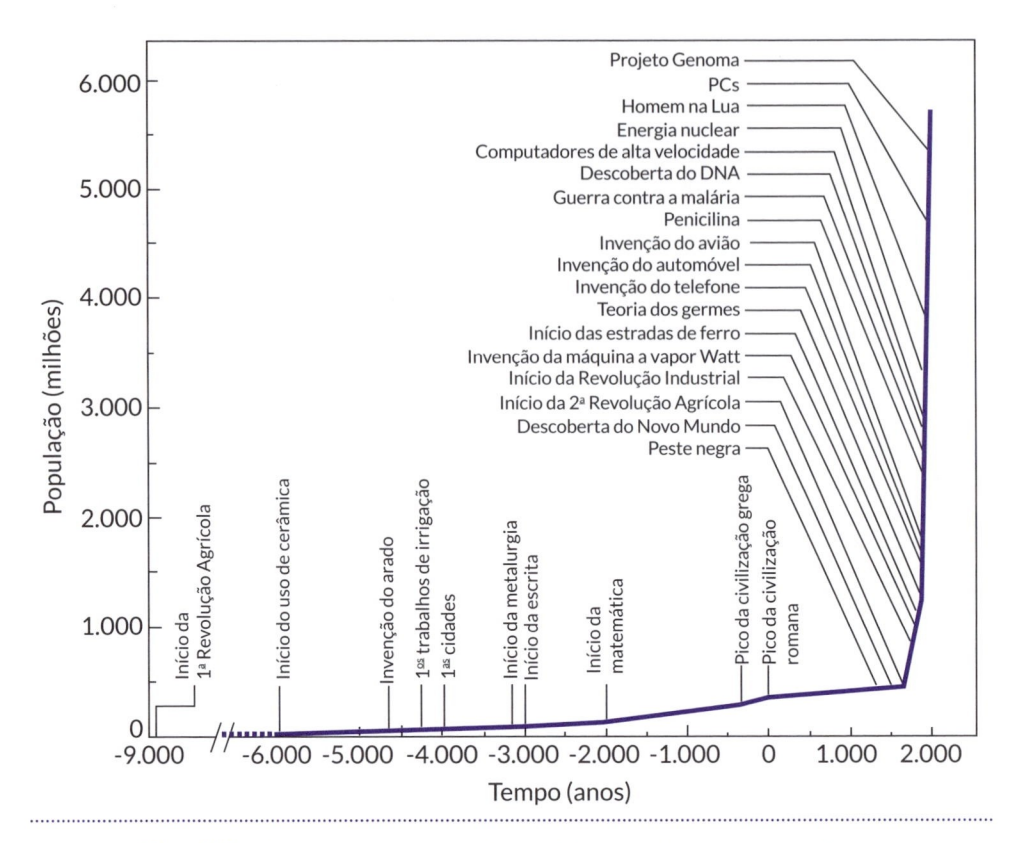

Figura 14.4 – Curva do crescimento populacional da humanidade nos últimos 10 mil anos.
Fonte: https://www.fte.org/teachers/teacher-resources/lesson-plans/is-capitalism-good-for-the-poor-2/
historical-overview/. Acesso em: 15 jan. 2021.

Apesar da aceleração do crescimento do sistema [humanidade + tecnologia] ser exponencial desde seu início (como mostra a Figura 14.4), e estar sendo sentida de forma drástica, especialmente desde o final do século passado, a partir de agora, seu ritmo vai aumentar ainda mais. Isso é consequência do poder de ampliação muito maior que as tecnologias digitais inauguram no século XXI (entre elas: IA, IoT, *big data*, discutidas na Parte 2 do livro), alavancadas pela computação quântica, que passou de tendência à realidade desde 2019[18]. Nenhuma tecnologia passada se compara em poder de ampliação com o que é oferecido pelo cenário tecnológico atual.

A grande diferença de impacto das tecnologias digitais e quânticas, quando comparado ao das tradicionais, é o fator de escala – vejamos, por exemplo,

---

18. Fonte: https://en.wikipedia.org/wiki/Quantum_supremacy. Acesso em: 15 jan. 2021.

quanto tempo demorou para a humanidade evoluir desde seu surgimento até o estágio de inteligência em que estamos hoje e comparemos com o tempo que o computador levou para evoluir do zero até conseguir vencer qualquer humano em xadrez ou Go. A humanidade precisou de mais de 300 mil anos para realizar o que o computador conseguiu em menos de 60 anos – uma evolução de inteligência 5000 vezes mais rápida (Figura 14.5).

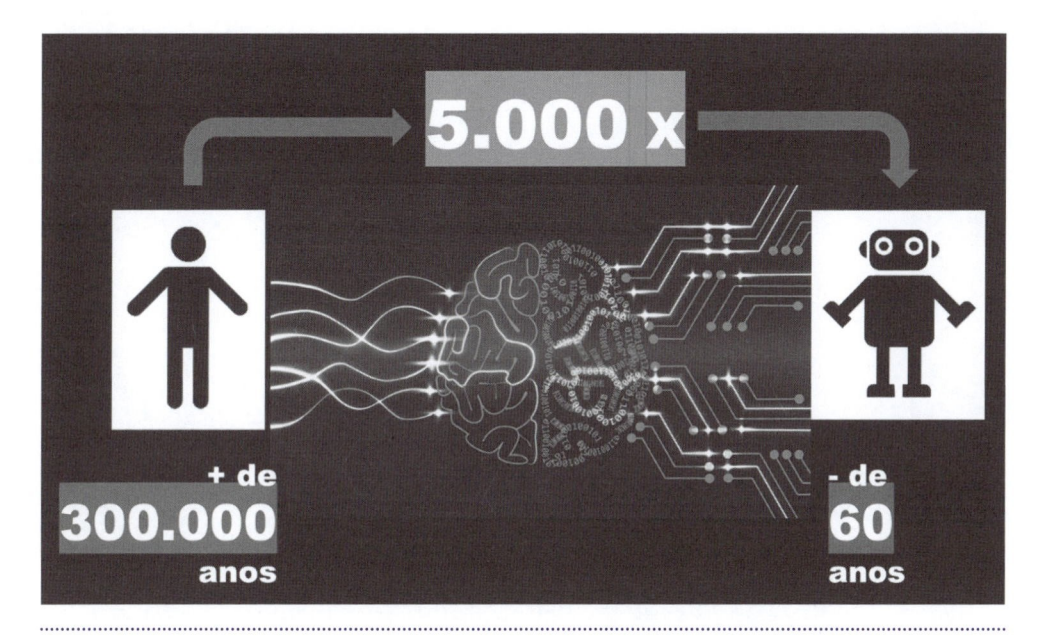

Figura 14.5 – Comparação da velocidade de evolução da inteligência entre humanos e computadores. *Fonte:* Martha Gabriel, em sua palestra no TED x Senai Cuiabá, em 5 dez. 2020.

Em outras palavras, em um espaço de tempo menor do que a duração da vida de um único ser humano, o computador conseguiu evoluir do zero a um nível de inteligência maior do que o nosso em áreas complexas[19] – essa evolução tecnológica não vai parar, mas acelerar ainda mais. Assim, provavelmente, nas próximas décadas (Figura 14.6), as máquinas deverão alcançar o nível da superinteligência (como visto na Parte 2 deste livro), ultrapassando o nível da inteligência humana atual em tudo e atingindo assim a singularidade tecnológica – o início de um novo período para a humanidade, que redefinirá o que é ser humano.

---

19. Como jogar com maestria xadrez e Go, dois dos jogos mais difíceis existentes.

Figura 14.6 – Comparação da velocidade de evolução da inteligência entre humanos e computadores, e projeção da singularidade tecnológica em algumas décadas dentro dos próximos 50 anos. *Fonte:* Martha Gabriel, em sua palestra no TEDx Senai Cuiabá, em 5 dez. 2020.

Dessa forma, os próximos 50 anos tendem a ser mais decisivos para humanidade do que os últimos 5 mil. As possibilidades para ampliação de nossas capacidades são tão grandes quanto os riscos para nossa existência futura. Precisamos não apenas compreender e abraçar essas tecnologias, mas participar de forma estratégica de sua evolução para criarmos os futuros que desejamos para a humanidade. O custo de ignorar os perigos que podem surgir em função da aceleração tecnológica atual pode ser maior do que os benefícios de se utilizar tecnologias que nos ampliam exponencialmente. Ambos – riscos e benefícios – são duas faces da mesma moeda da evolução.

COI exponencial – o custo de ignorar

Assim, uma importante discussão nessa questão de ampliação tecnológica exponencial é o *Cost of Ignoring* (COI), ou o custo de ignorar suas consequências. Vejamos.

COI refere-se ao custo que pagamos por ignorar algo em nossas vidas. Por exemplo, se eu ignoro que existem piranhas em determinado rio e resolvo entrar na água para me refrescar, posso ser devorado por elas, e esse será o custo de ter ignorado o perigo, ou seja, o "COI das piranhas".

Apesar de o COI ser essencial para nosso sucesso, algumas vezes, ele não é considerado, porque pode conflitar com um dos principais motivadores de nossas decisões, o ROOI[20]: o retorno benéfico possível que nossa ação nos trará em troca do esforço empenhado. Usando o mesmo exemplo do rio, o ROI de entrar na água seria se refrescar, enquanto o COI (ignorar as piranhas) seria morrer. Nesse caso, claramente o COI é muito maior que o ROI. Em outras situações, no entanto, pode ocorrer o contrário, e o ROI ser maior do que o COI – imagine, nesse caso, um rio sem piranhas ou peixes perigosos. Nessa situação, ainda podem existir alguns COIs, como, por exemplo, se eu ignorar que depois de nadar, fico molhado, e precisarei me secar para não adoecer (COI de secar). No entanto, nesse caso, o ROI de me refrescar pode ser maior do que o COI de ficar algum tempo no sol para me secar. Dessa forma, a arte de equilibrar ROI e COI, ponderando os riscos de cada um, torna nossas decisões mais eficientes.

No caso das decisões referentes à adoção tecnológica, o COI deve ser cada vez mais um fator preponderante, pois ignorar as novas tecnologias intelectuais e todos os impactos que ela traz consigo pode se traduzir em um risco altíssimo, não apenas para nosso sucesso, mas também, e principalmente, para nossa sobrevivência. Mesmo quando o ROI da adoção de algumas tecnologias ainda é baixo, nulo, ou até mesmo inexistente, precisamos analisar e considerar se seu COI não é alto.

---

20. ROI é abreviação em inglês para *Return of Investment*, ou, em português, Retorno sobre o Investimento.

CAPÍTULO 15

CIBRIDISMO & TRANSCENDÊNCIA

Alguns pesquisadores, cientistas e filósofos do século XX previram de forma espetacular o que estava por vir. Arthur Clarke, em 1964, antecipava, no programa de televisão *BBC Horizon*, vários aspectos do nosso mundo atual conectado e o impacto disso na sociedade (Figura 15.1).

Figura 15.1 – Imagem do vídeo em que o inventor e escritor britânico Arthur Clarke, autor de *2001 – Uma Odisseia no espaço*, fazia previsões para os dias atuais.
Fonte: https://youtu.be/wC3E2qTCIY8. Acesso em: 19 fev. 2021.

Contudo, uma das previsões do passado mais impressionantes sobre os dias atuais é a teoria da "noosfera", desenvolvida no início do século XX por Vladimir Vernadsky e Pierre Teilhard de Chardin. Segundo a teoria, além das camadas da atmosfera e da biosfera, a Terra evoluiria para mais uma camada: a noosfera, ou a camada do pensamento humano ("noos" vem do grego *nous*, que significa mente). No pensamento original, para Vernadsky, a noosfera é a terceira fase de desenvolvimento da Terra, depois da geosfera (matéria inanimada) e da biosfera (vida biológica). Assim como a emergência da vida transformou fundamentalmente a geosfera, a emergência da cognição humana (noosfera) transforma a biosfera. Para Teilhard, a noosfera emerge e é constituída pela interação das mentes humanas. Conforme a humanidade se organiza em redes sociais mais complexas, mais a noosfera cresce em consciência[1].

No vídeo *Murmuration* (Figura 15.2), Don Tapscott traz uma reflexão em que compara o movimento dos pássaros à conexão mental emergente no planeta, dando origem a uma inteligência coletiva global.

Figura 15.2 – Imagem e QR Code de acesso ao vídeo *Murmuration*, de Don Tapscott.
Disponível em: http://youtu.be/o4QRouhIKwo. Acesso em: 29 jan. 2021.

Considerando que a hiperconexão planetária possibilitada pelas tecnologias digitais está tornando o tecido da noosfera, que envolve o planeta, cada vez mais denso – elas têm alavancado, assim, a integração de todo o

---

1. Pierre Lévy discute a consciência coletiva no seu livro *Inteligência coletiva*, de 1997. O livro *Macrowikinomics*, de Don Tapscott, também discute a emergência da consciência coletiva em função das tecnologias digitais, mas com uma abordagem mais voltada a negócios.

pensamento humano em uma única rede inteligente, na qual o conhecimento é produzido e compartilhado por todos. Esse processo transforma sensivelmente a biosfera, como teorizado por Vernadsky, e impacta profundamente a sociedade, como imaginado por Arthur Clarke. No entanto, a tecnologia tem nos permitido ir muito além – estamos gradativamente nos tornando a própria noosfera.

Como vimos no capítulo anterior, no processo evolutivo da tecno-humanidade, estamos nos misturando com as tecnologias em um nível cada vez mais profundo. Nesse sentido, hoje existem duas dimensões coexistentes da vida humana que estão cada vez mais interconectadas: o mundo físico e o digital. Tendo naturezas completamente diferentes e com características específicas, essas dimensões são o substrato que pavimenta nosso futuro.

 ## Cibridismo

O ambiente tecnológico das últimas décadas tem permitido ao ser humano transferir parte de si para o mundo digital, possibilitando um estado de viver constantemente em trânsito entre as redes *ON-line* e *OFF-line*. O estado de "ser" conectado está reconfigurando o ser humano em um "cíbrido", definido por Peter Anders como:

> Cíbridos – híbridos de material e ciberespaço – são entidades que não poderiam existir sem reconciliar a nova classe de símbolos com a materialidade que eles carregam. [...] Cíbridos são mais que simplesmente uma separação completa (entre material e simbólico). Entre esses dois podemos ter componentes compartilhados[2].

Até o final do século passado, éramos predominantemente formados por átomos, *off-line*. Entretanto, nos últimos anos, começamos a nos tornar gradativamente mais *on-line*, simultaneamente ao nosso estado *off-line*. Conforme as possibilidades e velocidade de conexão digital foram se disseminando na sociedade, a barreira de separação entre ambos estados foi se dissolvendo, facilitando nosso trânsito entre eles, e assim, aos poucos, o cibridismo se tornou realidade (ver vídeo da Figura 15.3).

2.   ANDERS, P. Toward an architecture of mind. In: *CAiiA-STAR Symposium:* Extreme parameters. New dimensions of interactivity. Disponível em: http://www.uoc.edu/artnodes/espai/eng/art/anders0302/anders0302.html. Acesso em: 10 mar. 2013.

Figura 15.3 – Imagem do vídeo *Cibridismo: O mundo on-offline*, com Martha Gabriel. O vídeo pode ser acessado por meio do QR Code ou em: http://youtu.be/p-EJ3kDwE4g. Acesso em 29 jan. 2021.

Portanto, não somos *ON-line* ou *OFF-line* – somos ambos ao mesmo tempo, simbioticamente, constante e continuamente, formando um ser maior do que nosso corpo/cérebro biológico, nos expandindo para todo tipo de dispositivo conectado e abrangendo outras mentes e corpos. Não precisamos mais sair de onde estamos para acessar uma máquina para nos conectar *on-line*. Hoje, e cada vez mais, o *on-line* está com as pessoas onde quer que estejam (por meio dos dispositivos móveis que estão se incorporando cada vez mais ao nosso corpo) e, em breve, estará conectado direto ao cérebro humano.

Conforme ficamos gradativamente mais cíbridos, torna-se cada vez mais difícil separarmos a dimensão digital e a física, sendo apenas *ON* ou *OFF-line* – nossa essência passa a querer circular livremente entre esses estados, sem rótulos ou limitações, para obter uma experiência melhor, uma vida melhor, não importando se é *ON* ou *OFF-line*.

Nesse contexto, todas as áreas do conhecimento tendem a ser cada vez mais contaminadas pela integração entre *ON* e *OFF-line*, e isso amplia as possibilidades de interação e geração de fluxos de informação entre essas dimensões.

Em razão dessas possibilidades cíbridas, alguns cientistas, como Ray Kurzweill e Ian Pearson, preconizam que, em breve, o ser humano não morrerá mais, pois se tornará cada vez mais viável que o conteúdo formado pelas plataformas distribuídas digitais seja o próprio ser humano. Esse estágio é o que podemos chamar de transcendência – não seremos mais híbridos de *ON* e *OFF-line*, mas 100% digitais. Assim, o limite do cibridismo é a transcendência. Vejamos.

Evolução *vs.* transcendência

A **evolução** é um processo biológico no desenvolvimento de uma espécie e, enquanto formos formados de material biológico, mesmo que de forma cíbrida, nossos avanços podem ser considerados uma evolução. No cenário em que nos misturemos com a tecnologia a ponto de nos tornamos digitais, deixando de ser orgânicos, teremos transcendido nossa configuração biológica.

Transcender é o ato de emergir acima de algo para um estado superior. Assim, **transcendência** é o estado de superar, ultrapassar ou ir além dos limites usuais – está mais para um salto do que para um passo, mais para revolução do que evolução,

Talvez o estágio final da evolução humana seja transcender para uma metarrealidade digital em que viveríamos para sempre, por meio do código digital conectado, como imaginado por Ray Kurzweil.

Transcendência & fusão de códigos

Em seu livro *The singularity is near: when humans transcend biology*[3], Kurzweil classifica a evolução humana em seis épocas:

- **Época 1 – física e química (átomo):** essa época começa com o início do universo e a informação é principalmente mantida em estruturas como partículas e átomos. Ou seja, os objetos estáveis mais complexos no universo não excediam a escala molecular em tamanho ou complexidade.

- **Época 2 – biologia e DNA:** essa época começa com o início da vida na Terra, que alavanca organismos mais complexos, mas estáveis, que eram capazes de crescer e se autossustentar. Entretanto, nessa época, os organismos não mudavam dentro do seu ciclo de vida, pois a evolução

---

3.   Mais informações em: http://en.wikipedia.org/wiki/The_Singularity_Is_Near. Acesso em: 28 jan. 2021.

levava milhares de gerações. Nesse estágio, a informação é armazenada no DNA.

- **Época 3 – cérebro:** a evolução da vida gradualmente produzia organismos cada vez mais complexos, necessitando de um controle central rápido e, portanto, dando origem à evolução dos cérebros. Com os cérebros, os organismos passam a mudar os seus comportamentos dinamicamente para se adaptarem às mudanças no ambiente e, também, poder aprender de experiências passadas. A informação evolucionária nesse estágio é armazenada nos padrões neurais.

- **Época 4 – tecnologia:** a evolução dos cérebros culmina com a evolução dos humanos, que possuem a habilidade para criar tecnologia. Nesse estágio, projetos tecnológicos são também sujeitos à evolução, e a informação é armazenada em *hardware* e peças de *software*. Essa é a época em que vivemos atualmente.

- **Época 5 – a fusão da tecnologia humana com a inteligência humana:** nessa época, em que, segundo Kurzweil, estamos no processo de entrar, a tecnologia alcança um nível de sofisticação e estruturação refinada comparáveis com o da biologia, permitindo que os dois se fundam para criar formas superiores de vida e inteligência.

- **Época 6 – o despertar do Universo:** depois de dominar os métodos da tecnologia e biologia, Kurzweil prevê que a civilização homem-máquina expandirá suas fronteiras para o Universo, gradualmente consumindo os conteúdos do Cosmo, até que o Universo alcance um estado saturado em que toda a matéria inanimada se converta em substratos para computação e inteligência, e uma verdadeira superinteligência universal tomará forma.

Independentemente das previsões de Kurzweil sobre alcançarmos o "despertar do Universo", indubitavelmente estamos vivendo a época da tecnologia (época 4), a caminho da fusão homem-máquina (época 5).

Os avanços tecnológicos das últimas décadas já estão permitindo conexões cada vez mais perfeitas entre nosso ser biológico e dispositivos tecnológicos. As interfaces entre o cérebro humano e o computador têm evoluído, conduzindo-nos para essa fusão, inclusive cerebral – experiências de conexões remotas com a internet já existem há alguns anos[4], e pesquisadores de uma

---

4. Ver: http://www.kurzweilai.net/first-brain-to-brain-telepathy-communication-via-the-internet. Acesso em: 28 jan. 2021.

universidade na África do Sul já realizaram a primeira ligação entre um cérebro humano e a internet[5], inaugurando, mesmo que de forma ainda tímida, a era da "Brainternet".

Pesquisas extraordinárias na área de *brain-computer* interfaces[6] mostram a evolução da conexão de tecnologias com cérebro. A nanotecnologia poderá, em um futuro próximo, permitir a substituição de células (inclusive cerebrais) por componentes artificiais para solucionar problemas de lesão ou mesmo para aumentar a capacidade do cérebro[7].

Assim, de forma explícita ou implícita, estamos cada vez mais conectados e distribuídos em meio das tecnologias digitais, e isso nos leva a um paradoxo existencial: ao mesmo tempo em que a tecnologia nos empodera como indivíduos (ampliação), esse poder deriva da conexão com os outros. Portanto, quanto mais fortes nos tornamos individualmente, mais dependemos da coletividade para manter o nível do nosso poder.

Esse caminho tende a nos levar a um processo cada vez mais profundo de fusão não apenas entre humanos e tecnologia, mas entre individual e coletivo, que talvez seja o estágio final de nossa evolução, a transcendência.

---

5. Ver: http://sciencevibe.com/2017/10/07/brain-connected-to-the-internet-for-first-time/. Acesso em: 28 jan. 2021.
6. Pesquisas sobre Brain-computer-interfaces no Google Scholar: https://scholar.google.com.br/scholar?q=brain+computer+interface&hl=pt-BR&as_sdt=0&as_vis=1&oi=scholart&sa=X&ved=0ahUKEwjn4_-L-8_WAhVFIpAKHTUjAvwQgQMIJTAA. Acesso em: 28 jan. 2021.
7. Ver: http://www.dailymail.co.uk/sciencetech/article-3257517/Human-2-0-Nanobot-implants-soon-connect-brains-internet-make-super-intelligent-scientist-claims.html. Acesso em: 28 jan. 2021.

CAPÍTULO 16

O FUTURO DO SER HUMANO

O ser humano é uma máquina biológica configurada com o único objetivo de garantir a nossa sobrevivência, tanto como indivíduos quanto espécie. Para tanto, o nosso cérebro busca o tempo todo: diminuir a dor, aumentar o prazer e economizar energia nesse processo.

Martha Gabriel

Conforme temos discutido ao longo deste livro, desde o início dos tempos, o ser humano e a tecnologia são interdependentes – quando um muda, o outro também muda, em um ciclo contínuo, em ritmo exponencial, que inicialmente era imperceptível, mas que atinge hoje uma velocidade intensa, estabelecendo um ritmo dramático de disrupções que estão reestruturando o mundo constantemente: física, social e economicamente.

Nesse contexto, não apenas estamos nos fundindo com a tecnologia, misturando os nossos códigos biológicos e digitais, mas também, e principalmente, nos tornando um novo tipo de humano, reconfigurado tecnologicamente de formas inéditas – profundas, explícitas e rápidas –, sem precedentes na nossa história. Tratamos até aqui, principalmente, de refletir sobre onde chegamos e como estamos – analisamos inúmeros aspectos disso até o momento: na primeira parte do livro, focamos no ser humano e na sociedade e, na segunda parte, na tecnologia. Nestes capítulos finais, buscamos refletir sobre para onde podemos ir – situações emergentes e cenários possíveis de um futuro próximo.

Para tanto, penso que, entre as inúmeras dimensões da vida humana, a sobrevivência é a fundação para todo o resto – precisamos estar vivos para podermos fazer e alcançar qualquer outro objetivo. Para tal, nosso cérebro é biologicamente configurado para buscar diminuir a dor, aumentar o prazer e economizar energia nesse processo – tudo o que fazemos se resume a essas três diretrizes, cujo objetivo conjunto é a sobrevivência do indivíduo e, de forma mais ampla, da espécie. Assim, o nosso foco aqui é pensar o futuro em função das condições mais básicas que sustentam a nossa vida. Nesse sentido, a nossa existência depende essencialmente do equilíbrio de condições e trocas de dois pilares que constituem o nosso ecossistema: *nurture* – o ambiente externo a nós (que deve prover as condições para vivermos) – e *nature* – o nosso organismo (que precisa ser capaz de utilizar e criar recursos no ambiente para viver). A relação das interações entre *nature* e *nurture* determinam não apenas a nossa existência e sobrevivência, mas também a qualidade de nossas vidas. Como discutimos nos capítulos anteriores, a tecnologia vem transformando esses dois pilares desde sempre.

Nesse sentido, existe um tipo específico de interação entre *nature* e *nurture* que nos interessa particularmente, porque representa a ação humana no mundo para garantir a sustentabilidade desse ecossistema que nos mantém: o trabalho. Desde a pré-história, o "trabalho" humano tem sido encontrar formas de obter alimento e abrigo – se no caso dos nossos ancestrais isso representava caça, rios e cavernas, hoje ele (o trabalho) assume inúmeras funções em um sistema organizado com um grau de complexidade muito maior, possibilitado pela evolução tecnológica. Enquanto o homem da caverna precisava prover todas as necessidades do seu dia, hoje, o trabalho transcende o indivíduo e é articulado como um mecanismo em que cada um faz uma parte especializada, resultando em um aumento de eficiência do sistema de forma global. Por exemplo, você provavelmente não caça a carne que come e nem costura a roupa que veste – isso é feito por outras pessoas no mundo, que garantem a produção de comida e vestuário. No entanto, você faz alguma coisa que resolve o problema de outras pessoas no planeta, muitas vezes, atividades que não resultam em soluções diretas para si mesmo, como quando uma pessoa trabalha na construção de um edifício em que não vai morar.

Assim, o trabalho, e sua estruturação na sociedade, garantindo o funcionamento dessa "engrenagem" global, é, e sempre foi, a interação mais importante que garante o equilíbrio do ecossistema *nature-nurture*: a sustentabilidade da vida humana.

Nesse contexto, em nossa discussão sobre os caminhos do futuro pavimentados pelas tecnologias digitais emergentes, abordaremos aqui: a) o futuro do trabalho (ambiente); e b) o futuro do ser humano (organismo). Trataremos o primeiro neste capítulo e o segundo no próximo.

 ## Futuro do trabalho: desintermediação tecnológica

Enquanto as revoluções industriais anteriores tiveram um impacto maior nos empregos e funções que se localizavam na base da pirâmide hierárquica do mercado (imagem à esquerda, na Figura 16.1), a revolução digital tem aniquilado empresas e cargos entre os **intermediários** na pirâmide. No cenário tecnológico atual, a automação não está apenas transformando as habilidades dos intermediários: está efetivamente eliminando os cargos de trabalho, empurrando as pessoas para cima ou para baixo, mudando a estrutura de mercado de pirâmide para ampulheta (imagem da direita, na Figura 16.1).

Figura 16.1 – Representação gráfica da estruturação dos trabalhos e empresas no mercado, antes da desintermediação tecnológica (à esquerda) e depois (à direita). *Fonte:* Martha Gabriel.

Os intermediários de processos – pessoas e empresas –, estão sendo substituídos por tecnologia. Por exemplo, aplicativos de transporte como Uber, 99Taxi, Easy Taxi, entre tantos outros, diminuem consideravelmente a necessidade de existência de agências de táxis – que intermediavam o cliente e o taxista. Na área de hospedagem, soluções como Booking.com, Hotels.com, TripAdvisor, Airbnb, Expedia, Kayak, e inúmeras outras, facilitaram e simplificaram a organização e compra de viagens, de forma que, atualmente, raramente precisamos contratar uma agência de turismo ou viagem. O acesso distribuído a todo tipo de conteúdo na internet faz com que professores conteudistas sejam cada vez menos necessários para intermediar o conteúdo e os alunos. Assim, essas pessoas cujas funções faziam sentido nas cadeias de valor no mundo antes da Era Digital precisam se recolocar – dependendo das habilidades que possuem, podem subir ou descer na ampulheta.

Pessoas qualificadas com alto grau de educação e conhecimento tornam-se cada vez mais necessárias para criar e fazer gestão de um ambiente profissional tecnologicamente mais sofisticado. Isso faz com que os seus salários subam, deslocando-os para a parte de cima da ampulheta. Por outro lado, esses profissionais do topo requerem mais serviços personalizados e, portanto, mais pessoas com baixa formação são necessárias para atendê-los: isso faz com que os intermediários que não têm alto grau de formação educacional passem para a parte de baixo da ampulheta, onde se situam os trabalhadores com menos habilidades e salários mais baixos. Assim, a desintermediação tecnológica no trabalho está nos conduzindo para um mercado com cada vez mais trabalhadores nas pontas, dividido entre topo e base, e com menos gente no meio (Figura 16.2).

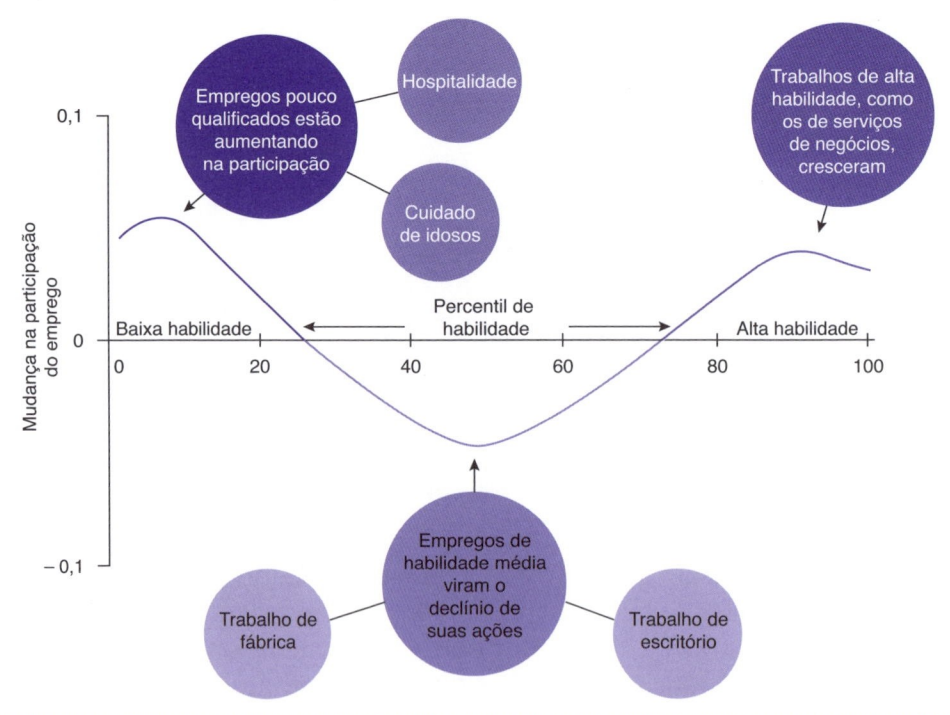

Figura 16.2 – Impacto das tecnologias digitais no mercado, reconfigurando os trabalhos e a distribuição de funções na sociedade: empregos de *high-skill* e *low-skill* explodiram, enquanto os *middle-skill* despencaram.
Fonte: https://gigaom.com/2014/03/31/the-gig-economy-is-here-and-its-not-a-pretty-picture/.
Acesso em: 28 jan. 2021.

Note-se, no entanto, que os intermediários tendem a diminuir consideravelmente, mas não a desaparecer totalmente, pelo menos em um futuro próximo, enquanto não tivermos Inteligência Artificial Geral (AGI[1]) entre nós. Em algumas situações específicas, que requerem consultoria avançada, agregando valor humano, os intermediários continuarão a existir e serão extremamente valorizados. Um exemplo disso seria uma viagem para a Europa em que se queira realizar *tours* personalizados com foco em arte – nesse caso, é ainda muito difícil fazer um roteiro adequado desse tipo apenas com sistemas especializados em cada item específico, sem uma "curadoria" maior de intenção; portanto, a ajuda de um profissional especializado no assunto teria muito valor no processo. Eventualmente, conforme a inteligência artificial evolua, em um cenário mais à frente, talvez até mesmo esse tipo de intermediação seja substituído por sistemas, mas, por algum tempo, ainda haverá espaço para esse tipo de intermediador altamente qualificado e *expert*.

Além do efeito de desintermediação que reestrutura a distribuição da força de trabalho humana, as tecnologias digitais impactam também, profundamente, as habilidades da **base (*blue collars*)** e do **topo (*white collars*)** da ampulheta. O que a revolução mecânica fez com o músculo humano, substituindo as habilidades braçais repetitivas, a revolução digital tende a fazer com o nosso cérebro, substituindo todas as habilidades mentais repetitivas. Um exemplo disso é o caso da instituição financeira JPMorgan que, com o auxílio de um sistema computacional em 2017, passou a fazer em segundos o que consumia 360 mil horas anuais de trabalho de advogados[2].

Um estudo da McKinsey sobre a automação do trabalho[3] aponta as áreas que são mais impactadas pela automação e quantidade de empregos que podem ser substituídos por ela. Globalmente, a agricultura, manufatura, varejo e construção civil são os setores com maior probabilidade de automação na análise global (Figura 16.3).

---

1. Ver os tipos de inteligência artificial nos capítulos referentes a isso, na Parte 2 deste livro.
2. Ver mais em: https://www.bloomberg.com/news/articles/2017-02-28/jpmorgan-marshals-an-army-of-developers-to-automate-high-finance. Acesso em: 28 jan. 2021.
3. Ver mais em: https://public.tableau.com/profile/mckinsey.analytics#!/vizhome/InternationalAutomation/WhereMachinesCanReplaceHumans. Acesso em: 28 jan. 2021.

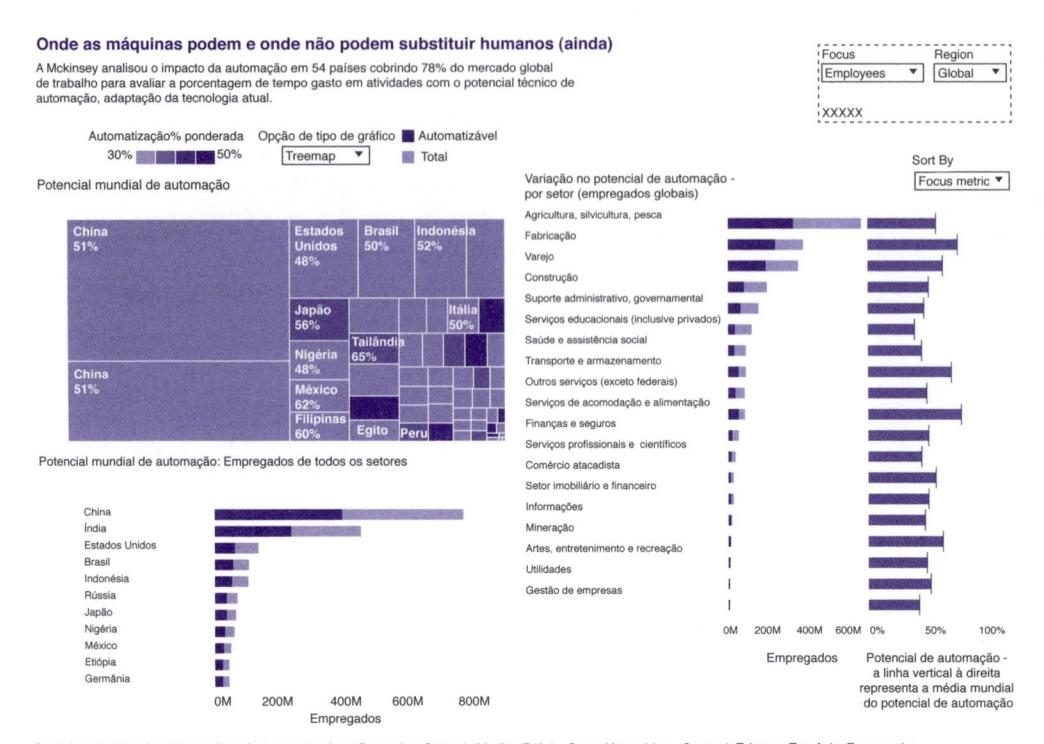

Onde as máquinas podem e onde não podem substituir humanos (ainda)

A Mckinsey analisou o impacto da automação em 54 países cobrindo 78% do mercado global de trabalho para avaliar a porcentagem de tempo gasto em atividades com o potencial técnico de automação, adaptação da tecnologia atual.

Os dados salariais não estavam disponíveis para 8 países: Bermudas, Costa do Marfim, Etiópia, Gana, Moçambique, Senegal, Taiwan e Tanzânia. Empregados de alguns países omitiram dados da economia informal. Nesses casos, foram feitos ajustes com base em discussões com especialistas de indústrias. Dados provenientes de alguns países não contêm todos os 19 setores.

Figura 16.3 – Gráfico dinâmico representando um estudo da McKinsey, que indica onde as máquinas podem e onde ainda não podem substituir humanos **globalmente**.
Fonte: https://public.tableau.com/profile/mckinsey.analytics#!/vizhome/InternationalAutomation/ WhereMachinesCanReplaceHumans. Acesso em: 28 jan. 2021.

No Brasil, 50% dos empregos tendem a desaparecer devido à automação. A situação específica do País é apresentada na Figura 16.4.

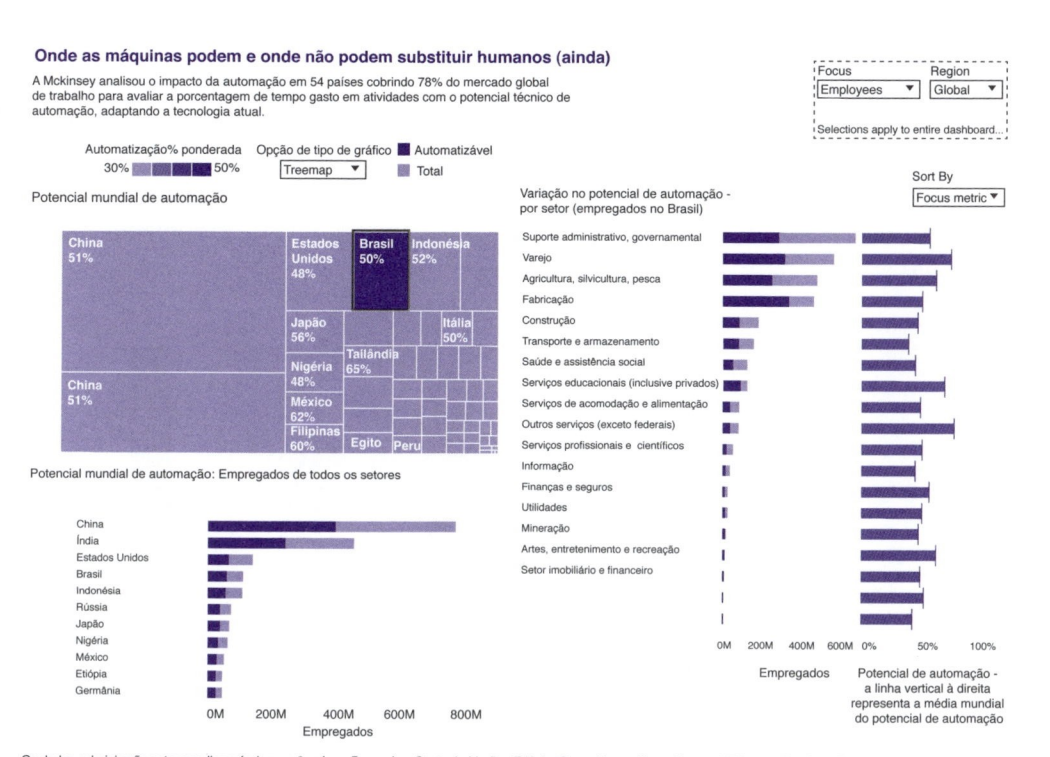

Onde as máquinas podem e onde não podem substituir humanos (ainda)

A Mckinsey analisou o impacto da automação em 54 países cobrindo 78% do mercado global de trabalho para avaliar a porcentagem de tempo gasto em atividades com o potencial técnico de automação, adaptando a tecnologia atual.

Os dados salariais não estavam disponíveis para 8 países: Bermudas, Costa do Marfim, Etiópia, Gana, Moçambique, Senegal, Taiwan e Tanzânia. Empregados de alguns países omitiram dados da economia informal. Nesses casos, foram feitos ajustes com base em discussões com especialistas de indústrias. Dados provenientes de alguns países não contêm todos os 19 setores.

Figura 16.4 – Gráfico dinâmico representando um estudo da McKinsey, que indica onde as máquinas podem e onde ainda não podem substituir humanos – no **Brasil**. *Fonte:* https://public.tableau.com/profile/mckinsey.analytics#!/vizhome/InternationalAutomation/WhereMachinesCanReplaceHumans. Acesso em: 28 jan. 2021.

O QR Code da Figura 16.5 dá acesso ao *site* interativo da McKinsey, onde podem ser verificadas as análises de impacto da automação para qualquer país ou continente, de forma dinâmica.

Figura 16.5 – QR Code de acesso ao *site* interativo da McKinsey, que apresenta os impactos potenciais da automação no mundo. *Fonte:* https://public.tableau.com/profile/mckinsey.analytics#!/vizhome/InternationalAutomation/WhereMachinesCanReplaceHumans. Acesso em: 28 jan. 2021.

O mesmo estudo[4] analisa as probabilidades de substituição tecnológica das atividades profissionais: 1) funções com maior probabilidade de serem substituídas pela automação (Figura 16.6) – **trabalho físico previsível, processamento e coleta de dados**; 2) as menos suscetíveis – trabalho físico imprevisível e interações com *stakeholders*; e 3) com probabilidades mínimas de serem substituídas – **aplicação de *expertise*** (em tomada de decisão, planejamento e criatividade) e **gestão de pessoas**.

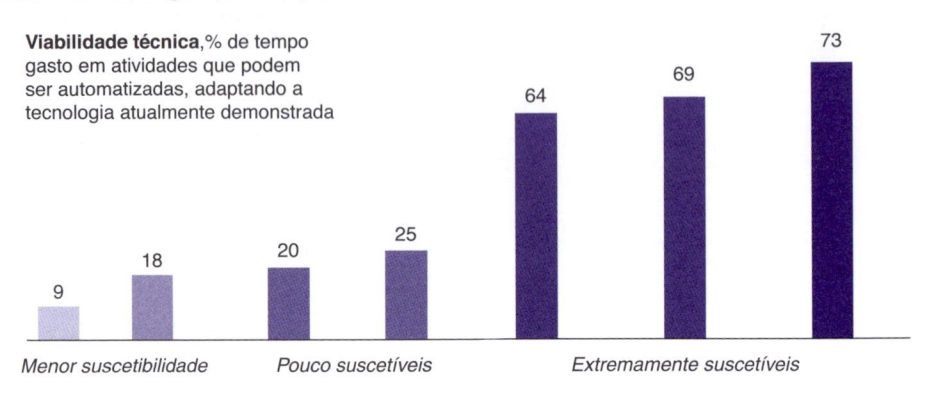

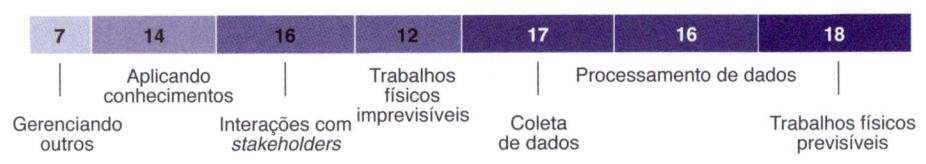

Na prática, a automação vai depender mais da viabilidade técnica. Cinco fatores estão envolvidos: viabilidade técnica, custos de automação, relativa escassez, habilidades e custos de trabalhadores que de outra forma poderiam fazer a atividade, benefícios (desempenho superior) da automação além da substituição do custo do trabalho, além de considerações regulatórias e de aceitação social.

[1] Aplicando experiência em tarefas de tomada de decisão, planejamento e criação.
[2] O trabalho físico imprevisível (atividades físicas e operação da máquina) é realizado em ambientes imprevisíveis, enquanto em trabalhos físicos previsíveis, o ambiente é previsível

Figura 16.6 – Funções com maiores e menores probabilidades de substituição tecnológica – gráfico disponível no estudo McKinsey em: https://www.mckinsey.com/business-functions/digital-mckinsey/our-insights/where-machines-could-replace-humans-and-where-they-cant-yet. Acesso em: 28 jan. 2021.

4. Ver mais em: https://www.mckinsey.com/business-functions/digital-mckinsey/our-insights/where-machines-could-replace-humans-and-where-they-cant-yet e https://www.mckinsey.com/global-themes/digital-disruption/harnessing-automation-for-a-future-that-works. Acesso em: 28 jan. 2021.

Outra consequência da desintermediação tecnológica e automação é a horizontalização das cadeias de valor, que, se por um lado, tende a eliminar os intermediários, por outro, tende a alavancar a chamada *GIG Economy* (Figura 16.7), ou, em outras palavras, os *free-lancers*: profissionais sem vínculos de emprego, que prestam serviços sob demanda.

Figura 16.7 – Esquema que mostra como funciona a *GIG Economy*. Imagem adaptada de: https://drvidyahattangadi.com/gig-economy-independence-flexibility-and-comfort-in-work/. Acesso em: 19 fev. 2021.

A *GIG Economy* é impulsionada pelas tecnologias digitais que viabilizaram atividades sociais e econômicas por meio de transações *on-line*, conhecidas como **Sharing Economy**[5] (Economia Colaborativa[6]). Os modelos de negócios da economia colaborativa são híbridos em termos de propriedade e disponibilidade, variando desde modelos totalmente livres – em que os usuários compartilham um bem para uso em comum e determinam todas as condições com autonomia total (**consumo colaborativo**, por exemplo, BlaBlaCar) –, até soluções totalmente reguladas por uma empresa intermediária, dando aos

---

5. Ver: https://en.wikipedia.org/wiki/Sharing_economy. Acesso em: 28 jan. 2021.
6. A *Sharing Economy* também é conhecida por *shareconomy*, *collaborative consumption*, *collaborative economy* ou *peer economy* – em português, tem também os nomes: economia colaborativa, economia de compartilhamento, economia de colaboração, consumo colaborativo. Outro termo que passou a ser usado como sinônimo de *sharing economy* é *uberization*, ou uberização. No entanto, apesar de muitas vezes esses termos serem usados como sinônimos, eles têm modelos de negócios distintos no que se refere à colaboração, e assim, consequentemente, representam atividades distintas.

usuários apenas acesso aos serviços uns dos outros, sem que se conheçam *a priori* (**Access Economy**, ou Economia do Acesso, por exemplo, Uber).

Essa reconfiguração tecnológica do trabalho traz três consequências principais: 1. Eliminação de funções, modelos de negócios e empresas que deixam de ser necessárias; 2. Criação de novas funções, modelos de negócios e empresas que articulam as novas tecnologias de formas otimizando valor; 3. Transformações sociais resultantes dos itens 1 e 2 anteriores; e 4. Transformações de habilidades humanas necessárias para trabalhar no novo cenário que emerge, em função de todos os itens anteriores.

Por exemplo, as seguintes atividades já estão sendo substituídas, em algum grau, por robôs ou sistemas:

1. *Web Designer*/Desenvolvedor Web (The Grid – https://thegrid.io/)
2. Profissional de *Marketing* **Digital** (Persado – http://persado.com/)
3. **Gestor de Escritório** (Betty[7] – robô)
4. **Contador** (Smacc[8])
5. **Profissional de Recursos Humanos** (*Chatbot* Mya[9])
6. **Jornalista**[10] (Wordsmith – https://automatedinsights.com/products/)
7. **Advogado** (Ross – http://www.rossintelligence.com/)
8. **Médico** (Babylon[11])
9. **Psicólogo/Terapeuta** (Ellie[12])
10. **Professor**[13] (Narrative Science[14])

---

7. Ver mais em: http://www.telegraph.co.uk/science/2016/06/14/meet-betty-of-milton-keynes-britains-first-robotic-office-manage/. Acesso em: 28 jan. 2021.
8. Ver mais em: https://techcrunch.com/2016/06/28/goodbye-accountants-startup-builds-ai-to-automate-all-your-accounting/. Acesso em: 28 jan. 2021.
9. Ver mais em: https://venturebeat.com/2016/07/11/recruitment-chatbot-mya-automates-75-of-hiring-process/. Acesso em: 28 jan. 2021.
10. Ver mais em: https://www.wired.com/2017/02/robots-wrote-this-story/. Acesso em: 28 jan. 2021.
11. Ver mais em: http://www.telegraph.co.uk/technology/news/12098412/Robot-doctor-app-raises-25m-to-predict-future-of-your-health.html. Acesso em: 28 jan. 2021.
12. Ver mais em: http://futurism.com/uscs-new-ai-ellie-has-more-success-than-actual-therapists/. Acesso em: 28 jan. 2021.
13. Ver mais em: https://www.independent.co.uk/news/education/coding-school-42-france-paris-teacherless-revolutionary-silicon-valley-harvard-a7037441.html. Acesso em: 19 fev. 2021.
14. Ver mais em: https://www.narrativescience.com/home. Acesso em: 28 jan. 2021.

11. **Atores**[15]

12. **Entregadores**[16]

Por outro lado, surgem, ao mesmo tempo, novas atividades tecnológicas no ambiente, como aponta um levantamento do Senai com as profissões que estarão em alta na indústria brasileira[17] nos próximos anos. Apesar de algumas delas poderem demorar até uma década para se consolidarem, a demanda já existe:

- **Técnico em informática veicular** – inspeciona ou testa partes para determinar a causa e defeitos ou avarias, instala equipamentos para testes e customiza as funcionalidades do veículo.

- **Técnico especialista em reciclagem de produtos poliméricos** – gerencia o processo de descontaminação dos materiais a serem reciclados.

- **Especialista em impressão de alimentos** – faz a manutenção das máquinas responsáveis pela impressão de alimentos.

- **Analista de IoT** (internet das coisas) – desenvolve soluções de sistemas embarcados para sensoriamento e integra *hardware* e *software* por meio da internet.

- **Engenheiro de cibersegurança** – desenvolve soluções de rede que fornecem segurança contra ataques cibernéticos, *hackers* etc. Também monitora e testa esses sistemas regularmente para garantir que estejam atualizados e funcionando.

- **Especialista em *big data*** – analisa dados para detectar movimentos econômicos do segmento e do contexto no qual a empresa se encontra e determina como a companhia pode se inserir em novos nichos.

- **Instalador de automação predial** – instala sistemas de automação predial.

15. Ver mais em: https://www.theguardian.com/technology/2017/feb/09/robots-taking-white-collar-jobs. Acesso em: 28 jan. 2021.

16. Ver mais em: http://www.miaminewtimes.com/arts/aloft-hotel-greets-south-beach-with-botlr-the-robot-butler-7856009. Acesso em: 28 jan. 2021.

17. Ver: https://epocanegocios.globo.com/amp-stories/7-profissoes-criadas-pela-industria-40/index.html. Acesso em: 15 jan. 2021.

Podemos citar, ainda, como outras atividades emergentes[18]:

- **Nanomédico** – alguém que trabalha com medicina no nível molecular usando pequenos robôs (nanorrobôs) para investigar problemas no corpo e solucionar por dentro.

- **Cirurgião de memória** – médico que compreende como os pensamentos são armazenados no cérebro e pode ter a habilidade de restaurar memórias em pessoas com demência e Alzheimer.

- **Produtor de órgãos** – profissionais que imprimem órgãos artificiais para substituir rins, corações e fígados, quando necessário.

- *Designer* **e engenheiro transumanista** – profissionais que projetam e criam as interações entre o sistema biológico e partes artificiais, orquestrando-as e possibilitando a ampliação de habilidades humanas[19].

- **Programador de genes** – como vimos anteriormente, já conseguimos fazer manipulação genética, até certo ponto[20], por meio das metodologias CRISPR, e o crescimento dessa área pode demandar programadores para manipular genes e prevenir doenças.

Nenhuma dessas profissões existem ainda, no entanto, nos próximos anos, talvez em uma década, existe a possibilidade de que sejam necessárias. O desafio gerado por esse processo é: como criar cursos para capacitação em escala nessas áreas de ponta, cuja demanda pode crescer em pouquíssimo tempo? Certamente não será por meio do sistema tradicional de educação e formação. Assim, a reestruturação do mercado requer também a reconfiguração dos processos de educação. Esse ciclo evolutivo trabalho-educação sempre aconteceu, mas nunca no ritmo acelerado que experimentamos hoje – isso desponta como um dos maiores desafios sociais dos nossos tempos, que discutiremos a seguir.

Futuro do trabalho: transformação social

Nesse contexto, os trabalhadores de colarinho branco estão sujeitos ao mesmo destino que os de colarinho azul sofreram nas revoluções industriais anteriores. **Além da inteligência artificial ter o potencial de substituir toda**

---

18. Ver mais em: http://www.news.com.au/finance/business/futurist-morris-miselowski-predicts-the-jobs-well-be-doing-in-2050/news-story/14f011722cc429c83f3a592fa54a6dae. Acesso em: 15 jan. 2021.
19. Veja, na Parte 2 deste livro (no capítulo de robótica), a discussão sobre transumanismo e *cyborgs*.
20. Ver também: https://g1.globo.com/ciencia-e-saude/noticia/10-avancos-e-1-promessa-da-tecnica-crispr-de-edicao-do-dna.ghtml. Acesso em: 28 jan. 2021.

e qualquer função humana repetitiva – seja ela braçal ou intelectual – com muito mais eficiência e velocidade (eliminando funções), o **ambiente tecnológico que se forma precisa da atuação em novas atividades imediatas, que requerem habilidades inéditas.** Esse processo já começou discretamente e tende a aumentar consideravelmente na próxima década com a evolução e avanço das tecnologias digitais. Podemos ver essa tendência avançando nos Estados Unidos, onde a quantidade de empregos disponíveis desde 1980 foi aumentando ao longo dos anos em um ritmo maior para ocupações que requerem alto grau de educação, alcançando 28% de diferença em 2015 (Figura 16.8). O contexto cada vez mais tecnológico tende, portanto, a favorecer aqueles que têm melhor preparo educacional e habilidades tecnológicas para se adaptar mais rapidamente ao tipo de mudança requerida pela transformação digital da sociedade.

O emprego está aumentando mais rapidamente em ocupações que exigem níveis mais altos de preparação

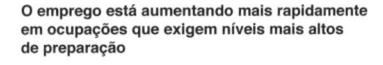

Número de empregados, em milhões

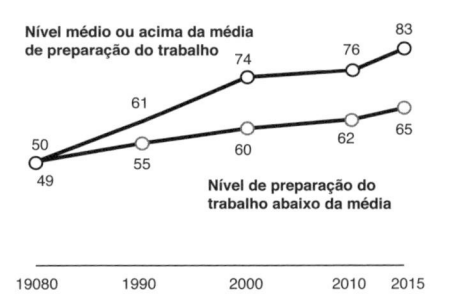

Nível médio ou acima da média de preparação do trabalho 74 76 83

61

50 55 60 62 65

49

Nível de preparação do trabalho abaixo da média

19080   1990   2000   2010 2015

Nota: Com base em civis empregados de 16 anos ou mais. O nível de preparação do trabalho baseia-se em uma escala de um (pouco ou nenhum ensino/experiência/ treinamento) a cinco (educação / experiência / treinamento extensivo) Fonte: Pew Research Center analysis of O*and monthly Current Population Survey data (IPUMS). "The State of American Jobs"

Figura 16.8 – Gráfico que apresenta o crescimento da quantidade de empregos nos Estados Unidos, de 1980 a 2015. *Fonte:* http://www.pewresearch.org/fact-tank/2016/10/06/key-findings-about-the-american-workforce-and-the-changing-job-market/. Acesso em: 28 jan. 2021.

Não é novidade que toda revolução destrói paradigmas e constrói uma nova configuração de mundo – essa é a essência de qualquer revolução, e não seria diferente agora. Assim, a reestruturação tecnológica do trabalho em forma de ampulheta traz alguns desafios sociais importantes:

Gestão da desigualdade social – A questão, aqui, é como combater os desequilíbrios de poder e renda resultantes da transformação tecnológica. A diferença de renda entre ricos e pobres e a concentração de poder no topo da escala social têm crescido no planeta nas últimas décadas (PIKKETY, 2015; BRYNJOLFSSON, 2016). Os Estados Unidos são o país que apresenta as maiores diferenças de riqueza acumulada entre os ricos e os demais[21-22].

Apesar da explicação sobre as causas do aumento da desigualdade social não ser algo simples, pode-se dizer que um dos fatores que contribuem para isso é a tecnologia (BRYNJOLFSSON, 2016), e outro fator é resultado dela (os *supermanagers*, que veremos mais à frente) (PIKKETY, 2015).

Conforme as tecnologias substituem o trabalho humano, os negócios se tornam menos dependentes de capital – para criar um aplicativo, não são necessárias fábricas físicas e grandes investimentos de capital – e mais dependentes de criatividade e formação pessoal. Esse contexto favorece aqueles com novas ideias e modelos de negócios que criam novos produtos, e não mais aqueles que possuem capital convencional para criar negócios – isso beneficia quem consegue ter uma boa educação, e dificulta a ascensão daqueles com formação menos qualificada. Por outro lado, quem está na parte de baixo da ampulheta tende a ter menos recursos para investir em uma alta qualificação educacional para conseguir subir, e isso tende a reforçar a diferença entre os indivíduos no topo e os na base. Esse ciclo vicioso cria uma elite que "inova e cria", gerando uma alta demanda por profissionais qualificados, com educação de excelência.

Por outro lado, como argumenta o economista francês Thomas Pikkety, a desigualdade se deve também ao ciclo vicioso do aumento dos salários dos *top* executivos no mundo, que ele denomina de *supermanagers*: acima de um certo nível, é muito difícil encontrar correlação entre recebimentos e *performance*, no entanto, as diferenças de ganhos entre os altos gestores e os demais trabalhadores têm aumentado[23]. Esse fenômeno tende a concentrar a renda

---

21. Ver mais em: http://fortune.com/2015/09/30/america-wealth-inequality/. Acesso em: 28 jan. 2021.
22. Ver mais em: https://www.technologyreview.com/s/531726/technology-and-inequality/. Acesso em: 28 jan. 2021.
23. Ver mais em: https://www.technologyreview.com/s/531726/technology-and-inequality/. Acesso em: 28 jan. 2021.

de forma hereditária entre os *top* executivos e seus descendentes, que são os que têm recursos para oferecer educação de qualidade para seus filhos, que tendem a ocupar esses cargos de elite no futuro.

Segundo Pikkety, são preocupantes os efeitos de longo prazo dessa concentração de riqueza – quando o retorno de capital excede a taxa de crescimento, o dinheiro que os ricos acumulam em suas fortunas aumenta, enquanto os salários crescem mais lentamente, se é que crescem.

Gestão da mudança em alta velocidade – Como acompanhar o ritmo de mudança e conseguir nos adaptar tanto social quanto biologicamente para sobreviver nesse novo cenário tecnológico? Como discutido anteriormente, na Parte 2 deste livro, a megatendência *real time* traz consigo inúmeras outras que estão tentando solucionar a gestão da mudança em alta velocidade: Economia da Intenção, Metodologias Ágeis, *Dashboards*, entre outras. A utilização da própria tecnologia para nos auxiliar nesse desafio é também megatendência, como, por exemplo: Inteligência Artificial (assistentes digitais inteligentes), Economia Colaborativa, entre outras.

Gestão de habilidades – Como continuar relevante no mercado de trabalho que se reestrutura constantemente pela tecnologia? Essa questão envolve a reestruturação profunda tanto da educação quanto da cultura tradicionais. Abordaremos esses assuntos discutindo, a seguir, as habilidades essenciais para a Era Digital.

Futuro do trabalho: habilidades essenciais na Era Digital

As principais questões sobre o futuro do trabalho e habilidades humanas essenciais para ter sucesso na Era Digital foram levantadas pelo estudo *Future of Jobs and Jobs Training*[24], da Pew Internet Research em 2017, entrevistando especialistas das diversas áreas envolvidas com o trabalho. O resultado são cinco grandes temas divididos entre "esperanças" e "preocupações" (Figura 16.9).

---

24. Ver mais em: http://www.pewinternet.org/2017/05/03/the-future-of-jobs-and-jobs-training/. Acesso em: 28 jan. 2021.

Cinco temas principais sobre o futuro do treinamento profissional na era tecnológica

TEMAS OTIMISTAS	Tema 1	**O sistema de treinamento evoluirá e ocorrerá um *mix* de inovação em todos os formatos de educação**

- Mais sistemas de aprendizagem migrarão para o mundo *on-line*. Alguns serão autodirigidos e alguns serão oferecidos ou exigidos pelos empregadores; outros serão híbridos, ou seja, semipresenciais. Espera-se que os trabalhadores aprendam continuamente.

- Os cursos *on-line* obterão um grande impulso dos avanços da realidade aumentada (AR), da realidade virtual (VR) e da inteligência artificial (IA).

- As universidades ainda desempenharão papéis especiais na preparação das pessoas para a vida, mas algumas provavelmente irão diversificar e diferenciar.

Tema 2 **Os alunos devem cultivar habilidades, capacidades e atributos do século XXI**

- Será difícil de ensinar habilidades intangíveis, tais como inteligência emocional, curiosidade, criatividade, adaptabilidade, resiliência e pensamento crítico; elas serão mais valorizadas.

- A aprendizagem prática e experimental por meio de estágios e de tutoria irá avançar.

Tema 3 **Novos sistemas de credenciamento surgirão à medida que a aprendizagem autodirigida se expande**

- Enquanto o diploma universitário tradicional continuará dominando em 2026, mais empregadores podem aceitar sistemas alternativos de credenciamento, à medida que as opções de aprendizagem e as suas medidas evoluem.

- A prova de competência pode estar no dia a dia do trabalho e não no currículo.

TEMAS PREOCUPANTES Tema 4 **Sistemas de treinamento e aprendizagem não atenderão às necessidades do século XXI até 2026**

- Na próxima década, os sistemas educacionais não serão úteis na tarefa de se adaptarem ao treinamento ou treinar as pessoas para as habilidades que provavelmente, no futuro, serão mais valorizadas.

- Mostre-me o dinheiro: muitas dúvidas dependem da falta de vontade política e de financiamento necessário.

- Algumas pessoas são incapazes de desenvolver a aprendizagem autodirigida, ou desinteressadas.

Tema 5 **Empregos? Que empregos? As forças tecnológicas mudarão fundamentalmente o trabalho e o cenário econômico**

- Haverá milhões de pessoas a mais e milhões de empregos a menos no futuro.

- O próprio capitalismo está em apuros.

PEW RESEARCH CENTER, ELON UNIVERSITY'S IMAGINING THE INTERNET CENTER

Figura 16.9 – Quadro apresentando os principais temas resultantes do estudo *Future of Jobs and Jobs Training*, da *Pew Internet Research* em 2017.
Fonte: http://www.pewinternet.org/2017/05/03/the-future-of-jobs-and-jobs-training/.
Acesso em: 28 jan. 2021.

As esperanças são:

- **evolução do ecossistema de capacitação**, com um *mix* de inovação em todos os formatos;
- **cultivo** das habilidades, capacidades e atributos de **aprendizagem no século XXI**;
- **criação de novos sistemas de credenciamento de capacitação** conforme a autoaprendizagem evolui;

As preocupações são:

- **defasagem da velocidade de mudança e evolução dos sistemas de capacitação e aprendizagem** – não alcançar em **tempo hábil** as necessidades do século XXI;
- **economia e capitalismo em cheque** – a diminuição da quantidade de trabalho/emprego humano **coloca em risco a economia e ameaça o capitalismo.**

Analisando esse contexto, vemos que quatro dos cinco temas emergentes referem-se a transformações dos sistemas de capacitação e do cenário econômico, que vão além do poder de atuação individual independente. No entanto, temos o poder de assumir a nossa transformação digital individual, desenvolvendo a nossa capacitação de forma a atender às demandas de novas habilidades, capacidades e atributos pós Era Digital, para estarmos preparados para o futuro próximo.

Focando, assim, nas habilidades que devemos desenvolver, um estudo da Pew Internet Research[25] nos Estados Unidos mostra que as *soft skills* (habilidades humanas, e não capacitação técnica) têm sido mais valorizadas conforme o ambiente tem se tornado mais tecnológico e automatizado (Figura 16.10) de 1990 a 2015 – ocupações com habilidades altamente sociais e analíticas são as que tiveram maior valorização, enquanto as com habilidades altamente físicas ficaram abaixo da média das ocupações em geral.

---

25. Ver mais em: http://www.pewresearch.org/fact-tank/2016/10/06/key-findings-about-the-american-workforce-and-the-changing-job-market/. Acesso em: 28 jan. 2021.

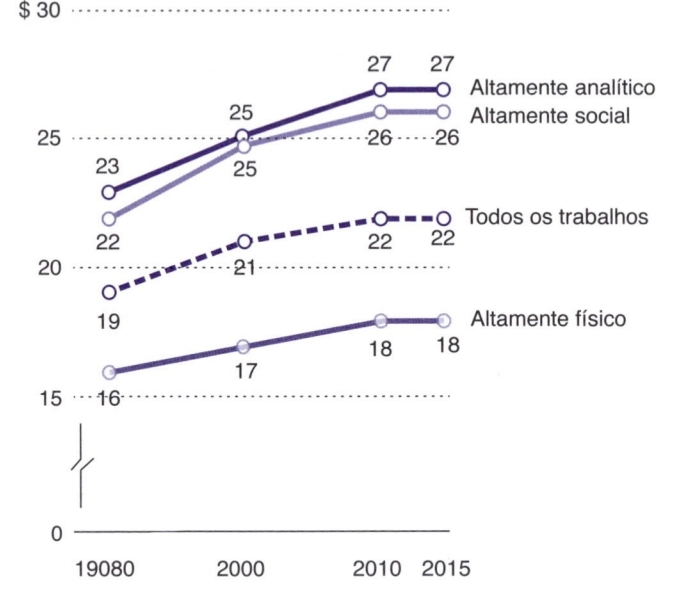

Os salários são mais elevados e aumentaram mais em ocupações que exigem níveis relativamente maiores de habilidades sociais ou analíticas

Salário-hora médio, em dólares de 2015

Figura 16.10 – Gráfico que apresenta o crescimento do salário de 1980 a 2015, por tipo de ocupação.
Fonte: http://www.pewresearch.org/fact-tank/2016/10/06/key-findings-about-the-american-workforce-and-the-changing-job-market/. Acesso em: 28 jan. 2021.

A pesquisa *Aligning the Organization for its Digital Future*[26], do MIT, conclui que as habilidades tecnológicas são apenas uma das muitas categorias necessárias para se ter sucesso no ambiente digital – as mais valorizadas são as

---

26. Ver mais em: http://sloanreview.mit.edu/projects/aligning-for-digital-future/. Acesso em: 28 jan. 2021.

habilidades relacionadas com *soft skills*[27], como: visão de mercado, orientação para mudança e forte liderança (Figura 16.11).

As habilidades tecnológicas são apenas uma das muitas categorias de habilidade de liderança classificadas como mais importantes pelos entrevistados. As habilidades gerenciais, como entender o mercado e/ou ter uma estratégia sólida, são mais valorizadas para permitir o sucesso em um local de trabalho digital.

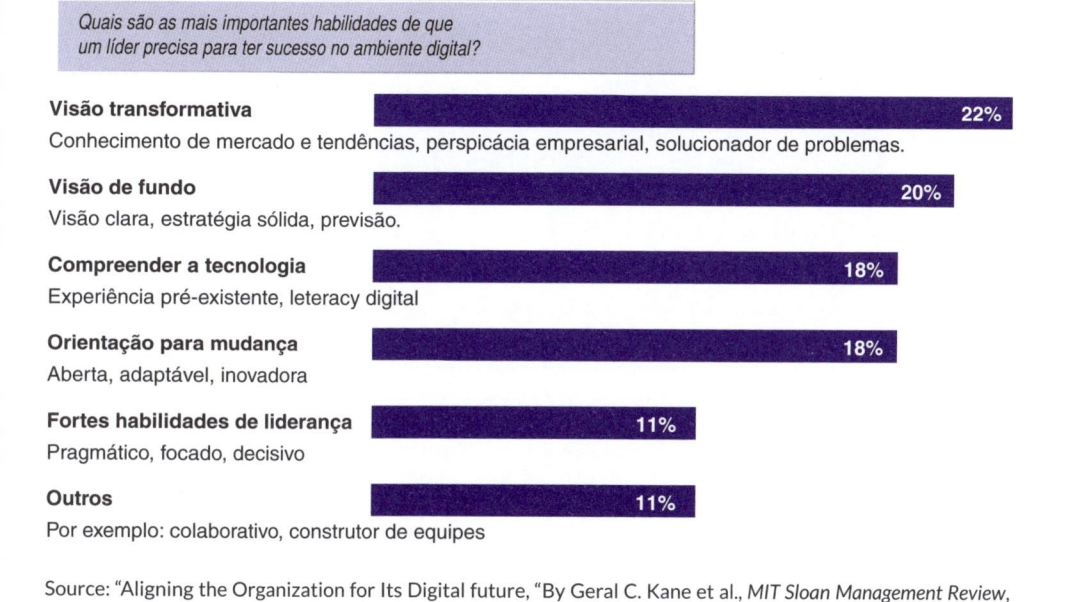

Quais são as mais importantes habilidades de que um líder precisa para ter sucesso no ambiente digital?

Visão transformativa — 22%
Conhecimento de mercado e tendências, perspicácia empresarial, solucionador de problemas.

Visão de fundo — 20%
Visão clara, estratégia sólida, previsão.

Compreender a tecnologia — 18%
Experiência pré-existente, leteracy digital

Orientação para mudança — 18%
Aberta, adaptável, inovadora

Fortes habilidades de liderança — 11%
Pragmático, focado, decisivo

Outros — 11%
Por exemplo: colaborativo, construtor de equipes

Source: "Aligning the Organization for Its Digital future, "By Geral C. Kane et al., *MIT Sloan Management Review*, July 2016, http://sloanreview.mit.edu/digital2016

Figura 16.11 – Gráfico das habilidades mais importantes que um líder precisa ter para ser bem-sucedido em um ambiente digital. *Fonte:* https://twitter.com/mitsmr/status/774824843581779968. Acesso em: 28 jan. 2021.

O gráfico da Figura 16.12 mostra, de forma muito didática e interessante, o deslocamento do trabalho humano passando de atividades técnicas para as *soft skills*, e a mudança do processo de aprendizagem, conhecimento e criação de valor, conforme a automação tecnológica elimina rotina e ocupações técnicas.

---

27. Competências sociais e comportamentais.

Trabalho e emprego

*O trabalho humano está se deslocando rapidamente,
conforme a automação elimina o trabalho técnico*

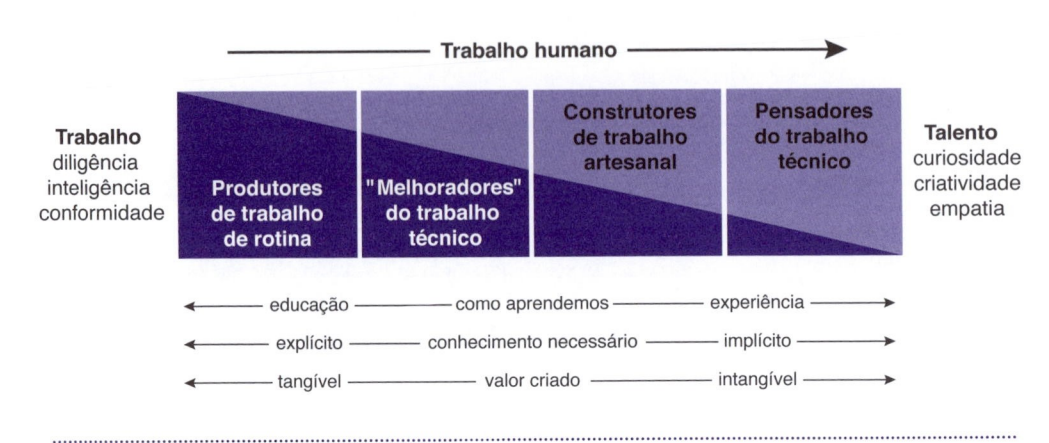

Figura 16.12 – Gráfico de ocupações representando a quantidade relativa de talento/trabalho braçal que requerem. *Fonte:* adaptada de https://twitter.com/hjarche/status/715178907192918017. Acesso em: 15 jan. 2021.

Assim, os vários estudos sobre o impacto da tecnologia no trabalho apontam diversas habilidades que precisamos desenvolver no século XXI, para obtermos sucesso em um futuro próximo. No entanto, considerando que as características humanas que não podem ser replicadas por máquinas tendem a ser as mais valiosas, podemos agrupá-las em três principais:

1. **Pensamento crítico** – Em ambientes com ritmo de mudança acelerado, os problemas e oportunidades do passado são diferentes dos que surgem hoje, requerendo, portanto, soluções novas. Nesse contexto, mais essencial se torna a habilidade de aprender a pensar sozinho, criticamente, para validar e relacionar informações, de forma a perceber ameaças e oportunidades emergentes – não dá mais tempo de esperar que outros façam essas análises (professor, jornalista, autores etc.) para fundamentar nossas decisões. Quanto mais complexo se torna o ambiente, mais sofisticados precisamos ser, e o pensamento crítico é a habilidade que nos dá direcionamento nesse cenário – ele nos aponta O QUE e POR QUE devemos atuar. O grande problema do pensamento crítico é que não nascemos com ele, precisamos ser educados para adquiri-lo. A educação para pensar criticamente de-

pende de inúmeras disciplinas e aprendizado de valores. Infelizmente, a educação tradicional no mundo todo não foca no desenvolvimento do pensamento crítico, mas na absorção de conteúdos e repetição de padrões. Precisamos urgentemente mudar o processo educacional e a forma como nos autoeducamos. Invista no pensamento crítico, e garantirá melhores decisões para sua vida e para a humanidade.

2. **Adaptabilidade** – Se o pensamento crítico nos dá um O QUE e POR QUE para direcionar nossas decisões, isso não valerá nada se não as colocarmos em ação – a habilidade que nos permite aplicar aquilo que é necessário. Assim, é apenas por meio da adaptabilidade que conseguiremos abraçar as transformações de forma a aproveitar oportunidades e minimizar ameaças. Adaptabilidade requer inúmeras outras competências, como agilidade, velocidade, simbiose tecnológica, colaboração (com pessoas e tecnologia), resiliência etc.

3. **Humanidade** – O pensamento crítico e a adaptabilidade nos dão direção e ação, no entanto, se esse caminho não incluir valores humanos, não conseguiremos construir um futuro para a humanidade – estaremos nos tornando máquinas racionais que atuam apenas com a razão e ob-jetividade. Assim, a habilidade de permanecer humano para temperar o pensamento crítico e nossas ações de adaptabilidade são essenciais para o futuro da humanidade. Existem "3 Es" que nos tornam humanos e nos separam das máquinas, pois não podem (ainda) ser replicados por elas: emoção, empatia e ética. Discutimos no último capítulo da primeira parte deste livro a questão da emoção e da ética humanas e as possibilidades de seu desenvolvimento também pelas inteligências artificiais. A empatia, que está associada ao espelhamento neural e nos faz "sentir" o que outro ser está sentindo, talvez seja a última fronteira humana, já que não é apenas uma emoção que se baseia apenas em processos químicos, mas uma funcionalidade estrutural do cérebro humano. Quando a inteligência artificial atingir patamares mais elevados de evolução, eventualmente, talvez desenvolva também, tal como o ser humano, algum processo de empatia. No entanto, até que seres artificiais inteligentes atinjam o nível de inteligência humana, as **emoções**, **empatia** e **ética** serão os diferenciais entre a humanidade e as máquinas. Até lá, todas as atividades e ocupações que se beneficiarem dessas características serão onde o ser humano fará diferença. E, se desenvolvermos as máquinas e nossa simbiose com elas usando como balizadores esses 3 Es, provavelmente tenderemos a ter um futuro humano melhor e harmônico.

O grande desafio para desenvolver essas habilidades é que a educação tradicional não nos prepara para elas, e, assim, precisamos assumir a responsabilidade de desenvolvê-las – independentemente de nossa idade ou situação profissional – enquanto o sistema educacional se inova e renova.

Assim, conforme o mundo passa de analógico para digital, a inteligência emocional tem se tornado uma das habilidades mais importantes[28]. Nesse contexto, o polo de valor no mundo vai se deslocando de objetos físicos (ter) para experiências (ser)[29], de corpo para alma, de *hardware* para *software*, produtos físicos para serviços (experiências), de tangível para intangível, ou, em outras palavras, de atributos para propósito (a Figura 16.13 dá acesso a um vídeo com uma breve explicação).

Figura 16.13 – Vídeo com um trechinho da entrevista para EquipeDigital.com. Disponível pelo QR Code ou em: https://www.instagram.com/p/BE03thgOjvG/?taken-by=marthagabriel. Acesso em: 28 jan. 2021.

28. Ver mais em: https://www.fastcompany.com/3059481/7-reasons-why-emotional-intelligence-is-one-of-the-fastest-growing-job-skills. Acesso em: 28 jan. 2021.
29. Ver mais em: https://www.martha.com.br/direcao-vs-velocidade-o-equilibrio-entre-ser-e-ter/. Acesso em: 28 jan. 2021.

Portanto, desenvolver as habilidades mais valorizadas na Era Digital – pensamento crítico, adaptabilidade e humanidade –, aplicadas no uso do máximo potencial que a tecnologia tem a oferecer a cada momento (simbiose tecnológica), é o caminho para se preparar para o futuro próximo emergente.

Nesse caminho, entretanto, somos passíveis de sofrer profundas transformações biológicas propiciadas pelas tecnologias digitais, nos conduzindo para novas possibilidades de evolução. Assim, essa discussão – o ser humano do futuro – é o tema do próximo capítulo.

O SER HUMANO DO FUTURO

A relação humano-tecnologia vem evoluindo em um processo simbió-tico ao longo de toda nossa história. Vimos, no entanto, que o crescimento tecnológico é exponencial e está atingindo, atualmente, um ritmo vertigi-noso, que tem desafiado a humanidade. Esse processo suscita uma questão iminente: se essa aceleração é contínua, onde vamos parar?

Uma das possibilidades é evoluirmos misturando nosso código bio-lógico (DNA) com os códigos computacionais (binários), nos hibridizando com as máquinas, como sugere a 5ª época da teoria de evolução proposta por Ray Kurzweil, discutida anteriormente. A partir daí, caminhamos para o despertar do universo, em que uma superinteligência universal toma forma, na 6ª, e final, época evolutiva.

Outra abordagem para a evolução – humanidade e tecnologia juntos – é que essa aceleração nos conduza para ciclos de melhoria contínua, ge-rando um estado cada vez mais denso, de forma que, em algum momento, o mundo transcenda a existência material, passando para um estado de superinteligência, formando um buraco negro, que se alimente de matéria[1].

---

1. A mudança acelerada pode não estar restrita à humanidade, mas ser uma característica de desenvolvimento previsível do Universo. Os processos físicos que geram aceleração são ciclos de *feedback* positivo que dão origem às mudanças tecnológicas exponenciais. Essas dinâmicas levam a uma

Independentemente da teoria – fusão homem/máquina ou buracos negros –, na realidade, nenhum cientista sabe o que realmente vai acontecer quando o nosso planeta atingir esse ponto de aceleração, a partir do qual todas as regras que nos regem não funcionarão mais. Esse momento foi batizado de "singularidade tecnológica".

Singularidade tecnológica

A palavra "singularidade" vem da matemática[2] e da física[3] para designar fenômenos tão extremos que as equações que conhecemos não são capazes de descrever – os buracos negros são um exemplo disso: lugares com densidade infinita, em que as leis da ciência não se aplicam. O termo "singularidade" aplicado ao contexto do progresso tecnológico surgiu no século passado, em 1950, com o matemático húngaro John von Neumann, que disse que as tecnologias poderiam chegar a um ponto além do qual "os assuntos humanos, da forma como os conhecemos, não poderiam continuar a existir"[4]. Nos anos 1960, o matemático britânico **Irvin John Good acreditava que, quando criarmos a primeira máquina ultrainteligente, esta seria nossa última invenção** (e inauguraria a singularidade tecnológica), porque uma máquina ultrainteligente poderia projetar máquinas ainda melhores, causando uma inquestionável "**explosão de inteligência**", e a inteligência humana ficaria para trás. Assim, a primeira máquina ultrainteligente é a última invenção que o homem faria, desde que essa máquina fosse suficientemente dócil para nos dizer como mantê-la sob controle. Mais recentemente, o físico britânico Stephen Hawking também acreditava que a superinteligência seria nossa última invenção.

Assim, o ponto em que atingirmos a superinteligência (ASI) tende a ser o gatilho para a singularidade, algo que deve acontecer em algum momento nas

---

configuração incrementalmente eficiente e densa do Espaço, Tempo, Energia e Matéria *(STEM compression)*. No limite físico, esse processo conduz a organizações de densidades de buracos negros. Essa visão, aplicada à busca de inteligência extraterrestre, levanta a teoria de que essas formas de vida se reconfiguram em buracos negros – essas inteligências avançadas estariam mais interessadas no Espaço Interior do que no Espaço Sideral (exterior) e expansão estelar. Elas poderiam, assim, não serem observáveis em alguma realidade transcendente. Outra hipótese é que os buracos negros que observamos sejam supercivilizações inteligentes se alimentando de estrelas. Essa dinâmica evolucionária nos convida a estudar o Universo em si evoluindo e desenvolvendo, como se ele fosse um superorganismo, que talvez pudesse se reproduzir, natural ou artificialmente, com vida inteligente executando o seu papel. Fonte: https://en.wikipedia.org/wiki/Accelerating_change#Limits_of_accelerating_change. Acesso em: 29 jan. 2021.

2. Ver mais em: https://en.wikipedia.org/wiki/Singularity_(mathematics). Acesso em: 29 jan. 2021.
3. Ver mais em: https://en.wikipedia.org/wiki/Gravitational_singularity. Acesso em: 29 jan. 2021.
4. Ver mais em: https://en.wikipedia.org/wiki/Technological_singularity. Acesso em: 29 jan. 2021.

próximas décadas. Um estudo de pesquisadores das Universidades de Oxford e Yale , baseado nas respostas de 352 pesquisadores de inteligência artificial, estima a evolução da inteligência dos sistemas, conforme a Figura 17.1.

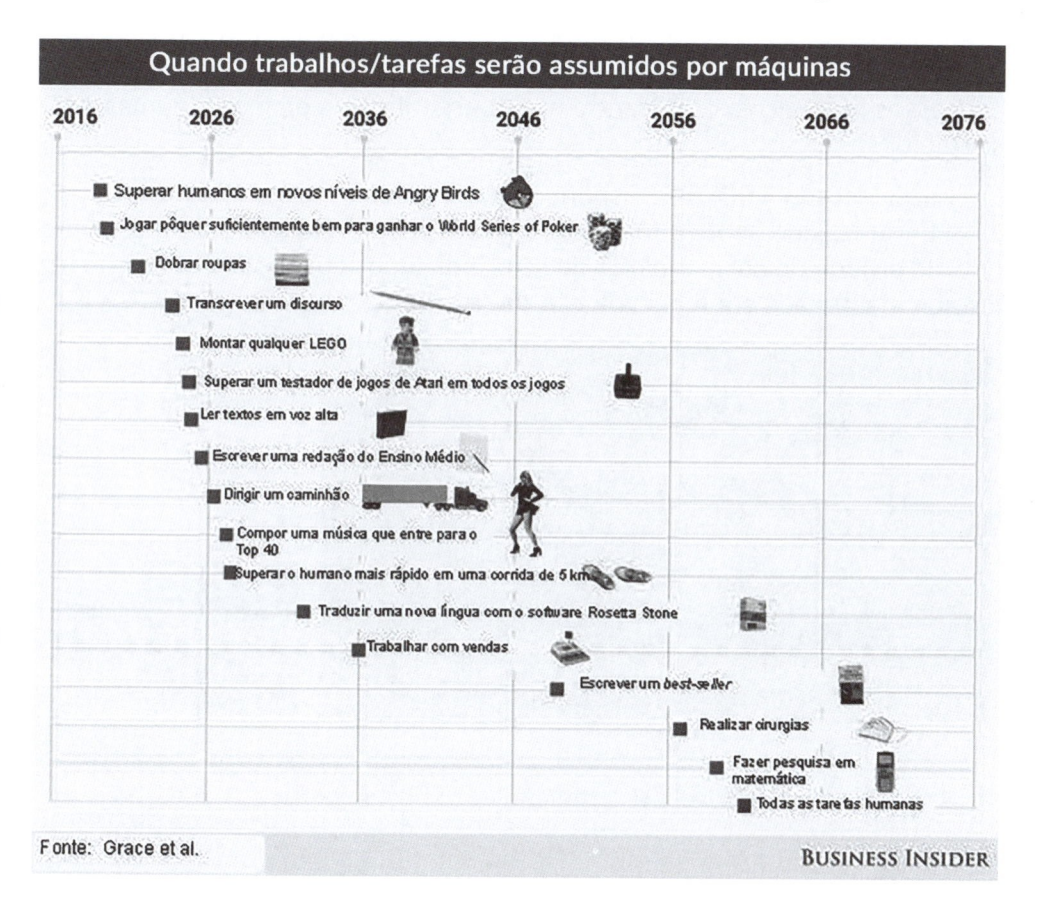

Figura 17.1 – Imagem que apresenta a previsão da evolução da Inteligência Artificial, segundo estudo de pesquisadores das Universidades de Oxford e Yale. *Fonte:* https://www.weforum.org/agenda/2017/06/this-is-when-robots-will-start-beating-humans-at-every-task-ae5ecd71-5e8e-44ba-87cd-a962c2aa99c2. Acesso em: 29 jan. 2021.

Dessa forma, sabemos que, mantendo-se a aceleração tecnológica, em algumas décadas a inteligência artificial evoluirá para o estado de superinteligência, dando origem à singularidade tecnológica. A partir daí, não é possível prever mais nada, e ficamos apenas com a certeza que a humanidade entrará em uma nova era.

Homo whateverus

Nesse caminho de avanço tecnológico até alcançarmos a singularidade, o *homo sapiens* poderá – e, provavelmente, o fará – evoluir drasticamente, tanto incorporando tecnologias digitais como utilizando-as para melhorar processos biológicos, otimizando nosso organismo. Vejamos algumas possibilidades.

No vídeo do TED Talk disponível por meio da Figura 17.2, o futurista Juan Enriquez apresenta o futuro do *homo sapiens* evoluindo para o conceito que ele propõe de *homo evolutis*, ou seja, indivíduos que assumem o controle direto e deliberado sobre a evolução da sua espécie e das outras.

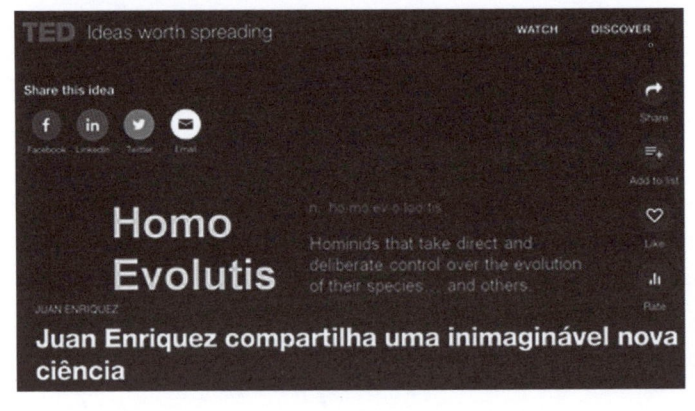

Figura 17.2 – Imagem do vídeo do TED Talk *Homo Evolutis*, apresentado por Juan Enriquez. Disponível pelo QR Code ou em: https://www.ted.com/talks/juan_enriquez_shares_mindboggling_new_science?language=pt-br. Acesso em: 29 jan. 2021.

Outra teoria é apresentada no *site* Futurizon, concebida pelo futurista Ian Pearson, considerando um paralelo de evolução entre o homem e os robôs, que em algum momento geram uma linha de espécie híbrida, que coexiste com outras linhas de evolução de espécies, nos conduzindo para um conjunto de "*homo whateverus*", ou, em tradução ampla, *homo* "tudo"[5]. A Figura 17.3 apresenta a teoria e as suas linhas de evolução.

---

5. Ver mais em: https://timeguide.wordpress.com/2014/06/19/future-human-evolution/. Acesso em: 29 jan. 2021.

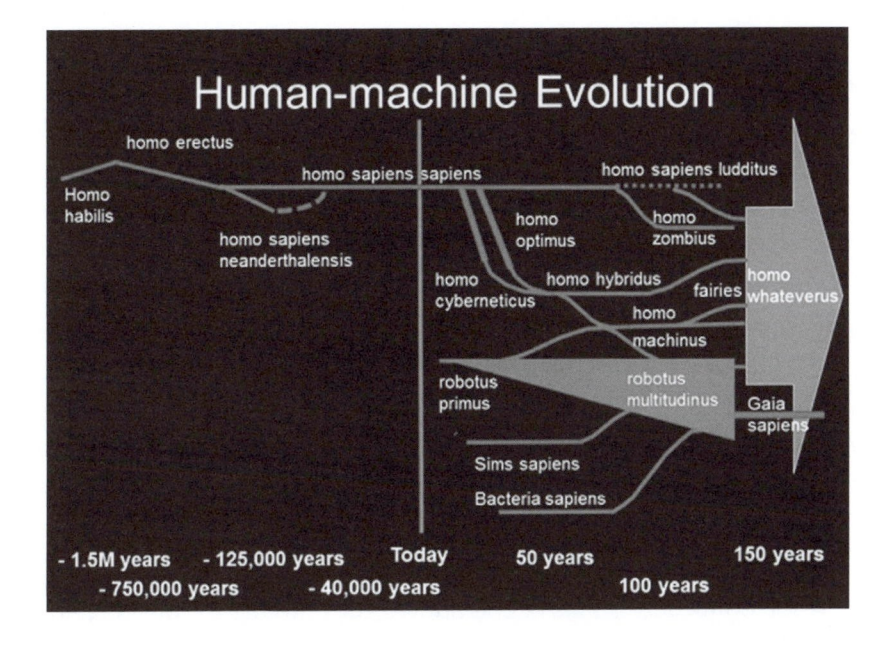

Figura 17.3 – Esquema representativo das possibilidades de evolução do *homo sapiens*, concebido por Ian Pearson.
Fonte: https://timeguide.wordpress.com/2014/06/19/future-human-evolution/. Acesso em: 29 jan. 2021.

Dessa forma, as possibilidades para o ser humano do futuro são inúmeras, trazendo, simultaneamente, entusiasmo e inquietação. Indubitavelmente, em nenhum outro momento da história o homem teve tanto poder sobre si mesmo e sobre o ambiente que o cerca. Nunca dantes também viveu uma revolução tão rápida e intensa. A única certeza que temos sobre o futuro é que ele será diferente, e que o melhor caminho para se preparar consiste em abraçar a mudança e a tecnologia, desenvolvendo as habilidades essenciais para o século XXI – sem preconceitos e com desapego do passado.

 ## Sociedade 5.0 & *super smart*

Nessa jornada evolutiva, estamos caminhando para um alto grau de convergência entre o espaço físico e digital, e, se soubermos utilizar o máximo potencial desse processo, podemos criar um mundo mais inteligente, ético, justo e abundante para todos.

Conforme linkamos cada vez mais informações de todas as coisas e indivíduos do planeta, em tempo real, aumentamos o potencial da inteligência sistêmica coletiva em todas as dimensões da vida humana, cujos benefícios tendem a ser infindáveis[6]:

- A inteligência artificial (IA) transformará cada vez mais o *big data* coletado pela internet das coisas em uma nova camada de inteligência no planeta, dando origem a uma sociedade baseada em tecnologia centrada no humano.

- A IA associada com a evolução da robótica permitirá, gradativamente, a ampliação das capacidades humanas para dimensões e níveis extraordinários, que nos tornarão cada vez mais *super smart*.

- Ao nos liberarmos dos trabalhos repetitivos (que passam a ser executados cada vez mais por máquinas), enquanto, ao mesmo tempo, ampliamos tecnologicamente nossas habilidades humanas, poderemos desenvolver e alcançar nosso máximo potencial, expandindo, assim, as infinitas possibilidades para desfrutarmos de uma vida melhor.

Essa sociedade *super smart* centrada no ser humano é o que se denomina Sociedade 5.0 (Figura 17.4).

Figura 17.4 – Características da Sociedade 5.0. *Fonte:* Fórum Econômico Mundial, disponível em https://www.weforum.org/agenda/2019/01/modern-society-has-reached-its-limits-society-5-0-will-liberate-us/. Acesso em: 15 jan. 2021.

---

6. Fonte: https://www.linkedin.com/pulse/sociedade-50-supersmart-continuousnext-bananas-martha-gabriel-phd/. Acesso em: 15 jan. 2021.

O termo Sociedade 5.0 surgiu no Japão[7], em 2016, como o conceito de sociedade que o país deveria aspirar no futuro. Enquanto a **sociedade 1.0 era baseada em caça e coleta, a 2.0 na agricultura**, a **3.0 na indústria** e a **4.0 na informação**, a Sociedade 5.0 deve ser baseada na inteligência, portanto, super smart, resultando em um modo de vida mais eficiente e sustentável.

Os pilares fundamentais que balizam as metas para a formação da Sociedade 5.0 são:

1. **Qualidade de vida** – tornar a vida humana mais confortável.

2. **Inclusão** – construir um mundo menos excludente, em que todos – independentemente de gênero, idade, poder aquisitivo e toda e qualquer diversidade – têm acesso igual aos benefícios que a tecnologia trará para a qualidade de vida.

3. **Sustentabilidade** – não é possível construir um futuro com qualidade de vida sem sustentabilidade em toda sua plenitude: ambiental, social e econômica.

O caminho tecnológico que pavimenta os alicerces da Sociedade 5.0 tende a transformar não apenas a vida humana como a conhecemos, mas também o planeta como um todo: infraestrutura, fontes de energia, cidades (*smart cities*), trabalho, educação, enfim, tudo. Como chegaremos lá depende fundamentalmente das decisões que tomamos juntos hoje.

Para fechar nossas reflexões, deixo com vocês as palavras inspiradoras de um discurso da ficção, do filme *Lucy*, sobre o que poderíamos fazer se conseguíssemos ampliar a capacidade do cérebro humano (Figura 17.5). Vale ressaltar que já utilizamos todas as áreas do nosso cérebro (e não apenas 10%, como no mito popularizado erroneamente), no entanto, podemos, sim, melhorar, e muito, a capacidade de acesso à memória e otimizar sua utilização[8]. Vimos, ao longo deste livro, como a tecnologia amplia nossa inteligência, assim, essas palavras podem ser pensadas de forma mais ampla, não apenas focando em otimizar nosso cérebro biológico, mas talvez nosso cérebro cíbrido, ou até mesmo transcendente.

---

7. Fonte: https://www8.cao.go.jp/cstp/english/society5_0/index.html. Acesso em: 15 jan. 2021.
8. Inúmeras *smart drugs* desenvolvidas na última década comprovadamente melhoram a *performance* do cérebro humano, por meio da otimização do processamento e acesso à memória.

Figura 17.5 – Cena do filme *Lucy*, discutindo as possibilidades de ampliação da capacidade cerebral.
Fonte: https://youtu.be/567KlA26EwY. Acesso em: 15 jan. 2021.

BIBLIOGRAFIA

ANDERS, Peter. Toward an architecture of mind. *CAiiA-Star Symposium*: Extreme parameters. New dimensions of interactivity, July 2001. Disponível em: http://www.uoc.edu/artnodes/espai/eng/art/anders0302/anders0302.html.

BAKER, Stephen. *The Numerati*. New York: Houghton Mifflin Harcourt, 2008.

BAUMAN, Zygmunt. *Modernidade líquida*. São Paulo: Zahar, 2001.

BOSTRON, Nick. Ethical Issues in Advanced Artificial Intelligence. In: SMIT, I. *et al. Cognitive, Emotive and Ethical Aspects of Decision Making in Humans and in Artificial Intelligence*. Windsor: International Institute for Advanced Studies in Systems Research and Cybernetics, 2003.

BRAFMAN, O.; BECKSTROM, R. A. *Quem está no comando*? A estratégia da estrela do mar e da aranha. Rio de Janeiro: Campus, 2007.

BRUST, Andrew. *Big Data*: defining its definition. Disponível em: http://www.zdnet.com/blog/big-data/big-data-defining-its-definition/109.

BRYNJOLFSSON, Erik; McAFEE, Andrew. *The Second Machine Age*: Work, Progress, and Prosperity in a Time of Brilliant Technologies. New York: W. W. Norton & Company, 2016.

CENTRO DE MÍDIA INDEPENDENTE. *Manifesto hacker*. Disponível em: http://www.midiaindependente.org/pt/blue/2001/12/13222.shtml.

COHEN, H.; LEFEBVRE, C. *Handbook of Categorization in Cognitive Science*. Amsterdam: Elsevier Science, 2005.

COSTA, Rogério. Sociedade de controle. *São Paulo em Perspectiva*, v. 18, n. 1, p. 151-160, 2004.

DAVENPORT, T. H.; BECK, J. C. *A economia da atenção*. Rio de Janeiro: Campus Elsevier, 2001.

DEBORD, Guy. *A sociedade do espetáculo*. E-Books Brasil. Disponível em: http://goo.gl/AoLcT.

DELEUZE, Gilles. *Post-Scriptum* sobre as sociedades de controle. *Conversações*. Tradução de Peter Pál Pelbart. São Paulo: Editora 34, 1992.

DIAMANDIS, Peter; KOTLER, Steven. *Abundância*: o futuro é melhor do que você. São Paulo: HSM, 2016.

DOMINGOS, P. *The Master Algorithm*. London: Penguin Books, 2015.

FILGUEIRAS, L. *et al. X-gov planning: how to apply cross media to government services*. ICDS 2008, p. 140-145. IEEE, Los Alamitos, 2008.

GABRIEL, Martha. *Conversando com computadores*: interfaces de voz na web. São José dos Pinhais: Editora Melo, 2012.

_____. *Educar*: a (r)evolução digital na educação. São Paulo: Saraiva, 2013.

GLADWELL, Malcolm. *The Tipping Point*: How Little Things Can Make a Big Difference. Boston: Back Bay Books, 2002.

GREENFIELD, A. *Everyware:* The Dawning Age of Ubiquitous Computing (Voices That Matter). Indianapolis: New Riders Publishing, 2006.

HALACY, D. S. *Cyborg*: Evolution of the Superman. New York: Harper and Row Publishers, 1965.

HOFFMANN, Achim. *Paradigms of Artificial Intelligence*: a methodological and computational analysis. Heidelberg: Springer Verlag Pod, 1998.

HOWKINS, John. *Economia criativa*: como ganhar dinheiro com ideias criativas. São Paulo: M. Books, 2012.

HUGHES, Eric. *Manifesto Cypherpunk. Paper* apresentado a Computers Freedom and Privacy Conference, 1993.

ISMAIL, Salim; MALONE, Michael S. *Organizações exponenciais*. São Paulo: HSM, 2016.

JENKINS, H. *A cultura da convergência*. São Paulo: Aleph, 2006.

JOHNSON, Steven. *A cultura da interface*: como o computador transforma nossa maneira de criar e comunicar. Tradução Maria Luiza X. de A. Borges. Rio de Janeiro: J. Zahar, 2001.

KELLY, K. *What Technology Wants*. London: Penguin Books, 2011.

_____. *The Inevitable*: Understanding the 12 Technological Forces That Will Shape Our Future. New York: Viking, 2016.

KERCKHOVE, Derrick. A realidade virtual pode mudar a vida?. In: DOMINGUES, Diana (Org.). *A arte no século XXI*: a humanização das tecnologias. São Paulo: Editora Unesp, 1997.

_____. A arquitetura da inteligência: interfaces do corpo, da mente e do mundo. In: DOMINGUES, Diana (Org.). *Arte e vida no século XXI*. São Paulo: Editora Unesp, 2003.

KNUTH, Donald. *The Art of Computer Programming*: Fundamental Algorithms. Pearson Education, 1997. v. 1. Disponível em: https://books.google.com.br/books?id=x9AsAwAAQBAJ.

LAMANTIA, J. Inside Out: Interaction Design for Augmented Reality, 2009. Disponível em: http://www.uxmatters.com/mt/archives/2009/08/inside--out-interaction- design-for-augmented-reality.php.

LEVITT, Steve; DUBNER, Stephen. *Freakonomics*. New York: William Morrow, 2005.

LÉVY, Pierre. *As tecnologias da inteligência*: o futuro do pensamento na era da informática. Tradução de Carlos Irineu da Costa. São Paulo: Editora 34, 1993.

_____. *O que é o virtual*. São Paulo: Editora 34, 1996.

MASI, Domenico. *O ócio criativo*. Rio de Janeiro: Sextante, 2000.

MANOVICH, Lev. *The Language of New Media*. Cambridge: MIT Press, 2001.

_____. *The Anti-Sublime Ideal in Data Art*. Berlim, 2002. Disponível em: www.manovich.net/DOCS/data.art.doc.

MAYER-SCHÖNBERGER, Viktor. *Delete*: The Virtue of Forgetting in the Digital Age. New Jersey: Princeton University Press, 2011.

McLUHAN, Marshall. *Understanding Media*: The Extensions of Man. New York: McGraw Hill, 1964.

NAISBITT, J.; NAISBITT, N.; PHILIPS, D. *High Tech High Touch:* Technology and Our Search for Meaning. New York: Broadway Books, 1999.

NEGROPONTE, N. *A vida digital*. São Paulo: Companhia das Letras, 1995.

O GLOBO. De Moneyball a Davos: o Big Data se abre para o mundo. 2012. Disponível em: http://oglobo.globo.com/tecnologia/de-moneyball-davos-big-data-se-abre-para-mundo-4460918. Acesso em: 9 set. 2017.

PARKER, G. et al. *Plataforma*: a revolução da estratégia. São Paulo: HSM, 2017.

PERKOWITZ, S. *Digital People*: From Bionic Humans to Androids. Washington: Joseph Henry Press, 2004.

PIKKETY, Thomas. *A economia da desigualdade*. Rio de Janeiro: Intrínseca, 2015.

PINKER, Steven. *O instinto da linguagem*: como a mente cria a linguagem. São Paulo: Martins Fontes, 2002.

_____. *Como a mente funciona*. São Paulo: Companhia das Letras, 2004.

PLAZA, Julio. Arte e interatividade: autor-obra-recepção. *Cadernos da Pós- -Graduação*, Campinas: Instituto de Artes da Unicamp, ano 4, v. 4, n. 1, p. 23-39, 2000.

POOL, Ithiel de Sola. *Technologies of Freedom*. Boston: Belknap Press of Harvard University Press, 1984.

POSTMAN, Neil. *Tecnopólio*: a rendição da cultura à tecnologia. Tradução de Reinaldo Guarany. São Paulo: Nobel, 1992.

RITZER, George; STEPNISKY, Jeffrey. *The New Blackwell Companion to Major Social Theorists*. Hoboken: Wiley-Blackwell, 2011.

RUSSEL, S.; NORVIG, P. *Artificial Intelligence*: a modern approach. 3. ed. London: Pearson, 2009.

SANTAELLA, Lucia. *Matrizes da linguagem e pensamento*: sonora, visual, verbal. São Paulo: Iluminuras, 2001.

_____. *Linguagens líquidas na era da mobilidade*. São Paulo: Paulus, 2007.

SCHOFIELD, Jack. In Japan, you can get a barcode for your tomb. *The Guardian technology blog*, 2008. Disponível em: http://www.guardian.co.uk/technology/blog/2008/apr/05/injapanyoucangetabarcode. Acesso em: 13 mar. 2013.

SCHWARTZ, B. *O paradoxo da escolha*. São Paulo: Girafa, 2007.

SMALL, Gary; VORGAN, Gigi. *I-Brain*: surviving the technological alteration of the modern mind. New York: Harper, 2009.

SPIVACK, N. *A New Layer of the Brain is Evolving*: the Metacortex. 2010. Disponível em: http://www.novaspivack.com/web-3-0/a-new-layer-of-the-brain-is-evolving-the-metacortex.

TAPSCOTT, D. *Grown up Digital*: How the Net Generation is Changing Your World. New York: McGraw-Hill, 2008.

THOMPSON, C. *Clive Thompson in Praise of Online Obscurity*, 2010. Disponível em: http://www.wired.com/magazine/2010/01/st_thompson_obscurity/.

VOROS, J. *Reframing environmental scanning*: an integral approach, 2001. Disponível em: https://www.emerald.com/insight/content/doi/10.1108/14636680110697200/full/html.

ÍNDICE ALFABÉTICO

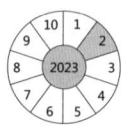